Für
Georg mit liebem Gruß
von
Margit Bruno Frey

Zürich, im Dezember 2000

Frey / Osterloh · Managing Motivation

Bruno S. Frey / Margit Osterloh (Hrsg.)

Managing Motivation

Wie Sie die neue Motivationsforschung für Ihr Unternehmen nutzen können

GABLER

Bruno S. Frey ist ordentlicher Professor und Inhaber des Lehrstuhles für Theorie der Wirtschaftspolitik an der Universität Zürich.

Margit Osterloh ist ordentliche Professorin und Inhaberin des Lehrstuhles für Organisation an der Universität Zürich.

Die Deutsche Bibliothek – CIP-Einheitsaufnahme
Ein Titeldatensatz für diese Publikation ist bei
Der deutschen Bibliothek erhältlich.

1. Auflage September 2000

Lektorat: Ulrike Lörcher

Der Gabler Verlag ist ein Unternehmen der Fachverlagsgruppe BertelsmannSpringer.

www.gabler.de

Umschlaggestaltung: Grafik-Design Peter Möhrle, Radolfszell
Druck und Bindung: Druckerei Hubert & Co., Göttingen
Printed in Germany

ISBN 3-409-11631-1

Geleitwort

Es gibt wohl wenige Themen, die in der Betriebswirtschaftslehre und der Praxis eine so unumstrittene, hohe Bedeutung für den unternehmerischen Erfolg haben wie Motivation. Theoretische Ansätze und praktische Umsetzungen sind über lange Jahre ergründet, hinterfragt, getestet, verworfen und realisiert worden. Eine schier unüberschaubare Zahl von Publikationen und ein breit gefächertes Spektrum an Seminaren, Tagungen oder Workshops werden angeboten und eröffnen einen vordergründig einfachen Zugang zu diesem äusserst vielschichtigen und komplexen Thema.

Vor diesem Hintergrund stellt sich die Frage, ob nicht schon längst „alles" gesagt und kommentiert worden ist. Die Schweizerische Gesellschaft für Organisation war nicht dieser Auffassung, als sie 1998 das Forschungsprojekt „Motivation" lancierte. Was waren somit die Beweggründe für dieses Projekt?

- Die Umwelt für Unternehmungen und Verwaltungseinheiten einerseits und für Mitarbeiterinnen und Mitarbeiter andererseits hat sich in den letzten Jahren noch nie so grundsätzlich und rasch verändert wie zuvor. Dies erfordert eine Neubeurteilung des Themas Motivation.

- Die Wissenschaft hat sowohl aus betriebswirtschaftlicher, volkswirtschaftlicher als auch psychologischer Sicht eine Vielzahl neuer Erkenntnisse zum Thema Motivation erforscht und in der praktischen Umsetzung getestet. Dabei ist immer mehr die ganzheitliche Betrachtung im Sinne des Einbezuges aller erwähnten Disziplinen in den Vordergrund gerückt.

- Die Globalisierung hat sich in den letzten Jahren rasant und fundamental durchgesetzt. Damit ist ein vielfarbiges, komplexes Mosaik von Werthaltungen und kulturellen Ausprägungen entstanden, welches den betrieblichen Alltag prägt. Das Thema Motivation hat damit viele neue Chancen und Risiken dazu gewonnen.

- Unternehmertum, Selbstverantwortung, Gleichberechtigung und Individualisierung sind heute zentrale Themen und Anliegen der Gesellschaft, Praxis und Wissenschaft. Daraus ergibt sich eine Vielzahl von Veränderungen auf der Motivationslandkarte sowohl in führungsorientierter als auch instrumenteller Hinsicht.

Den verantwortlichen Projektleitern, Herrn Prof. Dr. Dr. mult. h.c. Bruno S. Frey und Frau Prof. Dr. Margit Osterloh, ist es gelungen, die Materie in der erwähnten Ganzheitlichkeit, speziell in der Verbindung volkswirtschaftlicher und betriebswirtschaftlicher Belange, zu durchdringen und eine Anzahl von neuen Erkenntnissen, kritischen Fragen, Empfehlungen und praktischen Anwendungen vorzulegen. Die Ergebnisse sind im vorliegenden Werk „Managing Motivation“ dargestellt, erläutert und hinterlegt. Motivation bestätigt sich als kritisches Erfolgselement im betrieblichen Alltag und aus unternehmerischer Sicht.

Motivation liegt im Spannungsfeld hoher Komplexität bezüglich der Ergründung und des Instrumenteneinsatzes sowie einfacher, menschlicher Gesten im Alltag. Motivation lässt sich nicht befehlen: „Das Gras wächst nicht schneller, wenn man daran zieht“.

Es geht damit darum, günstige Voraussetzungen für ein hohes, andauerndes Motivationsniveau zu schaffen. Dem wohldosierten und subtil abgestimmten Einsatz des breit gefächerten, bekannten Instrumentariums zur Beeinflussung der Motivation kommt damit eine zentrale Bedeutung zu. Aus führungsorientierter Sicht muss das Ziel sein, ein Optimum zwischen intrinsischer und extrinsischer Motivation zu erreichen. Darüber hinaus – und ebenso wichtig – tragen alle Mitarbeiterinnen und Mitarbeiter Verantwortung, Motivation aktiv zu pflegen, Fairness im Alltag zu leben und der unreflektierten Maximierung monetärer Komponenten kritisch zu begegnen.

Das vorliegende Werk bespricht das „alte“ Thema Motivation im aktuellen, sich rasch verändernden Umfeld. Neue Erkenntnisse und empirisch überprüfte Chancen und Risiken geben zu neuen Lösungen oder anderer Gewichtung im Instrumenteneinsatz Anlass. Damit sind die Ziele des Forschungsprojektes in beeindruckender Weise erfüllt. Ich hoffe, dass das Werk „Managing Motivation“ erweiterte Diskussionen auslösen und einer breiten Interessentenschaft Freude an der Lektüre bereiten wird.

Zürich, im August 2000

Dr. Markus Sulzberger
Präsident der SGO-Stiftung

Vorwort

Erfolgreiche Unternehmen brauchen motivierte Mitarbeitende. Dies ist leichter gesagt als getan; Menschen lassen sich nicht ohne weiteres auf die Ziele der Unternehmung programmieren. Heute werden die Mitarbeitenden hauptsächlich – und zuweilen gar ausschliesslich – mittels Geldanreizen zu motivieren versucht. „Leistungsentlohnung" ist zu einem Slogan geworden, dessen Geltung nicht in Frage gestellt wird.

In diesem Buch wird gezeigt: Diese Auffassung ist verfehlt. Neben den Geldanreizen muss auch die intrinsische Motivation – vor allem die Freude an der Arbeit selbst – geweckt und erhalten werden. Intrinsische und extrinsische (geldorientierte) Motivation stehen aber in einem Konflikt zueinander; sie lassen sich nicht unabhängig voneinander erreichen. Das Management der Motivation ist deshalb vor eine schwierige Aufgabe gestellt. Dieses Buch bezweckt, die unterschiedlichen Aspekte der Motivation in Unternehmen deutlich zu machen und zu zeigen, wie eine sinnvolle Kombination intrinsischer und extrinsischer Motivation erreicht werden kann.

Die Herausgeber und Autoren sind zu gleichen Teilen Betriebs- und Volkswirte. Das Buch ist somit zugleich ein Versuch, die Grenzen der beiden Disziplinen zu überschreiten. Entsprechend werden auch unterschiedliche methodische Ansätze verwendet. Sie reichen von Befragungen über Fallstudien bis zu ökonometrischen Schätzungen (die leserfeundlich dargelegt werden).

In einem **ersten Teil** werden die Grundlagen des Buches gelegt, indem die Motivation als Aufgabe des Managements erläutert wird.

Das *erste Kapitel* zeigt auf, welche Elemente die Motivation von Mitarbeitern bestimmen. Das Zusammenspiel von extrinsischer und intrinsischer Motivation wird dargestellt, und es wird erklärt, warum eine hohe Arbeitsmoral, d.h. intrinsische Motivation, in einer Firma unverzichtbar ist.

Das *zweite Kapitel* begründet, warum das Motivations- und Wissensmanagement eines Unternehmens zu den wichtigsten wettbewerbsrelevanten strategischen Ressourcen gehört. Neuere Entwicklungen in der Strategieforschung werden erklärt, und es wird dargestellt, wie die strategischen Ressourcen Motivation und Wissen zusammenhängen.

Der **zweite Teil** des Buches fokussiert auf die Motivation mittels extrinsischen Anreizen. Es wird gezeigt, dass das alleinige Abstellen auf extrinsische Motivationsanreize äusserst problematisch ist und oft nicht beabsichtigte Folgen zeitigt. Im Zentrum steht dabei der Zusammenhang zwischen Motivation und Entlohnung.

Im *dritten Kapitel* wird ausführlich das Instrument der variablen Leistungsentlohnung (‚pay for performance') diskutiert. Es wird dargestellt, dass variable Leistungslöhne meist nicht leistungsfördernd wirken oder gar eine Verdrängung der intrinsischen Arbeitsmotivation erzeugen. Dabei wird berücksichtigt, dass verschiedene Typen von Mitarbeitenden unterschiedlich auf Leistungsentlohnung und andere Motivationsinstrumente wie Lob, Befehl, Partizipation und Autonomie reagieren.

Auf der Ebene des Managements werden heute zunehmend Aktienoptionen als Leistungsanreize eingesetzt. Sie sollen bewirken, dass sich die Manager vermehrt um die Steigerung des Unternehmenswertes kümmern. Im *vierten Kapitel* wird gezeigt, dass Aktienoptionen dieses Ziel kaum erreichen. Vielmehr ermöglichen sie es Managern, sich auf Kosten der Eigentümer hohe Einkommen anzueignen.

Das *fünfte Kapitel* untersucht eine oft vernachlässigte Nebenwirkung von Leistungslöhnen: ihre Selektionswirkung. Damit ist gemeint, dass Leistungslöhne zu ineffizienter Betriebsamkeit führen können, weil auch wenig Qualifizierte veranlasst werden, die durch Leistungslöhne entgoltene Tätigkeit aufzunehmen. Dies wird anhand einer umfassenden Untersuchung zum Ideen-Management in über 1400 Schweizer Unternehmen analysiert.

Der **dritte Teil** des Buches beschäftigt sich mit den Möglichkeiten, intrinsische Motivation in Unternehmungen zu schaffen und zu erhalten. Im Zentrum steht die Beziehung zwischen Motivation und Arbeitsgestaltung.

Im *sechsten Kapitel* wird der Zusammenhang zwischen Motivation und den Organisationsstrukturen einer Unternehmung untersucht. Es wird gezeigt, wie unterschiedliche Organisationsformen auf die Motivation der Mitarbeiterinnen und Mitarbeiter wirken.

Das *siebte Kapitel* stellt die Bedeutung von Gerechtigkeit und Fairness im Unternehmen dar. Es wird gezeigt, wie empfundene Fairness die Einstellungen und das Verhalten der Mitarbeiter beeinflusst. Dabei wird auch auf den Zusammenhang von Fairness und dem ‚Firmen-Bürgersinn' (‚Organizational Citizenship Behavior') eingegangen.

Im *achten Kapitel* werden zwei Instrumente der Arbeitsgestaltung genauer untersucht, mit denen Mitarbeiterinnen und Mitarbeiter motiviert werden können: Partizipation und Kommunikation. Anhand einer breit angelegten Umfrage wird gezeigt, dass eine partizipative und kommunikationsorientierte Mitarbeiterführung die Qualität von Arbeitsbeziehungen entscheidend verbessern kann.

Im **vierten Teil** des Buches wird das Management von Motivation anhand von zwei Fallstudien vertieft.

Das *neunte Kapitel* stellt das ‚Managing Motivation‘ im Bankensektor anhand von ING Barings dar. ING Barings hat erkannt, dass variable Leistungslöhne alleine nicht ausreichen, um Leistungen und Verweildauer ihrer Angestellten nachhaltig zu erhöhen. Stattdessen wurde ein reichhaltiges Repertoire an Motivationsinstrumenten entwickelt.

Im *zehnten Kapitel* wird das ‚Managing Motivation‘ bei der Softwareentwicklung anhand der SAP AG untersucht. Die Arbeitsmotivation der Mitarbeiter bestimmt die Produktivität von Softwareunternehmen in erheblichem Masse. Die Fallstudie bei der SAP AG beschreibt, wie Mitarbeitermotivation und der Erfolg von Vorhaben zur Verbesserung der Softwareentwicklung zusammenhängen.

Im **fünften Teil** des Buches werden zusammenfassend Folgerungen für das Management von Motivation gezogen.

Die Herausgeber sind von der Schweizerischen Gesellschaft für Organisation SGO bei der Erarbeitung und der Erfassung der Studien unterstützt worden. Ganz besonders dankbar sind wir dem Präsidenten der Forschungsstiftung der SGO, Dr. Markus Sulzberger, für das motivierende Interesse, die stetige Förderung und wohlwollende Kritik. Heinrich Frost verdanken wir zahlreiche treffende Formulierungen. Die Herstellung des Buches wurde von lic. phil. Matthias Benz und zeitweise von Reto Jegen tatkräftig betreut, wofür wir an dieser Stelle ebenfalls danken. Im gleichen Sinne sind auch die Autoren der einzelnen Beiträge zu nennen, die in mehrfachen Runden der Überarbeitung mitgeholfen haben, das Buch zu einem Ganzen werden zu lassen.

Zürich, im Juli 2000 — *Bruno S. Frey* und *Margit Osterloh*

Inhaltsverzeichnis

Erster Teil

Motivation als Aufgabe des Managements

Erstes Kapitel

BRUNO S. FREY UND MARGIT OSTERLOH

Motivation - der zwiespältige Produktionsfaktor

KAPITELZUSAMMENFASSUNG

Mitarbeitende können aus zwei Gründen eine hohe Leistung erbringen: Weil sie an der Arbeit selbst interessiert sind (intrinsische Motivation) oder weil sie dafür bezahlt werden (extrinsische Motivation). Die beiden Motivationstypen sind voneinander abhängig und können deshalb von der Unternehmung nicht getrennt gewählt werden: Unter wichtigen Bedingungen verdrängt ein extrinsischer Anreiz in Form einer variablen Leistungsentlohnung die intrinsische Motivation. Dieser *Verdrängungseffekt* lässt sich anhand von Beispielen gut illustrieren. Er ist auch in der wissenschaftlichen Forschung anhand von Laborexperimenten, Felduntersuchungen und ökonometrischen Analysen gut belegt. Grund für die Verdrängung der intrinsischen Arbeitsmotivation ist die mit einer variablen Leistungsentlohnung oft einhergehende verminderte Selbstbestimmung sowie die Verletzung eines auf gegenseitigem Vertrauen basierenden „psychologischen Vertrags".

Eine hohe Arbeitsmoral, d.h. intrinsische Motivation, ist aus verschiedenen Gründen in einer Firma unverzichtbar: Nur auf diese Weise lassen sich gemeinsame Ressourcen effektiv nutzen; nicht jede Tätigkeit lässt sich adäquat entgelten (Problem des „multiple tasking"); oft lässt sich das Ziel einer Tätigkeit nur unzureichend festlegen (Problem des „fuzzy tasking"); nur auf diese Weise lässt sich implizites, d.h. nicht klar bezeichenbares Wissen innerhalb der Unternehmung übertragen; und schliesslich ist intrinsische Motivation eine wichtige Voraussetzung für Kreativität und Innovativität.

Aber auch extrinsische Motivation ist in einer Unternehmung von grosser Bedeutung. Intrinsische Motivation ist nicht leicht erzeugbar und ist manchmal sogar unerwünscht. Extrinische Motivation lässt sich hingegen zielgenauer ansteuern und wirkt auf die Mitarbeitenden disziplinierend.

Eine zentrale Aufgabe einer Unternehmung ist die Erzeugung und Aufrechterhaltung der „richtigen" Motivation. „Managing Motivation" bedeutet die Wahl der am besten geeigneten Kombination von intrinsischer und extrinsischer Motivation.

1. Was motiviert Menschen zu hoher Leistung?

Im Management herrscht ein gespaltenes Verhältnis zur Motivation. Auf der *einen* Seite wird in immer mehr Unternehmen und Verwaltungen individuelle variable Leistungsentlohnung eingeführt. Damit wird das Eigeninteresse der Beschäftigten angesprochen. Zusätzliche Leistung soll sich individuell lohnen. Die Folge: Insbesondere Managerlöhne sind in den letzten Jahren dramatisch gestiegen, vor allem aufgrund der Einführung von Aktienoptionsprogrammen (vgl. Kapitel 3 und 4 in diesem Buch). Auf der *anderen* Seite wird immer wieder die Bedeutung der Identifikation der Beschäftigten mit der Arbeitsaufgabe und dem Unternehmen hervorgehoben. Eine gemeinsame Unternehmenskultur im Sinne geteilter Werte und Normen gilt als einer der wichtigsten Erfolgsfaktoren. Teilautonome Arbeit in selbstorganisierten Gruppen und dezentralisierte Entscheidungsbefugnisse sind das Rezept fast aller modernen Organisationsformen wie dem Prozessmanagement, der Projektorganisation oder der Netzwerkorganisation. Die Folge: Leistungsbezogene Akkordlöhne verschwinden. Die „Misstrauensorganisation" wird um so mehr durch die „Vertrauensorganisation" abgelöst, desto wichtiger die „Wissensarbeit" im Unternehmen wird (vgl. Kapitel 2 in diesem Buch).

Die beiden Vorstellungen scheinen im Konflikt zu stehen: Werden Mitarbeiter und Mitarbeiterinnen durch von aussen festgelegte Belohnungen und Zwänge (extrinsische Motivation) oder durch die innere Befriedigung in der Arbeit und durch Identifikation mit gemeinsamen Normen (intrinsische Motivation) motiviert? Muss man sich im Management zwischen der einen oder der anderen Vorstellung entscheiden?

Auch in der Wissenschaft gibt es darüber keine Einigkeit. In der ökonomischen Theorie herrscht das Bild des „homo oeconomicus" vor, d.h. eines eigennützigen Individuums, das stabile Vorstellungen von seinen Präferenzen hat und in erster Linie am Einkommen interessiert ist. Dieses Bild vom Menschen ist mit grossem Erfolg auf Bereiche ausserhalb der Wirtschaft angewendet worden, z.B. auf die Politik, das Recht, den Sport, auf die Kriminalität und sogar auf die Familie und die Kunst.

Hingegen gehen die traditionelle Soziologie und die Psychologie davon aus, dass das Verhalten des Menschen von Normen und Präferenzen geprägt ist, die keineswegs stabil sind und die sich häufig monetär nicht lohnen. Man denke nur an Normen wie Ehre, Würde und Anstand oder an Emotionen wie Hass, Neid oder Liebe.

Wir werden im Folgenden einen Ansatz entwickeln, welcher die geschilderten Gegensätze praktisch und theoretisch integriert. Zuvor sollen die Begriffe intrinsische und extrinsische Motivation genauer geklärt werden.

2. Extrinsische und intrinsische Motivation

Eine *extrinsische* Motivation dient einer mittelbaren oder instrumentellen Bedürfnisbefriedigung. So ist Geld fast immer Mittel zum Zweck, z.B. um sich eine Urlaubsreise zu finanzieren oder ein Auto zu kaufen und nicht der Zweck selber. Extrinsisch motiviert ist man im Beruf dann, wenn die unmittelbare Bedürfnisbefriedigung ausserhalb der Arbeit gesucht wird. Die Arbeit selbst ist in diesem Fall lediglich ein Instrument, um auf dem Umweg über die Entlohnung die eigentliche Bedürfnisbefriedigung zu erreichen.

Im Gegensatz dazu stellt bei der *intrinsischen* Motivation die Aktivität oder deren Ziel eine unmittelbare Bedürfnisbefriedigung dar. Drei der wichtigsten Ausformungen der intrinischen Motivation sind in Abbildung 1-1 dargestellt.

Zum ersten kann die Tätigkeit selbst Vergnügen bereiten, d.h. ein "freudiges Fluss-Erlebnis" ermöglichen. Beispiele sind Skilaufen, Musizieren oder das Lesen eines spannenden Romans. In diesen Fällen ruft die Aktivität selbst freudigen Genuss hervor und nicht bloss das Erreichen z.B. der letzten Seite des Romans. Das Handlungsziel ist gleichthematisch mit dem Handeln. Zum zweiten kann es um das Einhalten von Normen um ihrer selbst willen gehen. Es können dies ethische Normen sein, denen man sich aus Einsicht in deren gute Begründung verpflichtet fühlt, wie die Norm der Gewaltfreiheit oder professionelle Ehrencodices. In Organisationen sind darüber hinaus Fairnessnormen und Gruppenzugehörigkeitsnormen („Teamgeist") von besonderer Bedeutung. Zahlreiche empirische Untersuchungen weisen darauf hin, dass Mitarbeiterinnen und Mitarbeiter mit einer Reduktion ihrer Leistungsbereitschaft reagieren und sogar persönliche Nachteile in Kauf nehmen, wenn sie empfinden, dass die Norm der inhaltlichen Fairness oder der prozeduralen Fairness verletzt werden (siehe Kapitel 7). Zum dritten kann es um das Erreichen eines selbstgesetzten Ziels gehen, auch wenn der Weg zum Ziel alles andere als lustvoll ist, z.B. das Erstellen einer Examensarbeit oder das Ersteigen eines Berggipfels. Bergsteiger berichten, dass sie den mühsamen Aufstieg und dessen Risiken keineswegs immer geniessen. Sie haben eine ausgesprochene Hassliebe zum Bergsteigen. Trotzdem investieren sie freiwillig grosse Teile ihres Einkommens in ihr Hobby. Wenn dann der Gipfel erreicht ist, erreichen sie höchste Glücksgefühle.

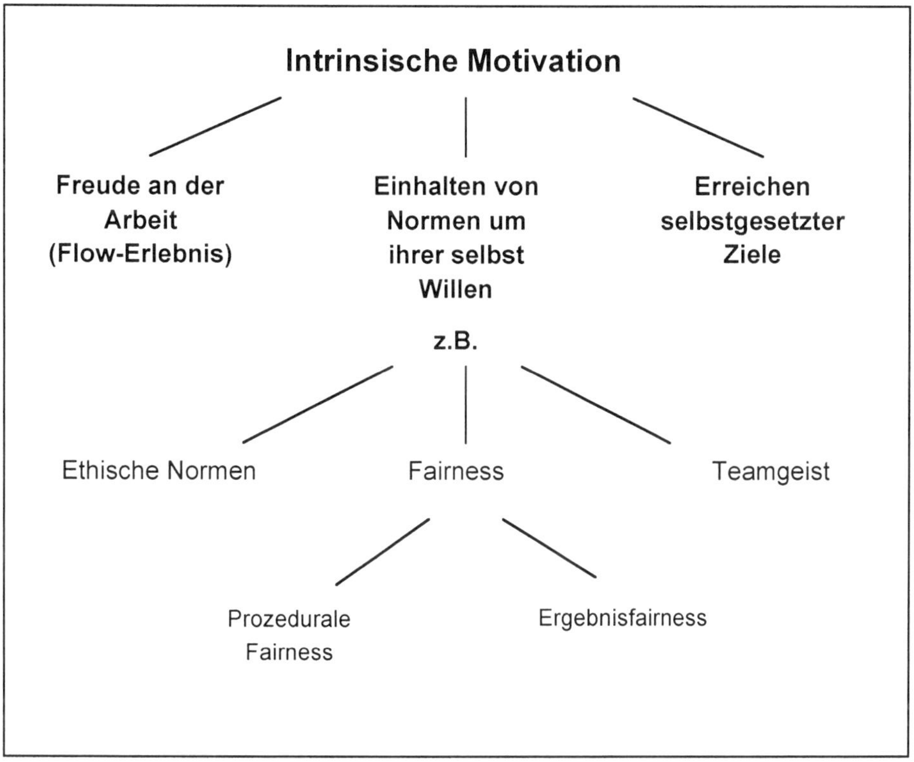

Abb. 1-1

Die Wirkung intrinsischer Motivation ist empirisch nicht immer eindeutig von der einer extrinsischen Motivation zu trennen. Wenn jemand aus Vergnügen einen Berg besteigt, dann lässt sich dafür fast immer ein extrinsisches Motiv, z.B. Körpertraining oder Anerkennung durch Freunde, finden. In der Regel treten beide Motivationen gemeinsam auf. Entscheidend ist: Wenn ein Ziel nur als Mittel zur Erreichung eines anderen Ziels angesehen wird, dann büsst das erste Ziel an Wert ein. Damit ist der im Folgenden zu schildernde Verdrängungseffekt angesprochen.

2.1 Der Verdrängungseffekt

Lange Zeit wurde angenommen, dass die extrinsische und die intrinsische Motivation voneinander unabhängig sind. In diesem Fall könnte man z.B. versuchen, eine Angestellte durch eine möglichst interessante Tätigkeit intrinsisch und gleichzeitig durch das Versprechen eines Bonus extrinsisch zu motivieren. Man könnte einem Manager ermöglichen, ein spannendes Projekt selbständig abzuwickeln und ihn gleichzeitig durch eine strenge Projektkontrolle überwachen. Zahlreiche sozialpsychologische Experimente zeigen aber, dass intrinsische und extrinsische Motivation nicht additiv sind, sondern unter bestimmten Bedingungen einen negativen Zusammenhang aufweisen.

Eltern kennen diese Wirkung. Kinder, die sich ursprünglich für ihre Schularbeiten interessierten, verlieren einen Teil des Interesses, wenn ihnen eine Belohnung für die Erfüllung der Aufgabe in Aussicht gestellt wird. Kurzfristig haben sie damit meist Erfolg. Längerfristig erreichen sie jedoch, dass das Kind *nur* noch gegen Geld Schularbeiten macht. Es ist ein Verdrängungseffekt eingetreten. Im schlimmsten Fall bringt es auch den Müll nur noch gegen Entgelt vor die Haustür.

In Kasten 1-1 wird eine alte Fabel als Beispiel für den Verdrängungseffekt erzählt. Sie illustriert, wie die Motivation zu einer Tätigkeit – hier die Beschimpfung des alten Juden – untergraben werden kann, indem sie bezahlt wird. Die Halunken beschimpfen ihn nicht mehr, weil sie Spass daran haben, sondern weil sie nun dafür bezahlt werden. Fällt die Bezahlung weg, besteht kein Anreiz mehr, die Beschimpfungen fortzuführen.

Im Anschluss wird in Kasten 1-1 ein in der Wirklichkeit beobachteter Fall zur Zuverlässigkeit von Eltern bezüglich rechtzeitigen Abholens ihrer Kinder aus einem Kinderhort geschildert.

Kasten 1-1:

Eine alte jüdische Fabel

Eine Bande von Halunken kam jeden Tag vor das Haus eines alten Juden und beschimpfte ihn unflätig. Die Situation wurde für ihn immer unerträglicher.

Weil der Jude aber weise war, ging er auf eine ganz besondere Weise vor. Als die Halunken wieder vor seinem Haus erschienen, gab er jedem von ihnen für ihre Anstrengungen eine Gulden. Erfreut zogen sie ab. Am nächsten Tag kamen sie wieder, um ihn zu beschimpfen und erwarteten dafür wieder einen Gulden zu erhalten. Der Jude sagte aber, er könne sich nur je einen halben Gulden leisten. Die Halunken waren darüber etwas enttäuscht, nahmen das Geld aber entgegen, beschimpften ihn und zogen ab.

Am folgenden Tag kamen sie erneut. Der Alte beteuerte aber, er könne ihnen kein Geld mehr geben, weil er keines mehr hätte. Die Halunken waren empört und äusserten, dass sie sicherlich nicht bereit wären, ihn unentgeltlich zu beschimpfen. So zogen sie ab und der alte Jude wurde in Frieden gelassen.

Quelle: Bearbeitet und übersetzt nach: Deci, E.L./Flaste, R. (1996): Why We Do What We Do. The Dynamics of Personal Autonomy, New York, S. 26.

Abholen vom Kinderhort

Kinderhorte sind immer wieder mit dem Problem konfrontiert, dass die Eltern ihre Kinder zu spät abholen und damit die Angestellten zwingen, über die offizielle Schliesszeit anwesend zu bleiben.

In einem Kinderhort in Israel wurde genau erfasst, wie häufig dies geschah. Als Reaktion wurde den Eltern eine empfindliche Strafe aufgebürdet, falls sie ihre Kinder zu spät abholen. Die Erwartung war, dass diese monetäre Belastung die Eltern bewegen würde, die Schliesszeiten genau zu beachten.

Nach Einführung dieser Massnahme wurde wieder erfasst, wie viele Eltern zu spät kommen, Entgegen den Erwartungen *stieg* die Zahl der Eltern, die ihre Kinder zu spät abholten *erheblich*.

Quelle: Gneezy, U./Rustichini, A. (2000): A Fine is a Price, in: Journal of Legal Studies, S. 1-18.

Die Eltern bemühen sich aus Gründen der Fairness gegenüber den Angestellten des Kinderhortes, ihre Kinder zur vorgesehenen Zeit abzuholen. Dies gelingt zwar nicht immer, aber die Eltern haben ein Schuldgefühl, wenn sie es nicht tun und strengen sich entsprechend an. Die Einführung einer substantiellen Strafe verändert die Situation grundlegend. Die Eltern haben nun das Gefühl, dass sie dafür bezahlen, wenn sie ihre Kinder länger im Hort lassen. Es handelt sich nunmehr um eine kommerzielle Transaktion; ein irgendwie geartetes Schuldgefühl existiert nicht mehr. In dem für Israel beobachteten Fall lohnt es sich offensichtlich für viele Eltern, ihre Kinder länger im Hort zu lassen. Entsprechend erhöht sich die Zahl der (nach Ansicht der Leitung des Kinderhortes) zu spät abgeholten Kinder. Die Einführung einer monetären Bezahlung hat das Gegenteil dessen bewirkt, was angestrebt wurde.

Der Verdrängungseffekt stellt demnach eine Beziehung zwischen extrinsischer und intrinsischer Motivation her. Ein von aussen kommender (extrinsischer) Eingriff bewirkt, dass eine Tätigkeit, die ihrer selbst wegen (intrinsisch) unternommen wird, unterhöhlt oder eben verdrängt wird. Viele Beobachtungen deuten auf die Bedeutung des Verdrängungseffekts in Wirtschaft und Gesellschaft hin. Auch empirisch ist er gut gestützt:

1. In sorgfältigen *Laborexperimenten* wurde der Verdrängungseffekt bestätigt. Die Zahl derartiger Experimente ist beinahe unüberschaubar geworden. Aus diesem Grund sind verschiedene Meta-Analysen unternommen worden. In ihnen werden die Ergebnisse der einzelnen Experimente mit Hilfe einer speziellen Methode zusammengefasst. Die neueste und zugleich umfassendste Meta-Studie (Deci/Koestner/Ryan 1999) kommt zu einem eindeutigen Ergebnis: Die vorliegende experimentelle Evidenz spricht eindeutig zugunsten des Verdrängungseffekts.

2. *Felduntersuchungen* zeigen das gleiche Bild: externe Eingriffe verdrängen die intrinsische Motivation unter bestimmten Bedingungen, z.B. wenn eine Beziehung, die bisher auf gegenseitiger Rücksichtnahme gegründet war, durch Bezahlung zu einer geschäftlichen Beziehung wird. Der in Kasten 1-1 unten geschilderte Fall des verspäteten Abholens der Kinder aus dem Hort gehört zu diesen Felduntersuchungen.

3. Der Verdrängungseffekt wurde auch *ökonometrisch* analysiert, so etwa beim sogenannten „St. Florians-Problem". Damit werden Fälle bezeichnet, in denen die Leute zwar ein gesellschaftlich erwünschtes Gut oder Dienstleistung gerne realisiert sähen, aber nicht bereit sind, dass dies in ihrer näheren Umgebung geschieht. St. Florian soll das eigene Heim beschützen und dafür lieber dasjenige der Nachbarn brennen lassen. In Kasten 1-2 wird ein besonders wichtiger Fall dargestellt.

Kasten 1-2:

Lagerung von Nuklearabfällen

In Wolfenschiessen, einem in der Innerschweiz liegenden Ort, sollte ein Endlager für leichte und mittelschwere Nuklearabfälle erstellt werden.

In diesem Zusammenhang wurde im Frühling 1993 eine Umfrage und ökonometrische Untersuchung durchgeführt.

Abgefragt wurde die Bereitschaft, das Endlager in der eigenen Gemeinde aufzunehmen. 50.8% der Befragten waren bereit, das Endlager ohne monetäre Kompensation zu akzeptieren. Nachdem unter sonst gleichen Bedingungen eine erhebliche monetäre Kompensation für die Akzeptanz des Endlagers angeboten wurde, waren nur noch 24.6% der Befragten dazu bereit.

Eine Variation der Höhe der Entschädigung veränderte die Zustimmungsrate nicht, d.h. der Grund für die geringe Zustimmung lag nicht in der als zu gering empfundenen monetären Entschädigung.

Quelle: Frey, B. S./Oberholzer-Gee, F. (1997): The Cost of Price Incentives: An Empirical Analysis of Motivation Crowding-Out, in: American Economic Review 87, S. 746-755.

Alle vernünftigen Leute sind sich einig, dass nukleare Abfälle sorgfältig gelagert werden müssen. Trotz dieser Einsicht zeigt es sich immer wieder, dass die Einwohnerinnen und Einwohner einer für die Endlagerung vorgesehenen Gemeinde sich erbittert wehren und es lieber sähen, wenn dafür eine andere Gemeinde vorgesehen wird. Dieses Verhalten wird deshalb im Englischen als NIMBY-Problem bezeichnet: „Not In My Back Yard". In dem geschilderten Fall hat das Angebot einer monetären Entlohnung für die Aufnahme des Endlagers zu einem stark ausgeprägten Verdrängungseffekt geführt. Die Bewohnerinnen und Bewohner der Gemeinde fühlten sich, wie eine Befragung ergab, in ihrer Selbstbestimmung und Selbstachtung durch das Geldangebot verletzt. Entsprechend haben sie mit einer Verweigerungshaltung reagiert.

Belohnungen verdrängen somit die intrinsische Motivation unter bestimmten Bedingungen. Diese Beziehung ist in der Sozialpsychologie unter den Begriffen „verborgene Kosten der Belohnung" oder „Korrumpierungseffekt der extrinsischen Motivation" bekannt geworden. Sie wurde von B.S. Frey unter der Bezeichnung „Verdrängungseffekt" in die Wirtschaftswissenschaft eingeführt. Der Effekt ist bei materiellen Belohnungen grösser als bei symbolischen. Bei erwarteten Belohnungen ist er grösser als bei unerwarteten. Bei komplizierten Problemen tritt der negative Zusammenhang zwischen Belohnung und Leistung stärker auf als bei einfachen Problemen. Ein

Bonussystem bewirkt deshalb meistens, wenn auch nicht zwingend, dass das unmittelbare Ziel (z.B. die Erhöhung der Kundenzufriedenheit) bei den Mitarbeiterinnen und Mitarbeitern an Interesse verliert. Wie kann man das erklären? Es gibt zwei einander ergänzende Ansätze:

Verminderte Selbstbestimmung:

Die Reaktion auf ein Ereignis ist davon abhängig, ob man das Ergebnis sich selbst (internale Kontrollüberzeugung) oder den äusseren Umständen zurechnet (externale Kontrollüberzeugung). Diese kann durch die Art der Perzeption von Belohnungen beeinflusst werden. Jede Belohnung hat zwei Aspekte, einen kontrollierenden und einen informierenden. Der kontrollierende Aspekt verstärkt die externe Kontrollüberzeugung, d.h. das Gefühl der Fremdsteuerung. Der informierende Aspekt beeinflusst die erlebte Kompetenz und verstärkt die internale Kontrollüberzeugung. Je nachdem, welcher Aspekt im Vordergrund steht, wird die intrinsische oder die extrinsische Motivation in einem sich selbst verstärkenden Prozess gefördert. Werden begeisterte Verkäuferinnen oder Sportler, Wissenschaftlerinnen oder Künstler materiell oder symbolisch belohnt, tritt nicht automatisch ein Verdrängungseffekt ein. Vielmehr wird die intrinsische Motivation erst dann verdrängt, wenn im Empfinden der kontrollierende Effekt den informierenden übersteigt. Umgekehrt wirkt die Belohnung als Motivationserhöhung, wenn die informierende Wirkung überwiegt. Sie steigert dann sogar das Gefühl der Kompetenz und Selbstkontrolle. Es tritt ein Verstärkungseffekt auf.

Im folgenden Beispiel illustrieren wir den Verdrängungseffekt:

Frau Schneider ist eine begeisterte Verkäuferin. Durch die Zufriedenheit ihrer Kundinnen und Kunden fühlt sie sich persönlich bereichert und sie findet ihre Tätigkeit interessant. Durch die Einführung eines Bonussystems bekommt sie den Eindruck, dass ihre guten Ergebnisse nicht mehr ihrem Engagement, sondern der nun stattfindenden Kontrolle zugeschrieben werden. Sie beginnt, sich mehr für das Geld als für die Kundenzufriedenheit zu interessieren. Was ist passiert? Die intrinsische Motivation von Frau Schneider wurde verdrängt. Folgende Abbildungen zeigen den Mechanismus graphisch auf.

Abbildung 1-2 zeigt den Zusammenhang von Bonus und Leistung, *bevor* ein Verdrängungseffekt eingetreten ist.

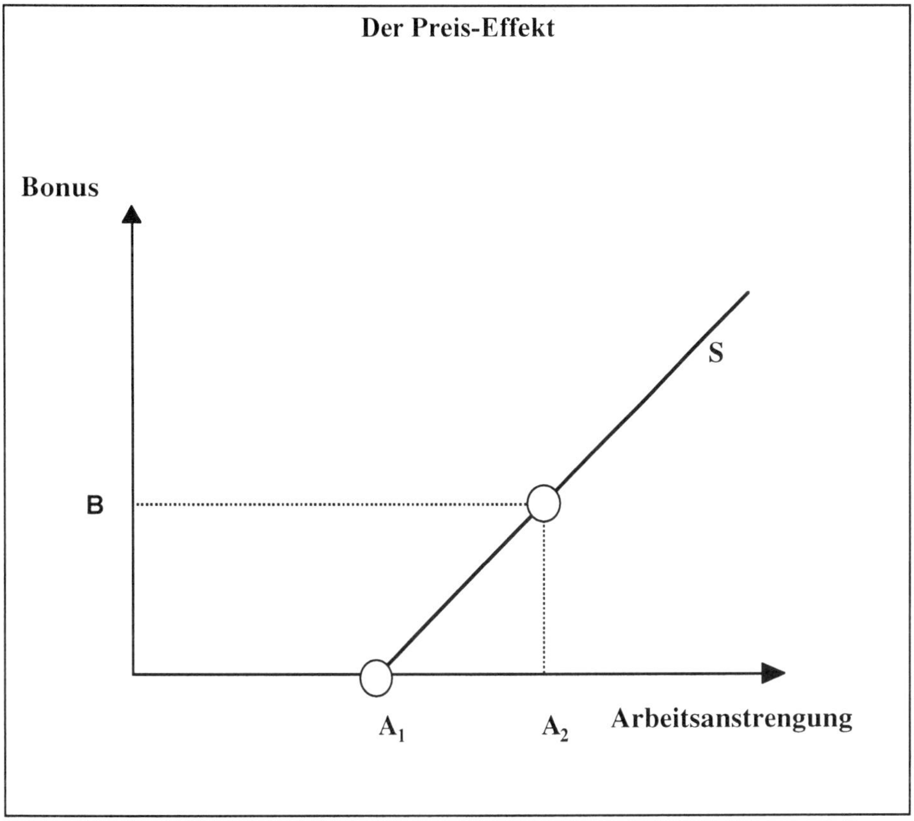

Abb. 1-2

Ohne Bonus erbringt Frau Schneider eine Arbeitsanstrengung von A_1. Ein Bonus in der Höhe von B würde – solange kein Verdrängungseffekt eintritt – ihre Arbeitsanstrengung von A_1 auf A_2 erhöhen. Wir sprechen hier von einem reinen Preiseffekt.

Nun sei angenommen, dass der Bonus und die damit einhergehende Kontrolle bei Frau Schneider eine Interessenverschiebung bewirkt. Die Freude an der zufriedenen Kundschaft verliert durch das Geld an Bedeutung. Ihre intrinsische Motivation ist reduziert worden, vgl. Abbildung 1-3. Die Kurve der Arbeitsanstrengung verschiebt sich von S nach S′. Das Ergebnis ist: Die Arbeitsanstrengung von Frau Schneider reduziert sich auf A_3.

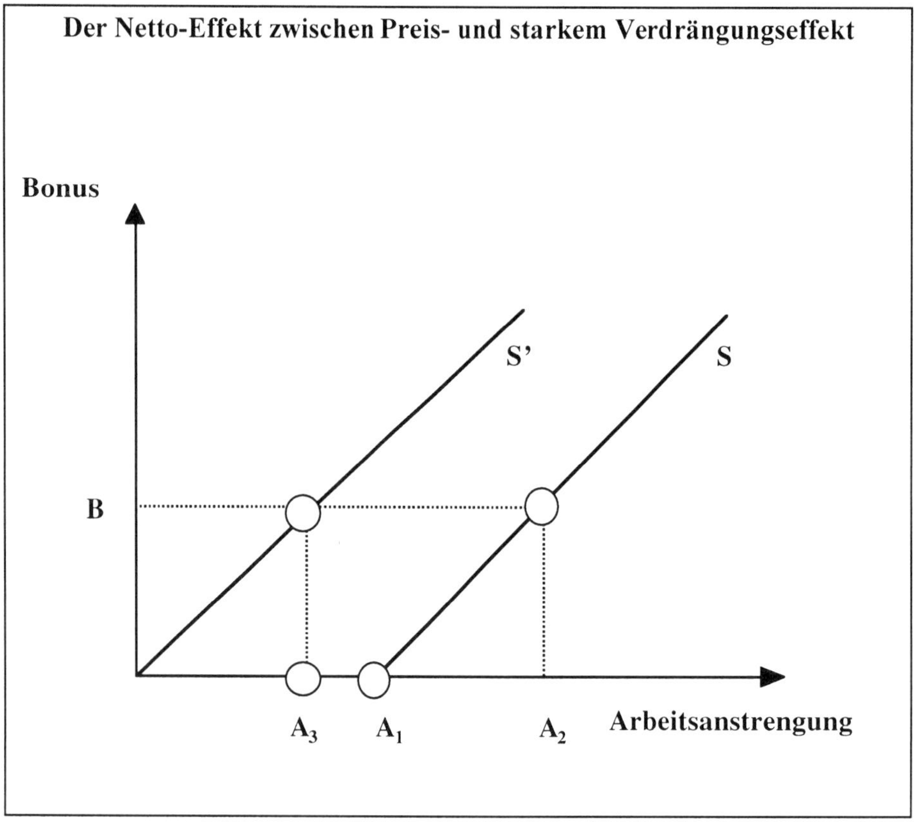

Abb.1-3

In diesem Fall wurde der Preiseffekt von A_1 auf A_2 durch den Verdrängungseffekt von A_2 auf A_3 überkompensiert. Dieses Ergebnis ist jedoch nicht zwingend. Es kommt auf die Stärke des Verdrängungseffektes an. Dies zeigt Abbildung 1-4. In diesem Fall verschiebt der Verdrängungseffekt die Arbeitsanstrengungskurve von S auf S´´. Jetzt erhöht der Bonus die Arbeitsanstrengung von A_1 auf A_4. Ob dabei innovativere Leistungen oder tatsächlich höhere Kundenzufriedenheit herauskommt, bleibt allerdings zweifelhaft. Die höhere Arbeitsanstrengung wird sich in diesem Fall eher auf den höheren Umsatz richten.

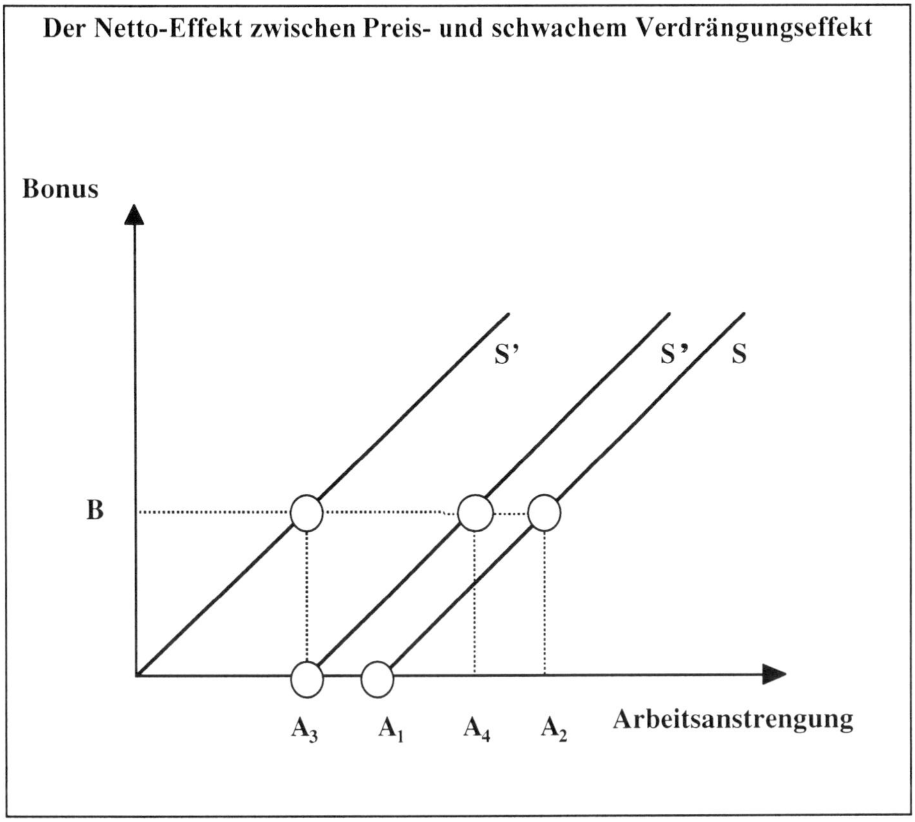

Abb. 1-4

Der Verdrängungseffekt wirkt also dem Preiseffekt entgegen. Ob im Einzelfall der Preis- oder Verdrängungseffekt überwiegt, ist schwer vorherzusagen. Wir wissen aber, dass dabei Persönlichkeitseigenschaften (vgl. Kapitel 3 dieses Buches) und das Arbeitsumfeld (vgl. Kapitel 6 bis 8 dieses Buches) zusammenwirken. In jedem Fall aber wird die ursprünglich beabsichtigte Wirkung des Preiseffektes nicht erreicht.

Voraussetzung ist jedoch: Vorher muss eine intrinsische Motivation bestanden haben. Sonst kann nichts verdrängt werden. Bei einfachen Tätigkeiten wird es beispielsweise oft der Fall sein, dass wenig intrinsische Motivation vorhanden ist und deshalb kein Verdrängungseffekt auftritt.

Psychologische Verträge

Mitarbeiter und Mitarbeiterinnen gehen mit dem Unternehmen zum einen einen Tauschvertrag „Arbeitsanstrengung gegen Geld“ ein (transaktionaler Vertrag). Zum anderen gehen sie in den meisten Fällen aber auch einen psychologischen Vertrag ein, der auf wechselseitige Würdigung der Beweggründe gerichtet ist (relationaler Vertrag). Der Unterschied zwischen einem transaktionalen und einem relationalen Vertrag besteht darin, dass transaktionale Verträge auf Leistung und Gegenleistung gerichtet sind. Die wechselseitige Würdigung der Motivation spielt keine Rolle. Wenn Sie ins Restaurant gehen, ist es Ihnen gleichgültig, ob der Koch für Sie gerne kocht oder nicht, solange das Preis-Leistungs-Verhältnis stimmt. Sie bezahlen dafür den Preis, der auf der Speisekarte steht (plus eventuell einem Trinkgeld für die besonders freundliche Bedienung). Wollten Sie allerdings einer Gastgeberin, die Sie eingeladen hat, zum Abschluss des Abends als Gastgeschenk Geld überreichen, wäre sie sicherlich beleidigt. Hingegen wird sie ein symbolisches Geschenk in Form eines Blumenstrausses gern entgegennehmen. Im Restaurant hingegen dürfte ein Blumenstrauss für den Koch nicht ausreichen. Was ist der Unterschied zwischen dem relationalen Vertrag zwischen Gast und Gastgeberin und dem transaktionalen Vertrag im Restaurant? Überreichen Sie der Gastgeberin Geld, so würdigen sie nicht ihre Freude an der Einladung. Ihre Erwartungen in Sie als Gast werden verletzt. Die Bezahlung in einem Restaurant ruft eine solche Reaktion nicht hervor. Der transaktionale Vertrag hat die Beweggründe auf Leistung gegen Geld normiert. Der Tauschvertrag stellt also auf die extrinsische Motivation ab, der relationale Vertrag auf die intrinsische Motivation. Die Einhaltung relationaler Verträge setzt immer in einem gewissen Ausmass Freiwilligkeit voraus. Dies erklärt, warum Befehle die intrinsische Motivation stärker verdrängen als das Preissystem. Befehle nehmen keine Rücksicht auf die Freiwilligkeit des Befehlsempfängers, während das Preissystem immerhin eine Wahl lässt, ob man auf das Entgelt Wert legt oder nicht.

Arbeitsverträge in Unternehmen bestehen zumeist aus einem transaktionalen *und* einem relationalen Vertrag. Die Chefin erwartet, dass die Korrespondenz im Sekretariat zuverlässig erledigt wird. Das ist Bestand des transaktionalen Vertrages. Das freundliche Schwätzchen über Privatangelegenheiten oder der Blumenstrauss zum Geburtstag ist Bestandteil des relationalen Vertrages, gerichtet auf gegenseitige Wertschätzung. Die Wirkung des relationalen Vertrages verpufft allerdings, wenn das Schwätzchen oder der Blumenstrauss von der Sekretärin als instrumentelle Handlung wahrgenommen wird. In diesem Fall wird der relationale in einen transaktionalen Vertrag umgewandelt. Ein Verdrängungseffekt ist eingetreten.

Die Theorie der psychologischen Verträge erklärt auch, warum die Verletzung von Fairnessvorstellungen in Unternehmen zum Rückgang der Leistungsbereitschaft führen. So zeigen experimentelle Untersuchungen, dass die Arbeitsbereitschaft in freiwilligen Kooperationen überproportional sinkt, wenn Versuchspersonen eine Strafe für mögliche Drückebergerei angedroht wird (Fehr/Gächter 1998). Die Strafandrohung und die damit einhergehende Kontrolle wird als Verletzung eines fairen Vertrauensverhältnisses empfunden, gegründet auf der Wertschätzung des freiwilligen Arbeitsangebotes.

3. Warum intrinsische Motivation wichtig ist

Unternehmungen sind aus mindestens fünf wichtigen Gründen auf die intrinsische Motivation ihrer Mitarbeiter angewiesen.

3.1 Gemeinsame Pool-Ressourcen

Unternehmen werden deshalb ins Leben gerufen, weil der Markt die entsprechende Tätigkeit gar nicht oder nur unzureichend erfüllt. Dazu gehören alle Tätigkeiten von Mitarbeitern, die Auswirkungen auf andere Mitarbeiter haben (sog. externe Effekte), ohne dass diese Effekte sich präzise zurechnen liessen. Beispiele sind der gute Ruf eines Unternehmens, seine besondere Unternehmenskultur, gute Beziehungen zu Kunden und Lieferanten oder akkumuliertes Wissen. Es handelt sich um firmenspezifische Gemeingüter oder Pool-Ressourcen. Jede Mitarbeiterin und jeder Mitarbeiter profitiert von diesen Pool-Ressourcen der Firma, auch dann wenn er oder sie dazu nicht beigetragen hat. Eigennützige, nur an ihrem eigenen Vorteil interessierte Mitarbeiter würden freiwillig nichts beitragen. Es entsteht das klassische Trittbrettfahrer-Problem. Der Ressourcen-Pool würde nur entstehen, wenn eine vorgesetzte Person dies anordnen und überwachen kann. Bei den geschilderten nicht-greifbaren Ressourcen ist das kaum oder nur sehr eingeschränkt möglich. Nur intrinsisch motivierte Mitarbeiter strengen sich in diesem Fall an, um einen Beitrag zu den Pool-Ressourcen zu leisten (vgl. hierzu auch Kapitel 2 und die Ausführungen zum sogenannten Organizational Citizenship Behavior in Kapitel 7).

3.2 „Multiple Tasking“

Mit „multiple tasking“ ist das folgende, mit dem Pool-Ressourcen verwandte Problem gemeint: Wenn man extrinsisch motivierte Angestellte anhand von erreichten Zielen (z.B. Umsatz und Kundenzufriedenheit) entlohnt und diese Ziele verschieden gut messbar sind (z.B. ist der Umsatz leichter und eindeutiger messbar als die Kundenzufriedenheit), dann werden sich extrinsisch motivierte Angestellte auf die gut messbaren Ziele konzentrieren und die schlecht messbaren vernachlässigen. Zu solchen schlecht messbaren Aufgaben gehören aber viele höchst relevante Aufgabenbestandteile wie kollegiales und umsichtiges Verhalten, Initiative oder Teamgeist. Je komplexer, d.h. vielfältiger die Aufgabenstellungen sind, desto weniger kann man deshalb auf die intrinsische Motivation der Angestellten verzichten.

3.3 „Fuzzy Tasking"

Vorgesetzte sind oft gar nicht in der Lage, eindeutige und messbare Ziele für ihre Untergebenen anzugeben. Sie sind auf deren Mitwirkung im Zielbildungsprozess angewiesen. Werden die Untergebenen aber anhand von klar quantifizierten Vorgaben entlohnt, dann sinkt ihre Bereitschaft, über die (notwendigerweise weniger klar quantifizierbare) Veränderung von Zielsystemen nachzudenken. Diese Aussage wird durch folgende empirische Untersuchung bestätigt: Studierende wählen bei freier Aufgabenwahl schwierige Aufgaben. Bei Einführung monetärer Belohnungen hingegen wählen sie einfache und leicht messbare Aufgaben, um die Wahrscheinlichkeit für die Belohnung zu erhöhen (Shapira 1976). Die Folge ist, dass suboptimale und wenig innovative Zielsysteme formuliert werden. Neue Ideen sind nämlich an überkommenen Massstäben nicht zu messen. Ein unter IBM-Forschern üblicher Satz bringt dies auf den Begriff: "If a senior executive hasn't screamed at you recently, you're probably not doing your job" (The Economist, 20.2.1999, S. 12).

3.4 Übertragung impliziten Wissens

Bestimmte und oft die wichtigsten Teile des in einer Firma vorkommenden Wissens lässt sich weder aufschreiben, noch in Symbolen ausdrücken. Grundlegend dabei ist die Unterscheidung von explizitem und implizitem Wissen. *Explizites* Wissen ist kodiertes Wissen. Es ist schriftlich oder symbolisch darstellbar. Seine Übertragung kann leicht kontrolliert werden. Jedoch ist nur ein kleiner Teil des Wissens explizit, denn "wir wissen mehr, als wir zu sagen wissen" (Polanyi 1985, S. 14). Explizites Wissen stellt nur die Spitze des Eisbergs des gesamten Wissens dar. Einen viel grösseren Teil bildet das *implizite* Wissen. Dieses ist nicht kodierbar, weil es aus nicht bewussten Routinen oder Orientierungen besteht. Die Übertragung von implizitem Wissen kann durch Bezahlung oder durch Sanktionen viel weniger erzwungen werden als bei explizitem Wissen, weil implizites Wissen meist nicht handelbar und seine

Relevanz für die Handlungsergebnisse häufig unklar ist. Sie ist deshalb zu grossen Teilen auf die intrinsische Motivation der Mitarbeiter angewiesen. Erst die Kombination von impliziten und expliziten Wissensbeständen führt jedoch zur Erzeugung neuen Wissens. Weil die Fähigkeit zur fortwährenden Produktion von neuem Wissen heute der wichtigste strategische Wettbewerbsvorteil ist, wird damit die intrinische Motivation der Mitarbeiterinnen und Mitarbeiter ihrerseits zu einer zentralen strategischen Ressource (vgl. hierzu Kapitel 2).

3.5 Kreativität und Innovativität

Kreative, innovative Tätigkeiten beruhen weitgehend auf intrinsischer Motivation. Hingegen behindert extrinsische Motivation die Geschwindigkeit und die Intensität des Lernens. Experimentelle Untersuchungen zeigen, dass die Lerngeschwindigkeit und das konzeptuelle Verständnis durch Überwachung verringert wird. Unter dem Druck einer ausgesetzten Belohnung werden weniger anspruchsvolle Niveaus der Lernleistung bevorzugt. Es wird flüchtiger oder schneller gearbeitet. Deshalb tendieren extrinsisch motivierte Mitarbeiter dazu, stereotyp zu wiederholen, was immer schon funktioniert hat. Hinzu kommt: Wird eine als spannend erlebte Tätigkeit durch äussere Eingriffe verhindert, so tritt Ermüdung auf.

Als Fazit kann man festhalten: Je komplexer, anspruchsvoller und vielseitiger die beruflichen Anforderungen sind, je weniger die Arbeitsleistung in einem hieb- und stichfesten Anforderungskatalog festgelegt werden kann, desto weniger kann man auf intrinsische Motivation verzichten. Sie wird zu einer strategischen Ressource (vgl. Kapitel 2 dieses Buches).

4. Warum wir auf extrinsische Motivation dennoch nicht verzichten können

Intrinsische Motivation ist wichtig. Das betonen wir mit allem Nachdruck. Gleichwohl sind wir im Unterschied zu einigen Bestsellerautoren der Ansicht, dass extrinsische Motivation unter bestimmten Bedingungen unverzichtbar ist.

Die „richtige" intrinsische Motivation ist schwierig zu erzeugen

Motivation ist kein Selbstzweck, sondern sollte den Zielen der Unternehmen dienen. In Unternehmen geht es nicht um die Erzeugung *irgendeiner* intrinsischen Motivation, etwa zum extensiven Internet-Surfen oder zum Bergsteigen. Vielmehr geht es darum, die Beschäftigten zu einer *koordinierten Leistung im Sinne des Unternehmensziels* zu veranlassen. Gelingt dies nicht, schadet auch der Verdrängungseffekt nicht. Zwar haben wir einige Anhaltspunkte dafür, wie eine auf das Unternehmensziel gerichtete intrinsische Motivation begünstigt werden kann, nämlich insbesondere eine interessante, herausfordernde Arbeit, Fairness, Partizipation und Kommunikation (vgl. Kapitel 6 bis 8 dieses Buches). Dennoch haben wir über die *Verdrängung* der intrinsischen Motivation mehr theoretische und empirische Befunde als über deren *Aufbau*. Deutlich werden diese Schwierigkeiten bei der Motivation von Freiwilligen in Non-Profit-Organisationen. Inhaltliche Differenzen über die zu verfolgenden Ziele sind dort schwerwiegend, wohingegen sich das privatwirtschaftliche Unternehmen weniger um die persönlichen Überzeugungen von Angestellten zu kümmern braucht, solange es gut bezahlt und die Kosten der Überwachung nicht zu hoch sind. Es gewinnt sogar an Elastizität, wenn es darauf verzichtet, „seinen Mitgliedern die herrliche Vierfruchtmarmelade nahezubringen, die es produziert" (Luhmann 1973, S. 142). Der Grund liegt im nach wie vor gültigen „Preiseffekt" (vgl. Abb. 1-2) für Aufgaben, die nicht von vornherein hohes Interesse finden. Empirische Untersuchungen zeigen, dass eine als uninteressant empfundene Arbeit durch Belohnungen zwar nicht interessanter wird, insgesamt aber mehr Zufriedenheit auslöst (Calder/Staw 1975). Allerdings verzichtet man in diesem Falle darauf, das Feuer zu entfachen, das beispielsweise den begeisterten Gipfelstürmer zu Höchstleistungen antreibt.

Intrinsische Motivation kann auch unmoralische Inhalte haben

Intrinsische Motivation kann auch unmoralische oder unerwünschte Inhalte haben. Wie historische Erfahrungen zeigen, waren die schlimmsten Verbrechen der Menschheit oft intrinsisch motiviert. Fanatiker wie Hitler und Stalin können als Beispiele angeführt werden. Neid, Rachsucht und Geltungstrieb sind nicht weniger intrinsisch motiviert als Altruismus, Pflichtbewusstsein und Liebe. Im Gegensatz dazu lässt sich zeigen, dass extrinsische Motivierung von Kriegern (Söldnern oder Berufssoldaten) unter bestimmten Bedingungen zu einer menschlicheren Behandlung von Kriegsgefangenen geführt hat (Frey 1990, Kap. 8).

Extrinsische Motivation kann unerwünschte Emotionen disziplinieren

Extrinsische Motivation kann disziplinierend auf überbordende Emotionalität wirken. So werden unerwünschte emotionale Konflikte in Unternehmen gezügelt, wenn ein gemeinsames Interesse an materiellen Entgelten besteht. Diese können instrumentell für die Befriedigung von Wünschen ausserhalb des Unternehmens eingesetzt werden, z.B. für ein teures Hobby. Konflikte werden so zwar nicht gelöst, aber in ihrer Bedeutung relativiert.

Diese Wirkung ist in der Geschichte wohlbekannt. So führt Hirschman (1987) aus, dass in vielen historischen Situationen unkontrollierte Leidenschaften durch ökonomische Interessen in Schach gehalten werden. So war schon im 16. und 17. Jahrhundert die Auffassung dominant, dass das Preissystem eine positive Disziplinierung von ansonsten ungebremsten Leidenschaften bewirkt. Für Montesquieu (1749, Band XX) galt es in seiner These des „süssen Handels" (doux commerce) als selbstverständlich, dass „Handel das Verhalten verbessert und mildert, wie wir jeden Tag sehen können". Die menschlichen Regungen galten als unkontrolliert und schwankend, weshalb die Verfolgung materieller Interessen zu Verlässlichkeit, Ordentlichkeit und Hilfsbereitschaft führe.

Belohnungen können manchmal intrinsische Motivation erst erzeugen

Wenn intrinsische Motivation aus einer Verbindung von Selbstbestimmung und Kompetenzerleben entsteht und dies auch ein „freudiges Flusserleben" fördert, dann können Belohnungen veranlassen, dass zunächst unvertraute und als Überforderung empfundene Aufgaben überhaupt in Angriff genommen werden. Im Laufe der Ausführung kann sich dann ein Kompetenzerleben einstellen, das intrinsische Motivation fördert. Diese „verborgenen Gewinne unzureichender Belohnung" sind das Gegenstück zu den „verborgenen Kosten der Belohnung". Sie sind aber nicht symmetrisch. Die Arbeitsmoral wird viel leichter zerstört als aufgebaut. Deshalb ist es schwierig, nicht mehr als nötig zu tun, d.h. die erzeugte intrinsische Motivation durch Belohnung am falschen Platz nicht wieder zu untergraben. Dies erfordert eine „nicht alltägliche Erziehungskunst" (Heckhausen 1989, S. 465).

Darüberhinaus können Geldbelohnungen die intrinsische Motivation fördern, wenn die Tätigkeit – etwa beim Glücksspiel oder an der Börse – innerlich, d.h. in ihrem Fluss, mit Geld zusammenhängt. Geld wirkt dann nicht mehr instrumentell für ein anderes Ziel, sondern dient einer unmittelbare Bedürfnisbefriedigung.

5. Die Kunst, die „richtige" Motivation zu erzeugen

Unternehmen müssen die Schwierigkeiten und Unwägbarkeiten bei der Erzeugung und Verdrängung der intrinsischen Motivation (Verdrängungseffekt) mit den einigermassen zuverlässigen Wirkungen von Sanktionen (Preis-Effekt) aufrechnen, um zu geeigneten Massnahmen zu gelangen. Das nächste Kapitel wird zeigen, dass und warum es sich lohnt, sich dieser Mühe zu unterziehen. Die daran anschliessenden Kapitel schildern den Stand des gegenwärtigen Wissens, wie „Managing Motivation" theoretisch und praktisch funktionieren kann.

6. Literaturhinweise

Moderne Organisationsstrukturen, welche den Anforderungen der Wissensarbeit gerecht werden und das Zusammenspiel von implizitem und explizitem Wissen einbeziehen werden behandelt von

Nonaka, I./Takeuchi, H. (1997): Die Organisation des Wissens, Frankfurt a.M. (Englische Originalausgabe: The Knowledge-Creating Company, New York/Oxford, 1995.)

Osterloh, M./Frost, J. (1998): Prozessmanagement als Kernkompetenz, Wie Sie Business Reengineering strategisch nutzen können, 2. Aufl., Wiesbaden.

Osterloh, M./Wübker, S. (1999): Wettbewerbsfähiger durch Prozess- und Wissensmanagement, Mit Chancengleichheit auf Erfolgskurs, Wiesbaden.

Die Anwendung des ökonomischen Modells auf Bereiche ausserhalb der Wirtschaft, z.B. auf Politik, Recht, Familie, Kunst und Kriminalität werden dargestellt in

Becker, G. (1982): Der ökonomische Ansatz zur Erklärung menschlichen Verhaltens, Tübingen. (Englische Originalausgabe: The Economic Approach to Human Behavior, Chicago, 1976.)

Frey, B. S. (1990): Ökonomie ist Sozialwissenschaft, Die Anwendung der Ökonomie auf neue Gebiete, München.

Zu den Ausdruckformen der intrinsischen Motivation vgl.

Csikszentmihalyi, M. (1993): Das Flow-Erlebnis, Jenseits von Angst und Langeweile: Im Tun aufgehen, 5. Aufl. (Englische Originalausgabe: Beyond Boredom and Anxiety, San Francisco, 1975.)

Heckhausen, H. (1989): Motivation und Handeln, 2. Aufl., Berlin u.a.
Kruglanski, A. W. (1975): The Endogenous-Exogenous Partition in Attribution Theory, in: Psychological Review 82, S. 387–406.

Die Hassliebe von Bergsteigern zu ihrem Hobby wird aus persönlicher Erfahrung lebendig geschildert von

Loewenstein, G. (1999): Because It Is There: The Challenge of Mountaineering... for Utility Theory, in: Kyklos 52, S. 315 – 343.
Oelz, O. (1999): Mit Eispickel und Stethoskop, Zürich.

Das Verhältnis von moralischer Selbstverpflichtung und intrinsischer Motivation wird diskutiert in

Kliemt, H. (1993): Ökonomische Analyse der Moral, in: Ramb/Tietzel (Hrsg.): Ökonomische Verhaltenstheorie, München, S. 281–310.
Osterloh, M./Löhr, A. (1994): Ökonomik oder Ethik als Grundlage der sozialen Ordnung?, in: Wirtschaftswissenschaftliches Studium, S. 406.
Baurmann, M. (1996): Der Markt der Tugend, Tübingen.

Populärwissenschaftliche sozialpsychologische Darstellungen der „verborgenen Kosten der Belohnung" finden sich bei

Deci, E. L./Flaste, R. (1995): Why We Do What We Do: The Dynamics of Personal Autonomy, New York.
Sprenger, R. K. (2000a): Mythos Motivation (Jubiläumsausgabe), Wege aus einer Sackgasse, Frankfurt a.M.
Sprenger, R. K. (2000b): Das Prinzip Selbstverantwortung (Jubiläumsausgabe), Wege zur Motivation, Frankfurt a.M.
Kohn, A. (1993): Punished by Reward: The Trouble With Gold Stars, Incentive Plans, A´s, Praise, and Other Bribes, Boston.
Kohn, A. (1994): Warum Incentive Systeme oft versagen, in: Harvard Business Manager 2, S. 15-23. (Englische Originalausgabe: Why Incentive Plans Cannot Work, in: Harvard Business Review 5, 1993, S. 54-63).

Der derzeitige Stand der wissenschaftlichen Auseinandersetzung um die „verborgenen Kosten der Belohnung" ist dokumentiert in

Deci, E. L./Koestner, R./Ryan, R. M. (1999): A Meta-Analytic Review of Experiments Examining the Effects of Extrinsic Rewards on Intrinsic Motivation, in: Psychological Bulletin 125 (3), S. 627-668.

In demselben Heft des *Psychological Bulletin* finden sich weitere Stellungnahmen zu diesem Aufsatz.

Die Anwendung des Verdrängungseffekts in der Wirtschaft behandelt

Frey, B. S. (1997a): Markt und Motivation, Wie ökonomische Anreize die (Arbeits-)Moral verdrängen, München.

Die Befunde zu psychologischen Verträgen und die Rolle von Fairness beim Arbeitsengagement aus freien Stücken werden in Kapitel 7 dieses Buches behandelt sowie von

Schein, E. (1965): Organization Psychology, Englewood Cliffs, NJ.
Rousseau, D. M. (1995): Psychological Contracts in Organizations: Understanding Written and Unwritten Agreements, Thousand Oaks, London/New Dehli.
Rousseau, D. M./McLean Parks J. (1993): The Contracts of Individuals and Organizations, in: Research in Organizational Behavior 15, S. 1–43.
Fehr, E./Gächter, S. (1998): Reciprocity and economics: The economic implications of „Homo Reciprocans", in: European Economic Review 42, S. 845–859.
Bierhoff, H. W./Herner, M. J. (1999): Arbeitsengagement aus freien Stücken: Zur Rolle der Führung, in: Schreyögg, G./Sydow, J. (Hrsg): Managementforschung 9. Führung – neu gesehen, Berlin/New York, S. 55–87.

Zum Problem des „multiple tasking" und den Schwierigkeiten der Leistungsmessung bei komplexen Aufgaben aus der Sicht der Organisationstheorie und der mikroökonomischen Theorie vgl.

Pearce, J. L. (1987): Why Merit Pay Doesn't Work: Implications From Organizational Theory, in: Balkin, D. B./Gomez-Mejia, L. R. (Hrsg): New Perspectives on Compensation, S. 169–178.
Holmström, B./Milgrom, P. (1991): Multi-Task Principal Agent Analyses: Incentive Contracts, Asset Ownership and Job Design, in: Journal of Law, Economics and Organizations 7, S. 24-52.
Prendergast, C. (1999): The Provision of Incentives in Firms, in: Journal of Economic Literature 37, S. 7-63.

Zur Bedeutung der intrinsischen Motivation für Kreativität und Innovation aus psychologischer Sicht vgl.

Amabile, T. (1996): Creativity in Context: Update to the Social Psychology of Creativity, Boulder, CO.
Amabile, T. (1998): How to Kill Creativity, in: Harvard Business Review, September/October, S. 77–87.
Schwartz, B. (1990): The Creation and Destruction of Value, in: American Psychologist 45, S. 7-15.
Shapira, Z. (1976): Expectancy Determinants of Intrinsically Motivated Behavior, in: Journal of Personality and Social Psychology 34, S. 1235–1244.

Zweites Kapitel

Margit Osterloh und Jetta Frost

Motivation und Wissen als strategische Ressource

KAPITELZUSAMMENFASSUNG

In diesem Kapitel wird begründet, warum das Motivations- und Wissensmanagement eines Unternehmens zu den wichtigsten wettbewerbsrelevanten strategischen Ressourcen gehört. Dazu zeigen wir zunächst neuere Entwicklungen in der Strategieforschung auf, erläutern dann wodurch strategische Ressourcen gekennzeichnet sind und stellen anschliessend den Zusammenhang zwischen Wissen und Motivation dar.

In immer mehr Unternehmen werden das Wissen der Mitarbeiterinnen und Mitarbeiter sowie deren Motivation und Leistungsbereitschaft als wichtige Quelle für den Unternehmenserfolg angesehen. So erwirtschaften beispielsweise zahlreiche an der Börse kotierte Unternehmen der sogenannten „new economy“ trotz steigender Aktienkurse immer noch umfangreiche Verluste. Begründet werden die dennoch steigenden Aktienkurse mit dem Potential, das in diesen Firmen steckt: Eine motivierte Belegschaft soll dafür sorgen, dass aus ihrem Wissen innovative Ideen und neue, ertragreiche Produkte und Dienstleistungen entwickelt werden. Damit gehören das Motivations- und Wissensmanagement eines Unternehmens heutzutage zu den wichtigsten wettbewerbsrelevanten strategischen Ressourcen. Unterstützt wird diese Feststellung durch neuere Entwicklungen in der Strategieforschung, die im ersten Abschnitt dieses Kapitels dargestellt werden. Im zweiten Abschnitt wird erläutert, wodurch strategische Ressourcen gekennzeichnet sind. Der dritte Abschnitt stellt den Zusammenhang zwischen Wissen und Motivation dar. Begründet wird, warum beide Quellen nachhaltig wettbewerbsrelevante Ressourcen sind.

1. Neue Entwicklungen in der Strategieforschung: Vom marktorientierten zum ressourcenorientierten Ansatz

Die Grundfrage der Unternehmensstrategie lautet: Wie ist es trotz Wettbewerb möglich, einen nachhaltigen, überdurchschnittlichen Unternehmenserfolg zu erzielen? Bekanntlich schläft die Konkurrenz nicht und versucht, erfolgreichen Unternehmen nachzueifern. Gelingt dies, schrumpfen die überdurchschnittlichen Gewinne. Die moderne Strategielehre hat zwei Konzepte entwickelt, wie Unternehmen nachhaltige Wettbewerbsvorteile erringen können: den marktorientierten Ansatz und den ressourcenorientierten Ansatz, deren Grundideen in Abbildung 2-1 dargestellt sind.

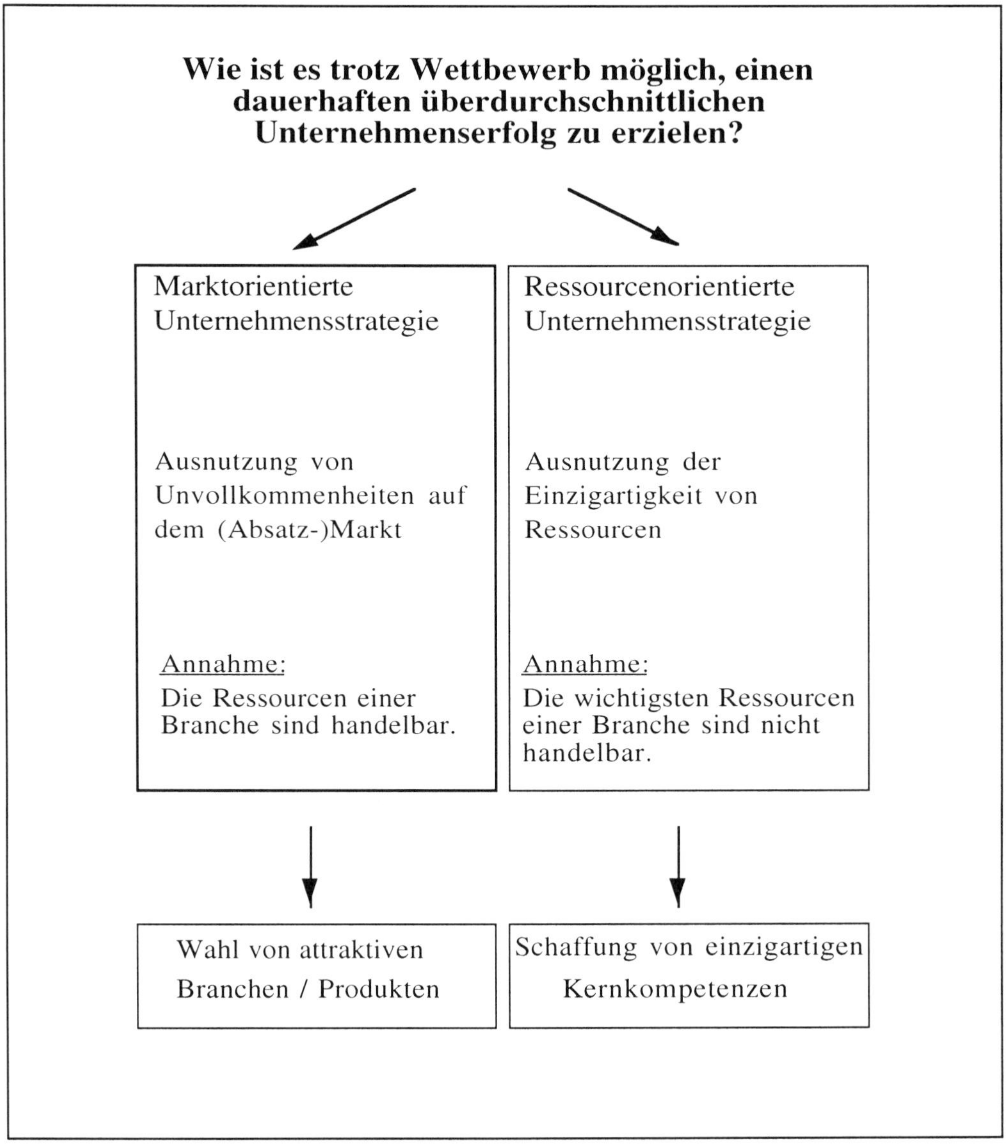

Abb. 2-1

Der *marktorientierte Ansatz* sieht die Quelle nachhaltiger Wettbewerbsvorteile darin, dass ein Unternehmen die Unvollkommenheiten auf dem Absatzmarkt einer Branche gezielt ausnutzt und vergrössert. Dadurch erhält das Unternehmen eine monopolartige Stellung, d.h., es kann monopolistische Übergewinne erzielen. Es wird davon ausgegangen, strukturelle Gegebenheiten der Branche seien für den Unternehmenserfolg verantwortlich. Das Ziel der Strategie besteht deshalb darin, sich mit Hilfe der SWOT-Analyse („Strengths-Weaknesses-Opportunities-Threats“, d.h. einer Stärken- und Schwächen- sowie Chancen- und Risiken-Analyse) in jenen attraktiven Branchen zu positionieren, in denen die Marktunvollkommenheiten besonders gross sind (Porter 1992). Attraktive Branchen finden sich nach dieser Sicht in Märkten mit geringer Konkurrenz. Dabei wird vorausgesetzt, dass alle Unternehmen im wesentlichen auf die gleichen Ressourcen zurückgreifen können. Jedes Unternehmen hat die Möglichkeit, die wichtigsten Ressourcen einzukaufen. Solche Ressourcen sind z.B. Rohstoffe, Betriebsausstattung wie Maschinen und standardisierte Software, Beratungsleistungen, Lizenzen oder qualifizierte Mitarbeiterinnen und Mitarbeiter.

Im Gegensatz dazu geht der *ressourcenorientierte* Ansatz davon aus, eine monopolartige Stellung biete auf dem Absatzmarkt keinen *langfristigen* Schutz vor Konkurrenten (Hamel/Prahalad 1995). Können alle Unternehmen auf die gleichen Ressourcen zurückgreifen, z.B. indem sie die gleichen Softwareprogramme kaufen oder um dieselben Fachkräfte konkurrieren, dann ist auf lange Sicht jedes Monopol auf einem Teilmarkt angreifbar. Nachhaltigen Schutz vor Konkurrenz kann ein Unternehmen nur dann erzielen, wenn es ihm gelingt, einzigartige, unternehmensspezifische Ressourcen zu entwickeln und zu nutzen. Diese einzigartigen Ressourcen können zu *Kernkompetenzen* ausgebaut werden, wenn die den Unternehmen zugrundeliegenden Ressourcen folgende fünf Eigenschaften aufweisen:

- Sie sind *wertvoll*, d.h., die Kunden sind bereit, für den durch diese Ressource begründeten Zusatznutzen mehr zu bezahlen als für vergleichbare Produkte oder Dienstleistungen der Konkurrenz.
- Sie sind *knapp*, d.h., sie stehen nicht uneingeschränkt zur Verfügung.
- Sie sind *schwer substituierbar*, d.h., es gibt keine ähnlichen Ressourcen, die den Zusatznutzen auf gleichwertige Weise erbringen können.
- Sie sind *schwer imitierbar*, d.h., andere Unternehmen können sie nicht ohne weiteres kopieren.
- Sie sind immer wieder auf neue Produkte und Dienstleistungen *transferierbar* und erschliessen neue Märkte. Diese befriedigen zukünftige Bedürfnisse von Kundinnen und Kunden, die diese heute noch gar nicht kennen.

Die wichtigsten Eigenschaften von wettbewerbsrelevanten Ressourcen sind dabei die *Transferierbarkeit* auf neue Produkte und Dienstleistungen sowie die *schwere Imitierbarkeit*. Ressourcen mit diesen Eigenschaften können in der Regel nicht gekauft, sondern müssen in langwierigen Prozessen im Unternehmen selbst erzeugt werden. Damit wird deutlich: Die klassischen materiellen Ressourcen wie „körperliche Arbeit“,

„Boden" und „Realkapital" werden immer mehr an Bedeutung gegenüber den physisch nicht greifbaren Ressourcen „Humankapital" und „soziales Kapital" verlieren. Soziales Kapital umfasst die Summe der Beziehungen in einer Organisation und erleichtert das Miteinander umgehen. Es entsteht quasi als „Levergage"-Effekt aus der Summe des individuellen Humankapitals einer Organisation, wobei Vertrauen und Fairness seine wichtigste Leitwährung ist (vgl. auch Kapitel 7 in diesem Buch). Deshalb ist es am schwierigsten, soziales Kapital über den Markt käuflich zu erwerben. Das Humankapital einer einzelnen Arbeitsperson kann immerhin durch Abwerbung eingekauft werden, das einer sozialen Gemeinschaft jedoch nur dann, wenn ein anderes Unternehmen als Ganzes erworben wird.

Kernkompetenzen entstehen deshalb aus dem gelungenen Zusammenspiel der unterschiedlichsten Kenntnisse, die in einem Unternehmen vorhanden sind. Das Anhäufen von technischem Know-how ist zwar auch ein wichtiger Ressourcenbaustein, reicht aber alleine noch lange nicht aus, um Kernkompetenzen entwickeln zu können. Entscheidend ist vielmehr die Fähigkeit, dieses Know-how mit dem Wissen und Können der Organisationsmitglieder kombinieren zu können. Deutlich wird dies an der Erfolgsgeschichte der Swatch Uhren, die im Kasten 2-1 dargestellt ist.

Im Ergebnis liegt der Fokus beim Kernkompetenzen-Ansatz nicht mehr auf den materiellen, d.h. handelbaren Aspekten von Ressourcen, sondern auf den nicht-handelbaren *und* zugleich intangiblen, d.h. nicht greifbaren, Eigenschaften. Diese begründen die schwere Imitierbarkeit und Transferierbarkeit. Deutlich wird dies im Ressourcenschema, das in Abbildung 2-2 dargestellt ist. Zu den nicht-handelbaren und nichtgreifbaren Ressourcen gehören einzigartige Beziehungen zu Kunden und Lieferanten, organisationales Wissen und Vertrauen in die Loyalität der Mitarbeiterinnen und Mitarbeiter. Diese Ressourcen bieten den höchsten Schutz vor Imitation und können zu Kernkompetenzen ausgebaut werden, weil sie nur innerhalb spezifischer Unternehmensstrukturen und -kulturen ihre Wirkung entfalten. Patente und Lizenzen sind zwar auch immaterielle, d.h. intangible Ressourcen. Sie können jedoch gehandelt werden.

Kasten 2-1:

Kernkompetenz bei SWATCH

Anfang der achtziger Jahre ging es der traditionsreichen Schweizer Uhrenindustrie sehr schlecht. Die Banken waren nicht mehr bereit, weitere Kredite in die einstigen Renommierbetriebe zu stecken. Viele Betriebe mussten schliessen oder fusionieren. Aber es war zugleich die Zeit, in der an der Entwicklung einer neuen Uhr getüftelt wurde, die später die Branche revolutionieren sollte: die Swatch.

Ein Produkt wie die Swatch entsteht nicht von heute auf morgen, und niemand besitzt die komplette Idee dafür. Wie wurde die Swatch zu einem der populärsten Produkte der Welt? Mit der *Kernkompetenz „Zeit in einer Designerform"* vereint die Swatch in eindrucksvoller Weise Know-how in Technologie, Design, Pop-Art, Marketing und Vertrieb. Technisch war es gelungen, eine Hochpräzisionsuhr zu entwickeln, die aus einem Plastik-Modul bestand, das in einen vorgestanzten Plastikkörper eingeschweisst wird. Dadurch konnten die einzelnen Komponenten einer Uhr von bisher 151 Einzelteilen auf 51 genormte Teile drastisch gesenkt werden. Das war ein Novum für die Schweizer Uhrenindustrie, die auf aufwendige mechanische Uhrwerke setzte und Plastik für eine Ehrverletzung hielt. Deshalb wurde fieberhaft daran gearbeitet, wie das Image einer billigen Plastikuhr vermieden werden konnte. Überall im Unternehmen griff eine Aufbruchsstimmung um sich: Die Diskussionen, wie Design, Technik und Marketing kombiniert werden sollten, erhitzen sich. Ziel war es, ein neues Bedürfnis für Kunden zu kreieren: Nicht nur die Zeitmessung war entscheidend, sondern vor allem die gelungene Erfassung des Zeitgeistes. „Fashion that ticks" und „Swatch: you don´t wear the same tie every day" verdeutlichen, was die Swatch zu einem absoluten Welterfolg gemacht hat: Swatch-Träger wechseln ihre Uhr wie eine Krawatte, je nach Tageszeit und Stimmung. So wurde die Swatch ein hinsichtlich Preis, Leistung und Qualität konkurrenzloses Kultobjekt.

Quelle: Schulz, B. (1999): Swatch oder die Erfolgsgeschichte des Nicolas Hayek, Düsseldorf.

Eigenschaften von Ressourcen		
	Physisch greifbare Ressourcen	Physisch nicht-greifbare Ressourcen
handelbare Ressourcen	• maschinelle Ausstattung • Personalausstattung • Standard Software	• Lizenzen • individuelles Expertenwissen
nicht-handelbare Ressourcen	• selbsterstellte Anlagen • selbstprogrammierte Software	• Unternehmenskultur • einzigartige Stakeholderbeziehungen • unternehmensspezifische Ausbildung • einzigartige Beziehungen zu Kunden und Lieferanten • organisationales Wissen • Vertrauen

Abb. 2-2

2. Was kennzeichnet nachhaltig wettbewerbsrelevante Unternehmensressourcen?

Unternehmensressourcen sind immer dann wettbewerbsrelevant, wenn sie zu schwer imitierbaren Kernkompetenzen ausgebaut werden können. Dazu benötigt ein Unternehmen nachhaltig bessere Fähigkeiten als seine Wettbewerber. Wann und warum sind die Fähigkeiten einiger Unternehmen nachhaltig besser als die ihrer Konkurrenten? Zur Beantwortung dieser Frage beginnen wir mit der Überlegung, welche Aktivitäten speziell in Unternehmen und nicht zwischen selbständigen Marktteilnehmern abgewickelt werden (vgl. auch Kapitel 6 dieses Buches).

2.1 Warum gibt es überhaupt Unternehmen?

Gemeinsame Pool-Ressourcen

Bereits im ersten Kapitel dieses Buches wurde festgestellt, dass es Unternehmen deshalb gibt, weil dort – anders als auf Märkten – gemeinsame komplementäre Pool-Ressourcen genutzt werden können. Gemeinsame Pool-Ressourcen sind dadurch gekennzeichnet, dass bei ihnen die Kosten der Herstellung sowie des Verbrauchs nicht eindeutig auf die einzelnen Organisationsmitglieder zugerechnet werden können. Dies ist immer dann der Fall, wenn die Tätigkeit eines Organisationsmitglieds zugleich positive externe Effekte auf Tätigkeiten anderer Organisationsmitglieder hat, d.h. deren Produktivität erhöht, ohne dass genau bekannt ist, welchen Anteil dies ausmacht. Beispiele sind die meisten Overhead-Kosten erzeugenden Aktivitäten wie die strategische Personalplanung oder das Controlling. Weniger gut erkennbar sind positive externe Effekte wie eine gut eingespielte Software, funktionierende Routinen und Abläufe, Teamgeist, vertrauensvolle Beziehungen, akkumuliertes organisationales Wissen oder der gute Ruf einer Firma. Bei diesen Effekten kann nicht eindeutig ausgerechnet werden, erstens welchen Anteil welches Organisationsmitglied an der Erstellung dieser Pool-Ressourcen hat und zweitens welchen prozentualen Anteil diese Pool-Ressourcen an den im Unternehmen erzeugten Produkten und Leistungen ausmachen. Aufgrund dieser Nicht-Zurechenbarkeit können die entsprechenden Aktivitäten auch nicht in eindeutige Verträge mit genau spezifizierten Leistungen und Gegenleistungen (Preisen) gefasst werden. Wäre dies möglich, so gäbe es keinen Grund, die dafür entsprechenden Tätigkeiten *nicht* über den Markt zu beziehen, z.B. in Form eines Werkvertrages oder im Rahmen des Outsourcing. So werden heutzutage in vielen Unternehmen Aufgaben der Instandhaltung durch externe Anbieter erledigt. Es lässt sich dabei genau vertraglich regeln, welche Leistung zu welchem Preis erbracht werden soll. Dies ist eine handelbare Tätigkeit, die auch von der Konkurrenz gekauft werden kann, aber zugleich leicht imitierbar ist.

Unvollständige Verträge, Anordnung und Kontrolle

Worin unterscheidet sich der Arbeitsvertrag in einem Unternehmen von einem Kauf- oder Werkvertrag auf dem Markt? Beides sind Verträge, in denen es um die Festlegung von Leistung gegen ein bestimmtes Entgelt geht. Die Antwort lautet: Auf dem Markt handelt es sich idealtypisch um *vollständige* Verträge wie beispielsweise der Vertrag einer Restaurantbesitzerin mit ihrem Zulieferanten für Gemüse: Preis und zugesicherte Leistung sind eindeutig festgelegt. Dagegen ist ein Arbeitsvertrag in Unternehmen immer ein *unvollständiger* Vertrag, wie zum Beispiel der Arbeitsvertrag eines Kochs mit einem Restaurant. In unvollständigen Verträgen können bei der Vertragsschliessung die künftig erbrachten Leistungen des Arbeitnehmers oder der Arbeitnehmerin nicht genau spezifiziert und geregelt werden. Der Grund ist, dass die Kosten und die Erträge der Pool-Ressourcen sich nicht genau auf das einzelne Organisationsmitglied zurechnen lassen. Egoistische Mitarbeiter würden versuchen, von Pool-Ressourcen zu profitieren, ohne etwas zu ihrer Erstellung beizutragen. Diese würden deshalb auf freiwilliger Basis nicht oder nicht im genügenden Mass erzeugt werden. Um dieses Trittbrettfahrer-Problem in den Griff zu bekommen, werden deshalb im Unternehmen – so die traditionelle Sicht – Anordnungen und Kontrollen eingesetzt.

Arbeitsverträge unterscheiden sich danach von Verträgen auf dem Markt *erstens* dadurch, dass sie unvollständig sind. *Zweitens* enthalten sie eine Verpflichtung, sich innerhalb einer sogenannten „Indifferenzzone" (Barnard 1938) den Anordnungen und Kontrollen der Vorgesetzten zu beugen. Wie steht es aber mit der Kontrollierbarkeit von Mitarbeitern, wenn es darum geht, gemeinsame Pool-Ressourcen zu erzeugen? Kontrolle ist in diesen Fällen – und damit weichen wir von der traditionellen Sicht ab – nur eingeschränkt möglich. Idealtypischerweise gibt es zwei Arten von Kontrolle: Kontrolle des Arbeitsverfahrens und Kontrolle des Arbeitsergebnisses.

Kontrolle der Arbeitsabläufe

Die traditionelle tayloristische und bürokratische Arbeitsorganisation setzt auf eine lückenlose Kontrolle der Arbeitsabläufe. Überprüft wird, ob die Mitarbeiterin oder der Mitarbeiter die einzelnen Arbeitsschritte richtig einhält. Eine Managerin hat das einmal so ausgedrückt: „Überprüft wird, ob die Küche richtig aufgeräumt ist, wie hinterher das Essen schmeckt, ist nicht Gegenstand dieser Verfahrensanalyse." Das Ergebnis sind eine Tendenz zu Starrheit, Innovationsfeindlichkeit, hohen Kontrollkosten und zugleich eine abnehmende Arbeitsmotivation der Mitarbeiter. Je dynamischer die Umwelt und je komplexer die Arbeitsaufgabe ist, desto weniger ist diese Form der Kontrolle geeignet.

Kontrolle des Arbeitsergebnisses

Die Probleme der bürokratischen Arbeitsorganisation führten schon früh zu Versuchen, Kontrollen nicht mehr über die Abläufe, sondern über die Ergebnisse herbeizuführen. Typische Beispiele dafür sind „Management by Objectives" oder neuerdings die „wertorientierte Unternehmensführung". „Management by Objectives" sieht vor, dass Vorgesetzte und Untergebene gemeinsam zeitlich fixierte, klar definierte Ziele vereinbaren. Die „wertorientierte" Unternehmensführung will mit Konzepten wie „Economic Value Added (EVA)" einen Brückenschlag zwischen traditioneller Gewinnzumessung und kapitaltheoretisch formulierten Marktwertbeitrag herstellen.

Im Kern geht es darum, Unternehmen organisatorisch möglichst tief in Teilbereiche zu zerlegen und diesen die Aufgabe zuzuweisen, ihren Wertbeitrag zu maximieren, deren Summe dem Shareholder-Value entspricht. Knüpft man – wie oft von Vertretern der Unternehmenspraxis vorgeschlagen – Kompensationsprogramme an die Wertbeiträge, handelt man sich aber wiederum Trittbrettfahrer-Probleme ein. Diese bewirken, dass

- entweder die Summe der Wertbeiträge unter dem maximalen Shareholder-Value bleibt
- oder verhindert wird, dass ausreichende Beiträge zur Pool-Ressource geschaffen werden:

Der zuerst genannte Fall tritt ein, wenn der Wertbeitrag je Mitarbeiter ausgehend vom Gesamtunternehmenswert ermittelt wird. Bei mehreren Teilnehmern an entsprechenden Kompensationsprogrammen können die gesamthaft erwirtschafteten Leistungsbeiträge desto weniger den einzelnen Teilnehmer zugeordnet werden, je höher die Anzahl der Teilnehmer an solchen Kompensationsprogrammen ist. Ökonomen nennen dies das 1/n-Problem. Je grösser n ist, desto weniger sind einzelne, individuell erbrachte Leistungsbeiträge zurechenbar. Dadurch erhöht sich die Gefahr von Drückebergerei und damit von Minderungen des Shareholder-Value. Der zweite Fall ist zu erwarten, wenn – zum Beispiel bei hohem n – eine individuelle Leistungsbeurteilung herbeigeführt werden soll, indem einzelnen Mitarbeitern messbare Subziele vorgegeben werden, die an Boni geknüpft sind. Dies führt zu den bereits geschilderten „multiple tasking"- und „fuzzy tasking"-Problemen. Extrinsisch motivierte Mitarbeiter werden sich auf die vorgegebenen messbaren Ziele konzentrieren und schlecht messbare Aktivitäten vernachlässigen, wie etwa kollegiales Verhalten, freiwilligen Wissensaustausch oder die Mitwirkung bei der Formulierung neuer, anspruchsvollerer Ziele. Insbesondere werden sie nichts zu den schlecht mess- und zurechenbaren Pool-Ressourcen beitragen, welche – wie wir erläutert haben – der eigentliche Grund für die Existenz des Unternehmens sind. Deshalb ist generell bei komplexen Aufgaben ein hoher variabler Leistungslohn dysfunktional. Damit ist der immer wieder bestätigte empirische Befund zu erklären, dass es keinen oder nur einen sehr schwachen positiven Zusammenhang zwischen variabler leistungsabhängiger Management-Entlohnung und der Unternehmensleistung gibt (vgl. hierzu Kapitel 3 und 4 dieses Buches). Ein ausschliesslich fixes Entgelt führt aber bei extrinsisch motivierten Mitarbeitenden zu Drückebergerei. Das Kontrollproblem ist also ohne intrinsische Motivation nicht in den Griff zu bekommen.

Langfristige Beziehungen

Viele – vor allem von der ökonomischen Spieltheorie beeinflusste – Autoren sehen einen Ausweg für das Kontrollproblem darin, dass in Unternehmen üblicherweise langfristige Beziehungen geschaffen werden. In diesem Fall ist es sinnvoll, die geschilderten Nachteile einer weitgehenden variablen Entlohnung zu vermeiden und fixe Gehälter zu bezahlen. Der Leistungsanreiz entsteht hier durch den Wettbewerb um den Aufstieg im Unternehmen. Zwar gibt es bei unvollständigen Verträgen – wie wir dargestellt haben – keine einigermassen präzisen Kriterien für die Leistungsbeiträge der einzelnen Mitarbeiter. Bei langfristigen Beziehungen kann aber die Vorgesetzte eine subjektive Einschätzung der Leistungsfähigkeit des Mitarbeiters vornehmen. Diese Einschätzung ist Grundlage für die Beförderungsentscheidung. Nach dieser Lesart bewirkt also der Aufstiegswettbewerb, dass eine intrinsische Motivation als unnötig erachtet wird.

Dieser Argumentation stehen empirische Untersuchungen zum sogenannten „organization citizen behavior" und zum „extra-role-behavior" entgegen. Mit beiden Begriffen ist gemeint, dass es einen „organisatorischen Bürgersinn" gibt, der die Organisationsmitglieder dazu veranlasst, mehr zu tun als im Pflichtenheft oder der Stellenbeschreibung steht (vgl. Kapitel 7).

Sie zeigen, dass die Bereitschaft zu schwer messbaren Leistungsbeiträgen in erster Linie von der wahrgenommenen Fairness des Managements abhängt. Fairness liegt die Norm der Reziprozität zugrunde, aus der heraus sich fair behandelte Mitarbeiterinnen durch besonderes Arbeitsengagement aus freien Stücken „bedanken", während sie im umgekehrten Fall mit Zurückhaltung ihres freiwilligen Arbeitsengagements das Management „bestrafen". Diese Norm ist aber ihrerseits intrinsisch motiviert, d.h. sie dient einer unmittelbaren Bedürfnisbefriedigung.

Fazit: Warum gibt es Unternehmen?

Nicht-handelbare, gemeinsam erzeugte Pool-Ressourcen sind der eigentliche Grund dafür, warum Unternehmen existieren und nicht alle Aktivitäten auf Märkten abgewickelt werden. Sie können auch nicht von einem einzelnen Organisationsmitglied erzeugt werden, sondern entstehen erst durch Zusammenarbeit. Deshalb ist es wichtig, Bedingungen in Unternehmen zu schaffen, welche die Zusammenarbeit fördern: Anordnungs- und Kontrollmechanismen sind dazu nicht ausreichend, weil in gut funktionierenden Teams die Leistungsbeiträge der Teammitglieder über mess- und kontrollierbare Faktoren hinausgehen. Entwirft beispielsweise das Team einer Werbeagentur eine neue Medienkampagne für einen Klienten, so ist es kaum möglich, im nachhinein auseinander zu dividieren, wer welchen prozentualen Anteil am Ergebnis dieser Kampagne hat. Ist die erfolgreiche Kampagne auf die Arbeit des Texters oder der Art Direktorin, des Kontakters oder der Grafikerin zurückzuführen? Vielmehr wird eine Kampagne im Teamwork entwickelt, in der sich jedes Teammitglied bemüht, Ideen aufzugreifen, zu verändern, weiterzuentwickeln und sein fachliches

Können einzubringen. Die Beiträge jedes einzelnen Teammitgliedes zum Projektziel können kaum durch Belohnung oder Bestrafung, d.h. durch extrinsische Motivierung erreicht werden, sondern durch faire Behandlung und eine Arbeitsgestaltung, die beide intrinsische Motivation fördern (vgl. Kapitel 7 und 8 in diesem Buch). Im ersten Kapitel dieses Buches haben wir mit dem Verdrängungseffekt gezeigt, dass Kontrolle in vielen Fällen sogar zu einer Verdrängung der intrinsischen Motivation führt. Aus diesem Grund ist das Management von Pool-Ressourcen untrennbar mit dem Management von Motivation verbunden.

2.2 Warum sind die Ressourcen einiger Unternehmen besser als die ihrer Konkurrenten?

Aus dem ressourcenorienterten Ansatz ergibt sich: Schwere Imitierbarkeit von Ressourcen sowie deren Transferierbarkeit auf neue Produkte sind die wichtigsten Kriterien für die Generierung nachhaltiger Wettbewerbsvorteile. Unsere Überlegungen zur Frage, warum es überhaupt Unternehmen gibt, haben gezeigt, dass gemeinsame Pool-Ressourcen und unvollständige Verträge die Essenz von Unternehmen ausmachen. Pool-Ressourcen sind schwer imitierbare Ressourcen, weil sie weder auf dem Markt eingekauft werden können, noch deren Erzeugung einfach befohlen werden kann.

Im folgenden Abschnitt wollen wir begründen, warum organisationales Wissen in Verbindung mit intrinsischer Motivation der Mitarbeiterinnen und Mitarbeiter die wichtigste Quelle für die Entwicklung nachhaltig verteidigungsfähiger Wettbewerbsvorteile sind und damit die Kriterien für Pool-Ressourcen in besonderer Weise erfüllen.

3. Wissen und Motivation als Quelle nachhaltig wettbewerbsrelevanter Ressourcen

3M gilt als besonders innovatives Unternehmen. Es fördert die Kreativität der Mitarbeiterinnen und Mitarbeiter dadurch, dass sie über einen grossen Autonomiespielraum verfügen dürfen. In der Forschung und Entwicklung können sie 15% ihrer Arbeitszeit für frei gewählte Projekte verwenden. Es wird nicht kontrolliert, was die Mitarbeiterinnen und Mitarbeiter in dieser Zeit tun und wo sie es tun. Das Ergebnis: 3M entwickelt laufend neue attraktive Produkte, in denen ihr unternehmensspezifisches Wissen weiterentwickelt wird. Ein Beispiel zeigt Kasten 2-2.

Kasten 2-2:

3M

3M war in den 70er Jahren einer der ersten Anbieter von Overhead-Projektoren. Diese Geräte waren mit leistungsstarken Linsen ausgestattet, so dass sie im Gegensatz zu den damals verfügbaren Projektoren auch in nicht-verdunkelten Räumen eingesetzt werden konnten. Für die Herstellung dieser leistungsstarken Linsen wendete 3M Mikroreplikation an. Durch Mikroreplikation wird die Mikrostruktur der Linsenoberfläche so verändert, dass Licht besonders gut gebündelt und transportiert werden kann.

In den 80er Jahren begann 3M seine Fähigkeit „Mikroreplikation" aus der Linsenherstellung für die Oberflächenbearbeitung von anderen Materialien zu nutzen. So gelang es dem Unternehmen unter anderem, mit Mikroreplikation behandelte Endprodukte herzustellen, die Licht reflektieren (z.B. Freizeittextilien), den Strömungswiderstand reduzieren (z.B. bei Schutzhelmen) oder selbstklebend sind (z.B. Folien). 1996 war Mikroreplikation die Basistechnologie von 8 Geschäftsfeldern (z.B. reflektierende Werkstoffe, Klebstoffe, Transport- und Filtermittel, Elektronik). Ausschlaggebend für diesen Erfolg bei 3M war die Kombination des technisch-naturwissenschaftlichen Wissens zur „Mikroreplikation" mit organisatorischen Fähigkeiten. Erst aufgrund dieses organisatorischen Wissens konnte 3M sein technisches Know-how in die Entwicklung von neuartigen Produkten transferieren und Märkte neu gestalten.

Quelle: Krüger W./Homp, C. (1997): Kernkompetenzenmanagement. Steigerung der Flexibilität und Schlagkraft im Wettbewerb, Wiebaden, S. 130ff.

Das Beispiel 3M zeigt zweierlei:

Erstens kommt es nicht nur darauf an, bestehende Kundenbedürfnisse zu erfüllen, sondern auch darauf, neue Bedürfnisse zu entdecken und zu fördern, welche die Kundinnen und Kunden selber noch gar nicht kennen. Vor Jahren hat 3M beispielsweise die kleinen gelben „Post-it"-Notizhaftzettelchen erfunden und damit einen vorher unbekannten Verwendungszweck geschaffen. Heute gehören diese Zettelchen in den meisten Büros einfach dazu. Der oft gehörte Ratschlag, sich an Kundenbedürfnissen zu orientieren, ist nicht so einfach zu realisieren: Die Kundinnen und Kunden wissen *heute* meist noch gar nicht, was sie *morgen* für Bedürfnisse haben könnten. Das bedeutet für Unternehmen, dass Anpassung an klar definierte Kundenwünsche genauso wenig ausreicht wie die schnellere, bessere und billigere Fertigung der Produkte von heute. Die Märkte von morgen müssen geschaffen werden. Grundlage hierfür sind die bestehenden Kernkompetenzen, insbesondere das bestehende unternehmensspezifische Wissen.

Zweitens müssen Unternehmen sich ständig neues unternehmensspezifisches Wissen aneignen. Je mehr fachliches und organisatorisches Vorwissen im Unternehmen bereits vorhanden ist, desto schneller geht das. Entscheidend ist dabei das kollektive Wissen und nicht das individuelle Wissen, weil die Träger individuellen Wissens jederzeit von Konkurrenzunternehmen abgeworben werden können. Sie sind damit keine gute Grundlage für nachhaltige Wettbewerbsvorteile. Aber wo steckt das kollektive Wissen, wenn nicht in den Köpfen der einzelnen Organisationsmitglieder? Neben dem Fach- und Spezialistenwissen der Organisationsmitglieder ist das kollektive Wissen in organisatorischen schriftlichen und informellen Regeln kristallisiert und gespeichert; es befindet sich in Softwareprogrammen, aber auch in unbewussten Routinen, der Unternehmenskultur und Gewohnheiten nach dem Motto „the way we do the things around here". Als organisatorischer Wissensspeicher erleichtert das kollektive Wissen zugleich die Aufnahme von neuem Wissen. Verfügt ein Unternehmen bereits über ein reichhaltiges organisatorisches Vorwissen, so kann es den Wert neuer Informationen viel schneller beurteilen als Unternehmen ohne ein solches Vorwissen. Den Wert von Vorwissen kann jeder auch bei sich selber beobachten: Die Lektüre eines Fachbuches bringt viel mehr, wenn man bereits Vorwissen in Form von Grundkenntnissen hat. Allerdings lassen sich diese Grundkenntnisse nicht im Hauruck-Verfahren aneignen oder gar kaufen. Sie müssen im Unternehmen selbst erworben werden. Weil organisationale Lernprozesse länger dauern als individuelle und weil organisatorisches Wissen bestehen bleibt, wenn Einzelne das Unternehmen verlassen, sind sie Grundlage eines nachhaltigen Wettbewerbsvorteils.

Damit beruht Entwicklung von organisatorischem Wissen auf einem Wissen, das nicht explizit ausformuliert ist, sondern als impliziter Bestandteil in der Tiefenstruktur des Unternehmens verwoben ist. Diese Unterscheidung ist wichtig für die Übertragbarkeit und damit die Imitierbarkeit des Wissens.

3.1 Explizites und implizites Wissen

Explizites Wissen wird durch Bücher, Zeitungen, technische Zeichnungen, e-mails oder das Internet verbreitet. Es ist schriftlich oder symbolisch darstellbar und kann leicht multipliziert werden. Jedoch ist nur ein kleiner Teil des Wissens explizit, weil „wir mehr wissen, als wir zu sagen wissen" (Polanyi 1985, S. 14.). Damit stellt explizites Wissen nur die Spitze des Eisbergs unseres gesamten Wissens dar. Einen viel grösseren Teil bildet das sogenannte *implizite* Wissen. Implizites Wissen ist im Unterschied zu explizitem Wissen nicht in Buchstaben, Zahlen oder Zeichnungen darstellbar. Es existiert in den Köpfen und Fähigkeiten derjenigen, die es beherrschen. Demzufolge ist es auch nur durch diese Menschen übertragbar und nicht durch Papier, Informationstechnologien oder Expertensysteme. Ein Beispiel zeigt Kasten 2-3.

Kasten 2-3:

XEROX

Die Firma Xerox hat versucht, das Wissen ihrer Service- und Reparatur-Spezialisten in ein Expertensystem einzubringen, das in den Kopiermaschinen installiert werden sollte. Dadurch sollte es möglich werden, Kopiergeräte ohne die teuren An- und Abfahrtswege der Fachleute per Telefon zu reparieren. Die Techniker konnten jedoch mit den Expertensystemen wenig anfangen. Bei näherem Hinsehen stellte sich heraus, dass sie ihr Wissen in Form zusammenhängender Geschichten über die Reparatur von Kopierern austauschen. Das Expertensystem konnte die Nuancen und Details nicht wiedergeben, welche die Techniker in ihren Erzählungen mitteilen. Es enthält nur explizites Wissen.

Quelle: Hansen, M. T./Nohria, N./Tierney, T. (1999): Wie managen Sie das Wissen in Ihrem Unternehmen, in: Harvard Manager 2, S. 96.

In komplexen Situationen ist die Anwendung expliziten Wissens immer in einen Fundus von implizitem Erfahrungs- und Hintergrundwissen eingebettet. Dies bedeutet, die Menschen wissen von wichtigen Dingen, ohne dass sie dieses Wissen in dokumentierbare Worte fassen können, selbst wenn sie es wollten. Das erklärt auch, warum Top-Manager trotz intensiver Nutzung der Informationstechnologien nicht weniger Geschäftsreisen als früher unternehmen: Mehr denn je sind sie auf persönliche Kontakte und „face-to-face"-Kommunikation angewiesen, um ihr implizites Wissen zu übertragen.

Wodurch ist implizites Wissen gekennzeichnet? Das *individuelle* implizite Wissen besteht zum *einen* aus kognitiven Regel und Routinen, die nur zum Teil bewusst sind. Beispiele sind intuitives Erfahrungswissen, „Fingerspitzengefühl" oder die Fähigkeit, ein Gesicht aus Tausenden wiederzuerkennen. Zum *anderen* ist es die Beherrschung körperlicher Routinen, wie Radfahren, Skifahren, Seiltanzen oder die komplexe Feinmotorik einer Chirurgin. All diese Fähigkeiten kann ein Mensch nicht ausschliesslich aus Büchern lernen, sondern es braucht Personen, die ihn anleiten. Das *organisatorische* implizite Wissen besteht aus eingespielten Routinen und Verfahren, die „wie selbstverständlich" gehandhabt werden und ohne explizite Abstimmung funktionieren.

Sowohl individuelles als auch organisatorisches implizites Wissen hat einen Entlastungseffekt, d.h., es ermöglicht sicheres Routinehandeln ohne kognitive Kapazitäten zu beanspruchen.

Die Nicht-Imitierbarkeit von Ressourcen beruht vor allem auf der Beherrschung von implizitem organisatorischem Wissen. Implizites Wissen ist viel langsamer und kostspieliger zu übertragen als explizites Wissen. Seine Übertragung und Verbreitung setzt persönliche Zusammenarbeit und nicht bloss gedruckte Regeln oder Informationstechnologien voraus. Deswegen kann es viel weniger leicht kopiert werden als beispielsweise das in schriftlichen Anleitungen oder in Büchern niedergelegte Wissen. Gedrucktes, explizites Wissen stellt (mit der Ausnahme von Patenten oder Copyrights) keinen Wettbewerbsvorteil mehr dar.

3.2 Die Ausbreitung von implizitem Wissen

Der vielfach abgewandelte Satz "Wenn Hewlett Packard wüsste, was Hewlett Packard weiss" oder „Wenn Siemens wüsste, was Siemens weiss" bringt zum Ausdruck: Wie kann man dafür sorgen, dass die wertvolle Ressource „individuelles implizites Wissen" auch im Unternehmen optimal zu nutzen? Wie wird aus individuellem implizitem Wissen kollektives Wissen, das auch dann noch bestehen bleibt, wenn die einzelnen Individuen das Unternehmen verlassen? Wie kann verhindert werden, dass das Wissen, eine Stradivari-Geige zu bauen, nicht mit der Stradivari-Familie ausstirbt?

Die japanischen Organisationswissenschaftler Nonaka und Takeuchi haben mit der sogenannten *„Wissensspirale"* ein Modell entwickelt, mit dessen Hilfe man sich gut klar machen kann, wie organisatorisches Wissen generiert und übertragen werden kann. Die beiden Forscher argumentieren, erst der kontinuierliche Austausch zwischen explizitem und implizitem Wissen bilde die Voraussetzung für die Generierung und Übertragung von organisatorischem Wissen. Auf diese Weise kann implizites Wissen organisationsweit ausgebreitet und zugleich ständig angereichert werden, d.h. immer komplexere organisatorische Routinen umfassen.

Damit organisatorisches Wissen kreiert werden kann, muss das individuelle implizite Wissen der Organisationsmitglieder einen dynamischen Übertragungsprozess durchlaufen. Dazu werden explizites und implizites Wissen zu vier verschiedenen Formen der Wissensübertragung kombiniert: zu Sozialisation, Externalisierung, Kombination und Internalisierung.

Formen der Wissensübertragung

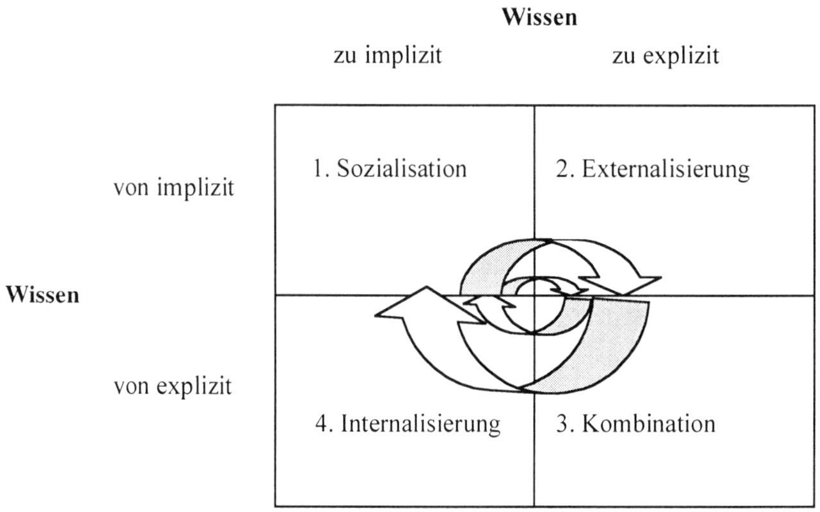

Quelle: Nonaka, I./Takeuchi, H. (1997): Die Organisation des Wissens, Frankfurt a.M., S.84.

Abb. 2-3

1. Die *Sozialisation* überträgt Wissen „von implizit zu implizit“, d.h. weitgehend ohne Sprache. Stattdessen sind „learning by doing“, d.h. Beobachtung, Nachahmung und Übung, zentral. So erlernen Kinder die körperliche Routine „Fahrrad fahren”, indem sie solange Tretbewegung, Lenken und Balance halten üben, bis sie es können. Typisches Beispiel für die Sozialisation im betrieblichen Alltag ist die Integration eines neuen Team-Mitglieds in die Denk- und Handlungsroutinen der Gruppe.

2. Die *Externalisierung* verwandelt implizites Wissen in explizites. Allerdings ist diese Umwandlung immer nur teilweise möglich. Voraussetzung für die Explizierung von implizitem Wissen ist intensive persönliche Kommunikation, z.B. in Qualitätszirkeln oder interdisziplinären Teams. Mit Hilfe von Analogien und Metaphern versuchen die Teilnehmenden, sich ihr implizites Erfahrungswissen wechselseitig zugänglich zu machen.

3. Die *Kombination* führt unterschiedliches explizites Wissen zusammen. Da die Kombination von Wissen nicht an „face-to-face"-Kontakte gebunden ist, kann es informationstechnisch unterstützt werden. Die herkömmlichen Informationstechnologien beschäftigen sich ausschliesslich mit dieser Form der Wissensübertragung. Sie berücksichtigen damit nur einen kleinen Teil des relevanten Wissens.

4. Mit der *Internalisierung* wird explizites Wissen (teilweise) wieder in implizites Wissen verwandelt, allerdings in einer angereicherten, komplexeren Form. Dies geschieht, indem Individuen oder Gruppen Handlungsroutinen erlernen, die vorher explizit ausformuliert waren. Die sichere Beherrschung von Routinen ermöglicht, dass komplexe Tätigkeiten „wie im Schlaf" ausgeführt werden. Sie erfordern nur noch eine reduzierte Aufmerksamkeit.

Je häufiger die Wissensspirale durchlaufen wird, desto komplexer werden die organisatorischen Routinen. Sie werden von mehr Personen besser beherrscht und zugleich ständig um neues Wissen angereichert. Diese Routinen stehen dem Unternehmen selbst dann noch zur Verfügung, wenn einzelne Wissensträger das Unternehmen verlassen. Personen können immer nur ihr individuelles implizites Wissen mitnehmen, nicht aber das kollektive, aufeinander abgestimmte Routinewissen. Komplexe organisatorische Routinen stellen damit aus zwei Gründen eine besonders nachhaltige Quelle von Wettbewerbsvorteilen dar:

Erstens sind organisatorische Routinen schwer imitierbar, weil sie immer einen hohen Anteil an implizitem organisatorischem Wissen enthalten, das nicht ohne weiteres kopiert werden kann, auch nicht durch das Abwerben einzelner Personen (schwere Imitierbarkeit).

Zweitens bewirken organisatorische Routinen, dass bestehendes organisatorisches Wissen, z.B. ein gut eingespieltes Marketingkonzept oder eine effiziente Prozessgestaltung, auf immer neue Produkte und Dienstleistungen übertragen werden kann (Transferierbarkeit).

Kasten 2-4:

Die Transferierbarkeit von Kernkompetenzen: das Beispiel Rail Gourmet

Ein gutes Beispiel für die Transferierbarkeit von Kernkompetenzen ist dem Schweizerischen Flugkonzern SAirGroup gelungen. Die Holdingdivision SAir-Relations ist für flugverwandte Geschäftsbereiche zuständig. Erfolgreichstes Unternehmen dieser Division ist Gate Gourmet, das innerhalb von vier Jahren vom Swissair Caterer zum zweitgrössten Airline-Catering Unternehmen der Welt aufstieg. Inzwischen ist Gate Gourmet in dieser Branche global mit vielen Tochterunternehmen gut positioniert.

In der Zwischenzeit erwächst Gate Gourmet insbesondere in Europa eine ganz neue Konkurrenzsituation: In vielen Ländern konnten die Bahngesellschaften mit ihren Hochgeschwindigkeitszügen (z.B. ICE oder TGV) etablierten Flugunternehmen für kürzere Flugstrecken viele Kunden abjagen. Dies bekam auch Gate Gourmet als Airline-Zulieferunternehmen zu spüren.

Das Management hatte jedoch eine Idee, wie ihr Unternehmen seine Fähigkeiten auch in diesem wachsenden Markt nutzen konnte. Wenn immer mehr Geschäftsreisende statt mit dem Flugzeug mit der Bahn unterwegs sind, so würden sie doch sicherlich einen eben solchen Service, wie sie ihn an Bord gewöhnt waren, wünschen. Dies wurde jedoch bislang bei der Bahn nicht angeboten. So wurde kürzlich bei der SAirRelations das Unternehmen Rail Gourmet gegründet, das Cateringleistungen nach dem gleichen Prinzip wie beim Airline Catering für Hochgeschwindigkeitszüge anbietet. Rasch eroberte Rail Gourmet einen grossen Marktanteil, weil das Know-how vom Airline Catering direkt übertragen werden konnte.

Komplexe organisatorische Routinen und Wissensbestände sind damit immer zugleich Pool-Ressourcen. Sie erhöhen die Produktivität auch von denjenigen Organisationsmitgliedern, die zu ihrer Entstehung nichts beitragen. Für sie gilt damit wie für alle Pool-Ressourcen, dass ausschliesslich extrinsisch motivierte Mitarbeiter nur unter dem Druck von Kontrollen und Sanktionen dazu beitragen würden. Gerade der Beitrag zum Pool von gemeinsamen impliziten Wissen ist aber am wenigsten kontrollier- und zurechenbar. Löst ein Team gemeinsam ein schwieriges Problem oder bearbeitet eine strategische Aufgabenstellung, so ist es so gut wie nicht möglich, anhand des erreichten Resultats festzustellen, welches Teammitglied welchen Anteil an der Problemlösung hat. Zugleich haben extrinsisch motivierte Mitarbeiter ein hohes Interesse daran, ihr individuelles Wissen zurückzuhalten, weil es ihnen einen monopolistischen Vorteil bringt. Sie werden so gut sie können, kooperative Zusammenarbeit oder

„Über-die-Schulter-sehen-lassen“ zu unterlaufen suchen, wenn sie das Gefühl haben, ihr Beitrag zum Ergebnis werde nicht entsprechend entlohnt. Teamarbeit kann so nicht funktionieren. Deshalb setzt wissensintensive Teamarbeit immer ein „Wir-Gefühl“ oder „Teamgeist“ voraus, d.h. ein intrinsisch motiviertes „Commitment“, gemeinsam eine Lösung für die Aufgabe zu entwickeln. Dies ist desto häufiger der Fall, je mehr die Aufgabe das Zusammenfliessen der verschiedenen impliziten Wissensbestände der Teammitglieder erfordert.

4. Fazit

Der ressourcenorientierte Ansatz hat eine Neuorientierung im strategischen Management bewirkt: Nachhaltig verteidigungsfähige Wettbewerbsvorteile werden vor allem durch schwer imitierbare, unternehmensspezifische sowie auf immer wieder neue Produkte transferierbare Ressourcen erzielt. Diese Ressourcen gehören zu den auf die Leistung des einzelnen Organisationsmitglieds schwer zurechenbaren Pool-Ressourcen. Pool-Ressourcen liefern die Begründung dafür, warum bestimmte Aktivitäten überhaupt in Unternehmen hergestellt und nicht auf dem Markt gekauft oder durch Outsourcing bezogen werden. Ihre wichtigste Grundlage ist implizites organisatorisches Wissen, aus denen ein Unternehmen strategisch wichtige Kernkompetenzen entwickeln kann.

Der ressourcenorientierte Ansatz der Unternehmensstrategie hat aber bislang völlig vernachlässigt, dass das Management von Wissen besondere motivationale Anforderungen voraussetzt, insbesondere das Management der intrinsischen Motivation. Auch die Managementpraxis übersieht diesen Zusammenhang, wenn sie zunehmend auf extrinsische, monetäre Entgeltsysteme setzt, obwohl zahlreiche Untersuchungen eindeutig zeigen, dass es keinen Zusammenhang zwischen variabler Management-Entlohnung und Performance der Firma gibt. Extrinsische Motivation setzt jedoch voraus, dass die Arbeitsanforderungen genau definiert sind, weil nur dann kontingent entlohnt werden kann. Müssen jedoch die zukünftigen Bedürfnisse der Kunden noch herausgefunden oder innovative Produkte erst entwickelt werden, ist extrinsische Motivation nicht ausreichend. Kreativität lässt sich nicht verordnen. Innovationen und die Entwicklung neuer Kernkompetenzen basieren nicht zuletzt auf dem Austausch impliziten Wissens. Dies kann nicht durch Sanktionen oder formale Regelungen erzwungen werden, sondern setzt intrinsische Motivation voraus.

Unsere Ausführungen haben gezeigt: Wissensmanagement muss um Motivationsmanagement ergänzt werden, wenn ein Unternehmen strategische Ressourcen erzeugen will, die Grundlage nachhaltig verteidigungsfähiger Wettbewerbsvorteile sind. Allerdings ist das Management intrinsischer Motivation viel anspruchsvoller als das der extrinsischen Motivation. Genau genommen kann man intrinsische Motivation nicht erzeugen, sondern lediglich günstige Voraussetzungen für ihr Entstehen schaffen. Intrinsische Motivation ist ihrer Natur nach immer freiwillig. Das schafft ein gewisses Spannungsverhältnis zwischen der Vorstellung von Management als (Fremd-)Steuerung und intrinsischem Arbeitsengagement aus freien Stücken. Die folgenden vier Kapitel dieses Buches widmen sich deshalb der Frage, unter welchen Bedingungen die (leichter steuerbare) extrinsische und wann die (schwieriger zu handhabende) intrinsische Motivation angestrebt werden sollten.

5. Literaturhinweise

Das Konzept der Kernkompetenzen wurde begründet von:

Prahalad, C. K./Hamel, G. (1991): Nur Kernkompetenzen sichern das Überleben, in: Harvard Manager 13 (2), S. 66-78.

Hamel, G./Prahalad, C. K. (1995): Wettlauf um die Zukunft, Wien.

Als Klassiker und Bestseller unter den Werken über den marktorientierten Ansatz des strategisches Managements gilt:

Porter, M. E. (1992): Wettbewerbsstrategien, 7. Aufl., Frankfurt a.M.

Eine der ersten systematischen Darstellungen der Managementfunktion Organisation stammt von:

Barnard, C. I. (1938): The Functions of the Executive, Cambridge, MA.

Einen Überblick über die Grundlagen der wertorientierten Unternehmensführung geben:

Rappaport, A. (1998): Creating Shareholder Value. A Guide for Managers and Investors, 2. Aufl., New York.

Volkart, R. (1998): Shareholder Value & Corporate Valuation. Finanzielle Wertorientierungen im Wandel, Zürich.

Der Einfluss des Shareholder Value auf das Verhalten der Organisationsmitglieder wird diskutiert bei:

Osterloh, M. (1999): Wertorientierte Unternehmensführung und Management-Anreizsysteme, in: Kumar, B. N./Osterloh, M./Schreyögg, G. (Hrsg.): Unternehmensethik und Trasnformation des Wettbewerbs, Stuttgart, S. 183-204.

Wenger, E. (1999): Stock Options, in: Wirtschaftswissenschaftliches Studium, Heft 1, S. 35-58.

Winter, S.(1996): Prinzipien der Gestaltung von Managementanreizsystemen, Wiesbaden.

Die Schwierigkeiten der Leistungsmessung bei komplexen Aufgaben wird diskutiert bei:

Gibbons, R. (1998): Incentives in Organizations, in: Journal of Economic Perspectives 12, S. 115–132.

Prendergast, C. (1999): The Provision of Incentives in Firms, in: Journal of Economic Literature 37, S. 7-63.

Einen Überblick über Untersuchen zum sogenannten „extra-role-behavior" und zum „organization citizen behavior" geben:

Organ, D. W. (1990): The Motivational Basis of Organizational Citizenship Behavior, in: Staw, B. M./Cummings, L. L. (Hrsg.): Research in Organizational Behavior 12, S. 43-72.

Bierhoff, H. W./Herner, M. J. (1999): Arbeitsengagement aus freien Stücken: Zur Rolle der Führung, in: Schreyögg, G./Sydow, J. (Hrsg.): Managementforschung 9, Berlin, S. 55-87.

Ein umfassendes Konzept des Wissensmanagement haben entwickelt:

Nonaka, I./Takeuchi, H. (1997): Die Organisation des Wissens, Frankfurt a.M.

Die Unterscheidung zwischen implizitem und explizitem Wissen wurde eingeführt von:

Polanyi, M. (1985): Implizites Wissen, Frankfurt a.M.

Zahlreiche Beispiele für das Wissensmanagement in Unternehmen geben

Hansen, M. T./Nohria, N./Tierney, T. (1999): Wie managen Sie das Wissen in Ihrem Unternehmen, in: Harvard Manager 2, S. 85-96.

Zu den bekanntesten Forschern einer wissensbasierten Theorie der Unternehmung gehören:

Grant, R. M. (1996): Towards a Knowledge-based Theory of the Firm, in: Strategic Management Journal 17, S. 109-122.

Spender, J.-C. (1996): Making Knowledge the Basis of a Dynamic Theory of the Firm, in: Strategic Management Journal 17, S. 45-62.

Die Weiterentwicklung der wissensbasierten Theorie zur wissens- und motivationsbasierten Theorie der Theorie wird diskutiert bei:

Osterloh, M./Frey, B. S./Frost, J. (1999): Was kann das Unternehmen besser als der Markt?, in: Zeitschrift für Betriebswirtschaft 69, S. 1245-1262.

Osterloh, M./Wübker, S. (1999): Wettbewerbsfähiger durch Prozess- und Wissensmanagement, Wiesbaden.

Zweiter Teil

Motivation und Entlohnung

Drittes Kapitel

BRUNO S. FREY

Wie beeinflusst Lohn die Motivation?

KAPITELZUSAMMENFASSUNG

Der variable Leistungslohn – oder pay for performance – hat einen Siegeszug angetreten. Die ökonomische Theorie befürwortet diese Form der Entlohnung aufgrund der Prinzipal-Agenten Theorie; in der Praxis wird sie im Management und auch auf anderen Hierarchiestufen immer mehr eingesetzt. Voraussetzung des pay for performance ist eine Anpassung der Entlohnung an die individuelle Leistung eines Mitarbeitenden.

Wissenschaftliche Untersuchungen haben jedoch gezeigt, dass ein variabler Leistungslohn im allgemeinen die Produktivität und die Gewinne einer Unternehmung nicht steigert. Eine leistungsfördernde Wirkung lässt sich nur bei einfachen, leicht messbaren Tätigkeiten finden. Unter anderen Bedingungen kann pay for performance sogar die Leistungsbereitschaft vermindern, weil eine Verdrängung der intrinsischen Arbeitsmotivation erzeugt wird.

Verschiedene Typen von Mitarbeitenden reagieren unterschiedlich auf eine variable Leistungsentlohnung. Bei Einkommensmaximierern und Statusorientierten wird in der Regel die Leistung gesteigert. Loyale, formalistische und selbstbestimmte Personen reagieren hingengen eher negativ und büssen ihre intrinsische Arbeitsmotivation teilweise oder ganz ein. Für diese Typen von Mitarbeitenden eignen sich andere Motivatoren wie Lob, Befehl, Partizipation und Autonomie besser. Eine der wichtigen Aufgaben von „Managing Motivation" ist, für den jeweiligen Typ von Mitarbeitenden die geeignete Mischung von monetären Anreizen, aber vor allem auch den darüber hinausgehenden Motivationsinstrumenten anzuwenden.

1. Widersprüchliche Ansichten

Zwei sich völlig widersprechende Vorstellungen über die Motivationswirkung des Lohnes sind gegenwärtig populär:

Auf der einen Seite wird behauptet, eine Lohnsteigerung würde eine Anreizwirkung entfalten und die Mitarbeiter zu mehr Leistung veranlassen. Diese Ansicht wird in Abschnitt 2 erläutert.

Auf der andern Seite wird darauf verwiesen, dass eine Lohnsteigerung die Motivation beeinträchtigen und damit die Leistung vermindern kann. Diese Vorstellung wird in Abschnitt 3 diskutiert.

Danach wird die Frage gestellt, unter welchen Voraussetzungen die Entrichtung eines Lohnes die Leistung steigern kann (Abschnitt 4). Im folgenden Abschnitt wird gezeigt, dass die Eignung der monetären Anreize zur Leistungssteigerung wesentlich vom Typ des Menschen abhängt. Es werden idealtypisch fünf Menschentypen unterschieden. In den Abschnitten 6 und 7 wird dann ausführlicher gezeigt, für welche Menschentypen ein Lohn die Leistung steigert, und wann er die Leistung schwächt.

Abschnitt 8 zeigt, dass es neben dem Lohn andere Motivatoren gibt, die sich für bestimmte Menschentypen besonders eignen. Unterschieden werden Lob, Befehl, Partizipation und Autonomie. Der letzte Abschnitt gibt einen Ausblick.

Gemäss der heute zentralen Prinzipal-Agenten-Theorie – sie ist in Kasten 3-1 dargestellt – sollte der Lohn so weit wie überhaupt möglich der erbrachten Leistung entsprechen.

In diesem Fall werden die ausschliesslich extrinsisch motivierten Mitarbeiterinnen und Mitarbeiter die höchste Leistung erbringen. Weicht hingegen der Lohn von der erbrachten Leistung ab, nützen die Mitarbeiter die Möglichkeit aus, ohne Leistungsanstrengung ein Einkommen zu erzielen.

Aus der Prinzipal-Agenten-Theorie ergibt sich eine eindeutige Folgerung für die Lohnsetzung in Organisationen. Der Lohn muss möglichst eng mit der individuellen Leistung eines Arbeitnehmers verknüpft werden. Die Forderung nach einem (variablen) Leistungslohn oder „pay for performance“ entspricht somit genau den Forderungen der modernen Wirtschaftstheorie.

Kasten 3-1:

Wie wirkt Lohn auf Leistung? – Die „Prinzipal-Agenten-Theorie“

Die Prinzipal-Agenten-Theorie stellt sich die Frage:

Wie können Vorgesetzte (Prinzipale) als Vertreter der Organisation am besten erreichen, dass ihre Untergebenen (Agenten) das tun, was für die Organisation am besten ist?

Es existieren zwei Probleme:

- Die Untergebenen verhalten sich eigennützig und wollen ihren Arbeitsaufwand so gering wie möglich halten.
- Die Vorgesetzten können weder genau beobachten noch kontrollieren, ob die Untergebenen die ihnen gestellten Aufgaben vollständig und gut erfüllen. Es handelt sich somit um einen „unvollständigen Vertrag unter asymmetrischen Informationen“.

Die Vorgesetzten müssen deshalb den Untergebenen einen *Anreiz* geben, sich im Interesse der Firma zu verhalten. Bei Tätigkeiten, deren Output leicht messbar ist, ist ein *Leistungslohn* optimal: der ausbezahlte Lohn ist so weit wie möglich an die beobachtbare Leistung angepasst. Der einfachste Fall ist ein Stücklohn, wo der Untergebene für jedes gefertigte Stück eine bestimmte Geldsumme erhält.

Ein Leistungslohn ermöglicht den Vorgesetzten (den Prinzipalen), bei den Mitarbeitern eine ihren Wünschen entsprechende Leistung zu erzeugen. Dies gilt nicht nur für die Intensität, sondern auch für die Ausrichtung der Leistung. Bei richtig festgesetzten Leistungslöhnen unternehmen die Mitarbeiter genau die Tätigkeiten, die der Vorgesetzte festlegt. Eine Abweichung davon schlägt sich unmittelbar in einem geringeren Einkommen nieder und wird deshalb vermieden.

In den letzten Jahren hat die Idee des „pay for performance“ in der Praxis einen Siegeszug ohnegleichen angetreten. Für einmal stimmen somit moderne Theorie und Praxis weitgehend überein. Ein fixer Grundlohn ist von abnehmender Bedeutung, während leistungsorientierte variable Lohnbestandteile immer wichtiger werden. Neben den mehr oder weniger eng an die individuelle Leistung geknüpften Boni und Gratifikationen gibt es heute ein ganzes Arsenal an unterschiedlichen Aktienoptionen. Neben einem unbedingten Anspruch auf den Erwerb von Aktien zu einem vorteilhaften Preis existieren auch Aktienoptionen, die nur ausgeübt werden können, wenn der Kurswert der eigenen Aktien höher als der allgemeine Aktienindex oder ein Index von Aktien vergleichbarer Firmen steigt.

Leistungslöhne haben dabei zweifellos oft die eine Anreizwirkung. Das Titelbild des „Economist“ vom 7. August 1999 zeigt, wie man sich den Zusammenhang zwischen Leistungslohn und Leistung vorzustellen hat (siehe Abbildung 3-1).

Leistungslöhne werden dabei nicht nur in der gewinnorientierten Privatwirtschaft, sondern auch in gemeinnützigen Organisationen und vor allem auch im öffentlichen Bereich eingeführt oder zumindest ernsthaft erwogen. So ist etwa ein zentraler Bestandteil des New Public Management (‚Wirkungsorientierte Verwaltungsführung‘), dass der Lohn sich an der erbrachten Leistung ausrichtet.

Tabelle 3-1 zeigt, in welchem Umfang sich der variable Lohn 1999/2000 in der Schweiz durchgesetzt hat.

Tabelle 3-1:
Variabler Lohn in der Schweiz 1999/2000

	1. Ebene Geschäftsleitungs-mitglieder	2. Ebene Direktions- und Departementsleiter	3. Ebene Ressort- und Abteilungsleiter
Empfänger (in %)	77	73	71
Anteil am Bruttolohn (in %)	18	13	8

Quelle: Handelszeitung, Nr. 26, 28. Juni 2000, S. 19-21.

Zwischen 71 und 77% der Beschäftigten empfangen zumindest einen Teil ihres Lohnes in variabler Form. Der Anteil am Bruttolohn ist zwar noch nicht sehr hoch (zwischen 8 und 18%), macht aber besonders bei den Geschäftsleitungsmitgliedern bereits einen erheblichen Teil der Entlohnung aus.

Die Wirkung von Anreizlöhnen

Abb. 3-1

Tabelle 3-2 zeigt, in welchem Umfang sich der variable Lohn 1999/2000 im internationalen Vergleich durchgesetzt hat.

Tabelle 3-2:

Kaderlöhne in Europa

Geschäftsführer international ausgerichteter Unternehmen

Land	Variable Entlohnung	
	Empfänger (in %)	Anteil am Grundsalär (in %)
Belgien	44	15
Deutschland	89	37
Frankreich	91	28
Grossbritannien	82	27
Irland	69	18
Italien	80	18
Niederlande	73	25
Österreich	64	33
Schweiz	79	22
Spanien	61	21

Quelle: Handelszeitung Nr. 26, 28. Juni 2000, S. 21.

In den Geschäftsführungen international tätiger Unternehmen beziehen zwischen 44% (in Belgien) und 91% (in Frankreich) der Manager einen Teil des Lohnes in variabler Form. Der mittlere Wert (Median) liegt bei 73% für die Niederlande. Die Schweiz mit 79% liegt etwas darüber. In Deutschland mit 89% und in Frankreich mit gar 91% sind variable Managerlöhne wesentlich weiter verbreitet.

Der entsprechende Anteil des variablen Lohnes am Bruttolohn schwankt zwischen 15% (in Belgien) und 37% (in Deutschland). Der mittlere Wert beträgt 25% für die Niederlande. Die Schweiz liegt mit 22% etwas tiefer, Österreich mit 33% deutlich darüber.

Dass Leistungslöhne in den letzten Jahren stark an Bedeutung gewonnen haben, zeigt Abbildung 3-2 für den Fall von leitenden Managern (Chief Executive Officers, CEOs) für die Vereinigten Staaten.

Lohnbestandteile von CEO's 1992-1996 in den USA (Löhne in Mio. US$)

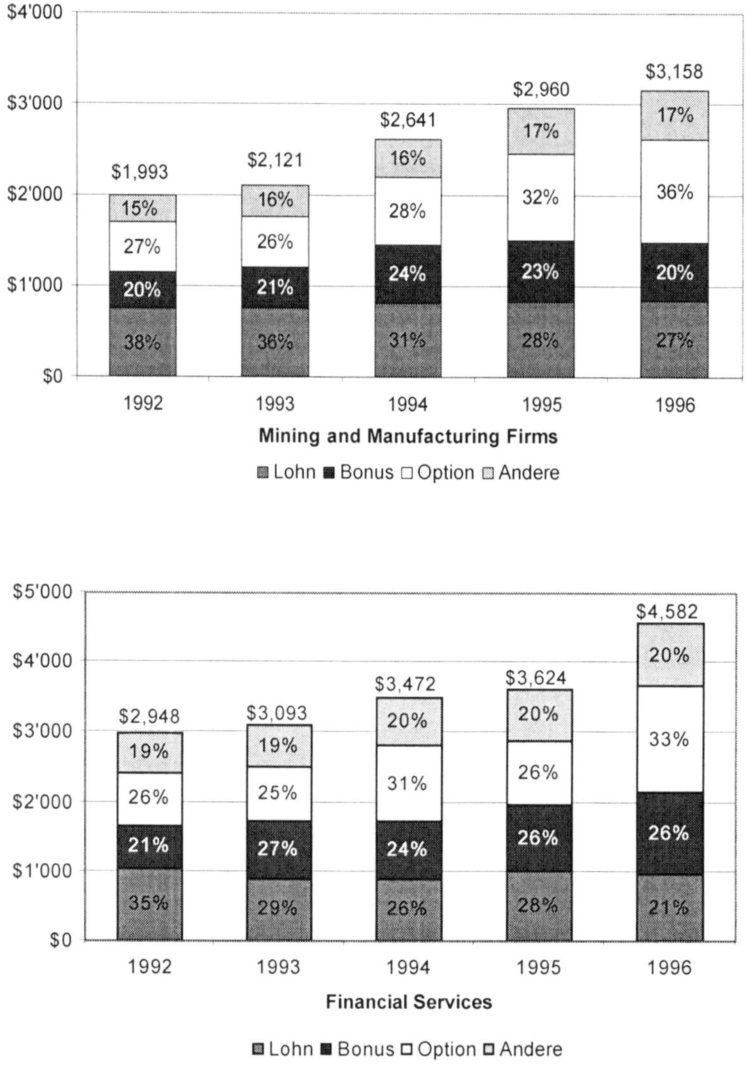

Quelle: Murphy, K. J. (1999): Executive Compensation, in: Ashenfelter O./Card, D. (Hrsg.): Handbook of Labor Economics, Vol. 3, Amsterdam, S. 2490.

Abb. 3-2

Im Bereich der verarbeitenden Industrie (Mining and Manufacturing) ist der Anteil des fixen Gehalts zwischen 1992 und 1996 von 38% auf 27% gefallen, der Anteil der Boni ist etwa gleichgeblieben, während der Anteil der Optionen von 27% auf 36% gestiegen ist. Ähnliches gilt für den Finanzbereich, wo das Entgelt in Form von Aktienoptionen von 26% auf 33% zugenommen hat.

Eine der Folgen dieser Entwicklung ist wohlbekannt: Die Managerlöhne sind dramatisch gestiegen, was vor allem den Aktienoptionen zuzuschreiben ist. In Deutschland beispielsweise beziehen einige Manager ansehnliche Löhne. So bezog der Chef von Bertelsmann im Jahre 1997 ein direktes Einkommen von 7,5 Millionen DM, die Chefs von Volkswagen, BMW und Daimler zwischen 3 und 4,4 Millionen DM (Manager Magazin 9/1998, S. 216-17). Obwohl die deutschen Spitzenmanager mehrere Millionen im Jahr beziehen, sind ihre Einkünfte im Vergleich zu den Einkommen einiger amerikanischer CEOs beinahe lächerlich gering.

Tabelle 3-3 zeigt die Einkünfte der Spitzenmanager von zehn ausgewählten und allgemein bekannten amerikanischen Firmen. Aus dieser Aufstellung für das Jahr 1998 wird deutlich, dass diese hohen Einkommen ganz wesentlich auf eine spezielle Form der Leistungsentlohnung zurückgehen, nämlich auf die Ausübung von Aktienoptionen. Das Grundsalär beträgt im Durchschnitt „nur“ $ 1.3 Millionen und die Boni $ 3.04 Millionen pro Jahr. Das aus Aktienoptionen durchschnittlich resultierende Einkommen von $ 76 Millionen ist fast 60 Mal höher als das Grundsalär und immerhin 25 Mal höher als die Boni. Einige der CEOs haben über $ 100 Millionen aufgrund von Aktienoptionen verdient, der Chef von General Electric gar $261.5 Millionen.

Angesichts dieser explodierenden Managergehälter kann die sich deutlich verschlechternde Einkommensverteilung nicht erstaunen. Abbilung 3-3 zeigt das Ungleichgewicht in grafischer Form für die Vereinigten Staaten. Im Jahre 1970 hat ein CEO durchschnittlich 25 Mal soviel wie ein Arbeiter in der Produktion verdient. 26 Jahre später, 1996, hat ein CEO durchschnittlich etwa 75 Mal soviel verdient, wenn das Grundeinkommen und die Boni betrachtet werden. Geradezu unglaublich wird der Einkommensunterschied, wenn das aus den *ausgeübten* Aktienoptionen erzielte Einkommen betrachtet wird. Das Verhältnis steigt dann von einem Faktor 25 im Jahre 1970 auf einen Faktor von über 210 (!) im Jahre 1996.

Tabelle 3-3:
Einkommen von Spitzenmanagern 1998
ausgewählte führende Unternehmen in den USA

Firma	CEO	Grundsalär in Mio. US$	Jährliche Boni in Mio. US$	Aktienoptionen Gewinn Ende Jahr in Mio. US$
American Express	Harvey Golub	1.02	2.40	59.9
AT&T	Michael Armstrong	1.40	1.90	26.67
Boeing	Phil Condit	1.00	0.00	2.63
Chevron	Kenneth Derr	1.28	1.19	22.33
Citigroup	Sandy Weill	1.03	8.50	4.70
Coca-Cola	Douglas Ivester	1.25	1.50	106.48
Disney	Michael Eisner	0.76	5.00	107.22
General Electric	Jack Welch	2.80	7.20	261.54
Johnson & Johnson	Ralph Larsen	1.33	1.30	66.84
Merck	Raymond Gilmartin	1.10	1.45	101.60
Durchschnitt		**1.30**	**3.04**	**76.00**

Quelle: The Economist. „A Survey of Pay“. 8. Mai 1999. S. 4.

Die sich öffnende Schere bei Gehältern:
Durchschnittliche Managergehälter im Verhältnis zu durchschnittlichen Arbeitergehältern, USA 1970-1996

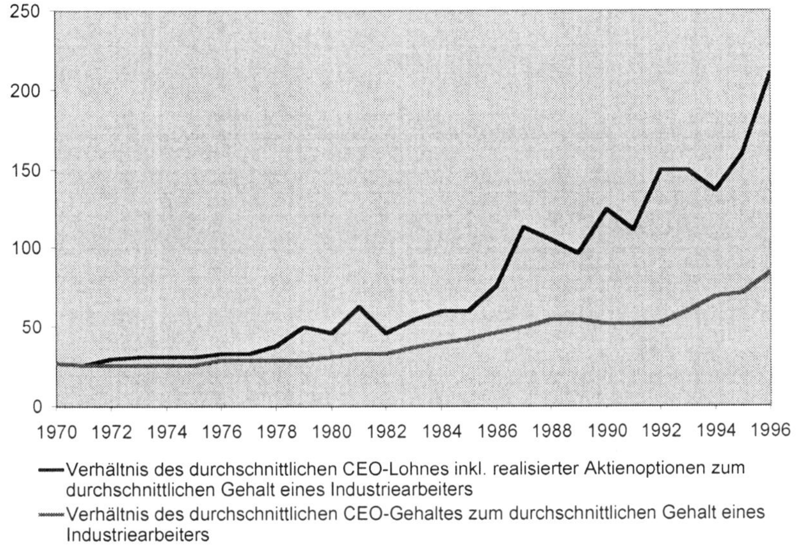

Quelle: Murphy, K. J. (1999): Executive Compensation, in: Ashenfelter, O./Card, D. (Hrsg.): Handbook of Labor Economics, Vol 3, Amsterdam, S. 2553.

Abb. 3-3

Wir können zusammenfassen:

Die Wirtschaftstheorie in Form der Prinzipal-Agenten-Theorie sieht variable Leistungslöhne als das geeignete Instrument zur Motivierung der Mitarbeiter. Die Praxis teilt diese Vorstellung; Leistungslöhne beginnen sich zunehmend durchzusetzen und sind heute von grosser Bedeutung. Vor allem haben sich Aktienoptionen für Manager durchzusetzen begonnen, was zu einer Explosion der Bezüge geführt und die Ungleichheit gegenüber andern Mitarbeitern drastisch verschärft hat.

2. „Löhne verdrängen Motivation und senken die Leistung"

Als erstes muss betrachtet werden, ob die Löhne der *individuellen* Leistung angepasst werden können. Dazu ist – ausgenommen bei ganz einfachen Tätigkeiten – eine multidimensionale Leistungserfassung notwendig. Diese muss über die rein quantitative Messung des Outputs der Arbeit weit hinausgehen und Aspekte der Qualität der Leistung, der Innovation, der Vorbildfunktion für andere Mitarbeiterinnen und Mitarbeiter, der Selbständigkeit und vieles andere mehr umfassen. Die meisten dieser zusätzlichen Aspekte sind schwer oder nur in groben Annäherungen, und andere sind überhaupt nicht messbar. Wie schon erwähnt, führt das damit entstehende *multi-tasking* Problem zu systematischen Verzerrungen in den Arbeitsanreizen. Monetär orientierte Mitarbeitende – und nur für diese stellt ja Geld ein Anreiz zur Arbeitssteigerung dar – setzen ihre Arbeitsleistung für diejenigen Tätigkeiten ein, für die sie im Verhältnis zu ihrem Aufwand am besten honoriert werden. Für Aktivitäten, für die sie nur unzureichend oder gar nicht monetär entgolten werden, wenden sie keine Arbeitsleistung auf. Für eine Organisation kann dies zu schwerwiegenden Problemen führen.

In Kasten 3-2 wird ein Fall beschrieben, in dem die eine Tätigkeit (die Menge der verkauften Güter) gut bezahlt und eine zweite Tätigkeit (die Zufriedenheit der Käufer angesichts unterschiedlicher Bedürfnisse) unzureichend bezahlt wird.

Die Angestellten werden dann soviel wie möglich zu verkaufen suchen, selbst wenn das Produkt für die Käufer nicht optimal geeignet ist. Als Ergebnis wird die Firma längerfristig weniger verkaufen, was aber die einzelnen Verkäufer nicht schert. Das zukünftige Verkaufsdefizit betrifft ja alle Verkäufer, d.h. es handelt sich um das klassische Trittbrettfahren angesichts eines öffentlichen Gutes.

Eine Firma kann selbstverständlich Anstrengungen unternehmen, solche Verzerrungen durch falsch festgelegte Leistungslöhne zu vermeiden. Dies ist sicherlich in einfachen Fällen möglich, nicht aber bei komplexeren Tätigkeiten. Gerade derartige Arbeiten mit mannigfachen Aspekten sind jedoch für Unternehmungen in der heutigen Wirtschaft charakteristisch. Aus diesem Grund stossen Leistungslöhne an eindeutige Grenzen.

Hinzu kommt, dass es oft nicht einfach ist, die individuelle Leistung eines Mitarbeiters zu erfassen, weil viele Tätigkeiten im Team erstellt werden. Häufig lässt sich nur ungenau festlegen, welche Leistung wem zuzurechnen ist. Teamarbeit ist aber gerade in zukunftsorientierten Unternehmen von immer grösserer Bedeutung. Gerade auch aus diesem Grund lassen sich Leistungslöhne nicht sinnvoll anwenden. Wird nämlich die Zurechnung von den Beteiligten als unfair angesehen, können rasch grosse Reibungsverluste entstehen und die intrinsische Arbeitsmotivation verdrängt werden.

Kasten 3-2:

Unterschiedliche Arten der Bezahlung von Verkäufern

Bezahlung nach Menge der verkauften Güter

- kurzfristige Maximierung des Verkaufs

Aber Vernachlässigung der

- Kundenzufriedenheit
- Erkundung der Kundenwünsche
- Informationsvermittlung
- Einhaltung der Liefertermine
- Reparaturen
- etc.

Ausserdem:

- Verminderte Zusammenarbeit unter den Verkäufern
- Vorratsbewirtschaftung usw.

Die heute so populären Boni, Gratifikationen und insbesondere Aktienoptionen stellen in aller Regel *keine* individuelle Leistungsentlohnung dar. Wenn sie sich auf die Gesamtleistung in einer Abteilung oder gar in der Firma als Ganzes beziehen, wird nicht die individuelle Leistung belohnt (in der Prinzipal-Agenten Theorie wird vom 1/n-Problem gesprochen, wobei n die Zahl der Empfänger ist). Möglicherweise kann damit zwar die Identifikation mit der Firma und die allgemeine Arbeitszufriedenheit verbessert werden – aber sicher ist dies keineswegs. Auf jeden Fall entsprechen derartige Wirkungen nicht mehr dem Verhalten eines Homo Oeconomicus, auf dem die ganze Idee der Leistungsentlohnung beruht.

Empirische Untersuchungen können in der Tat kaum einen Zusammenhang zwischen Firmenerfolg und Leistungslöhnen feststellen. Die gängige Vorstellung, die Einführung von pay for performance würde die Produktivität und die Gewinne erhöhen, erweist sich als verfehlt. In Kasten 3-3 werden die wichtigsten Ergebnisse aufgeführt.

Kasten 3-3:

Managervergütung und Unternehmenserfolg: Erhöht Pay for Performance Produktivität und Gewinne?

Diese Frage wurde in einer grossen Zahl wissenschaftlicher Untersuchungen sorgfältig geprüft.

Die Befunde weisen darauf hin:

1. Generell ist nur ein schwacher Zusammenhang zwischen Managervergütung und Unternehmenserfolg festzustellen.

2. Dort, wo ein (schwacher) positiver Zusammenhang festgestellt wurde, ist er auf nicht-indexierte Aktienoptionen zurückzuführen. Dabei handelt es sich aber in aller Regel nicht um eine leistungsabhängige Vergütung.

Quelle: Osterloh, M. (1999): Wertorientierte Unternehmensführung und Management-Anreizsysteme, in: Kumar, B. N./ Osterloh, M./ Schreyögg, G. (Hrsg.): Unternehmensethik und die Transformation des Wettbewerbs, Stuttgart, S. 183-204.

Nur eine einzige ernst zu nehmende Studie findet einen Zusammenhang zwischen Leistungsbezahlung und Unternehmenserfolg – aber dies nur aufgrund der Aktienoptionen. Wie wir oben feststellten, werden aber Aktienoptionen in aller Regel nicht aufgrund individueller Leistungen entrichtet, sondern viel eher auf Grund des allgemeinen Geschäftserfolges, der Gewinne oder der Aktienwertentwicklung der Unternehmung als Ganzes (zum Thema Aktienoptionen vgl. auch die ausführliche Diskussion in Kapitel 4). Die entsprechende Studie kann damit nicht als Beleg für die Wirksamkeit von pay for performance angeführt werden. Eher ist eine umgekehrte Kausalwirkung zu vermuten, nämlich, dass die Mitarbeiter am entstandenen Gewinn beteiligt werden. Je höher der Gewinn, desto höher sind die Gehälter, so dass statistisch ein positiver Zusammenhang zwischen Gewinn und Gehältern beobachtet wird. Der Gewinn ist aber nicht deshalb hoch, weil Leistungslöhne bezahlt werden, sondern die Gehälter sind hoch, weil die Gewinne hoch sind.

Aus den Resultaten der Forschung lassen sich zwei wichtige Ergebnisse hinsichtlich des Einsatzes individueller Leistungslöhne ableiten:

Leistungslöhne erhöhen die Produktivität bei einfachen und gut messbaren Tätigkeiten

Kasten 3-4 beschreibt den Fall von Safelite, der grössten amerikanischen Firma zum Einbau von Autoglas. Ursprünglich erhielten die in dieser Firma Beschäftigen fixe Stundenlöhne.

> Kasten 3-4:
>
> **Wirkung von Stücklöhnen bei einfacher Tätigkeit**
>
> Die Safelite Company mit Hauptquartier in Columbus, Ohio, ist die grösste US-Firma zum Einbau von Autoglas.
>
> Mitte 1990 wurde von fixen Stundenlöhnen zu Stücklöhnen (mit garantiertem Minimumlohn) übergegangen.
>
> Es resultierte ein Produktivitätszuwachs von 44%.
>
> Quelle: Lazear, E. P: (1999): Personnel Economics: Past Lessons and Future Directions, in: Journal of Labor Economics 17, S. 199-236.

Als die in dieser Firma Beschäftigten Löhne erhielten, die unmittelbar mit dem individuellen Output in Form der Zahl eingesetzter Scheiben verknüpft waren, stieg die Produktivität um nicht weniger als 44 Prozent. Die Arbeitnehmer reagieren somit durchaus auf richtig festgelegte Leistungslöhne bei derartigen leicht messbaren und eindimensionalen Tätigkeiten.

Falsch festgelegte Leistungslöhne können stark negative Auswirkungen haben.

Mitarbeitende reagieren empfindlich auf die ihnen durch die Firma gesetzten Anreize. Deshalb stellt sich auch ein für die Firma unerwünschtes Ergebnis ein, wenn diese Anreize falsch gesetzt werden. In den Geschichten von Firmen finden sich dafür viele Beispiele. Kasten 3-5 zeigt die negativen Auswirkungen von Entlohnungssystemen für den Fall der Heinz Company und von Sears.

Die diskutierten Fälle beruhen vor allem auf dem Problem des „multiple tasking“. Die Mitarbeitenden konzentrieren sich ausschliesslich auf die monetär belohnten Tätigkeiten, vernachlässigen hingegen diejenigen, für die sie kein monetäres Entgelt erhalten.

Kasten 3-5:

Schädliche Wirkung falsch festgelegter Leistungslöhne

In der H.J. Heinz Company erhielten die Manager der einzelnen Bereiche nur dann einen Bonus, wenn sie ihre Gewinne gegenüber dem Vorjahr steigern konnten. Als Reaktion darauf verschoben die Manager die Gewinne derart, dass in jedem Jahr ein Wachstum gegenüber dem Vorjahr ausgewiesen wurde. Dies wurde dadurch erreicht, dass Lieferungen an die Kunden entsprechend verzögert oder beschleunigt wurden und indem für Tätigkeiten bezahlt wurde, die noch gar nicht geleistet wurden. Damit erreichten zwar die Manager eine Gehaltserhöhung für sich selbst, gleichzeitig wurde aber die zukünftige Flexibilität der Firma wesentlich eingeschränkt, was deren langfristiges Wachstum verminderte und den Firmenwert beeinträchtigte.

Bei Sears hatte ein falsch festgelegtes Entlohnungssystem noch fatalere Folgen. Die Mechaniker der Autoreperaturbetriebe dieser Firma wurden gemäss den Gewinnen aus den Autoreparaturen bezahlt, welche die Kunden in Auftrag gaben. Diesen Anreizen entsprechend versuchten die Mechaniker – mit einigem Erfolg – die Kunden zu unnötigen Reparaturen zu veranlassen. Als diese Machenschaften aufflogen, drohten die kalifornischen Behörden, die Autoreparaturwerkstätten von Sears im ganzen Staat zu schliessen. Die Firma gab deshalb diese Art der Leistungsentlohnung im Jahre 1992 auf. Der Fall von Sears ist in Kapitel 5 noch genauer dargestellt.

Quellen:

Post, R. J./Goodpaster, K. E. (1981): H.J. Heinz Company: The Administration of Policy, Harvard Business School Case Nr. 382-034.

Patterson, G. (1992): Distressed Shoppers, Disaffected Workers Prompt Service Stores to Alter Sales Commission, Wall Street Journal , June 1.

Baker, G./Gibbons, R./Murphy, K. J. (1994): Subjective Performance Measures in Optimal Incentive Contracts, in: Quarterly Journal of Economics 109 (4), S. 1125-1156.

Anreizkontrakte haben jedoch auch schädliche Wirkungen, die über das Problem des „multiple tasking“ hinaus gehen. In Kapitel 1 wird ausführlich dargestellt, dass die intrinsische Arbeitsmotivation verdrängt wird, wenn die Beziehung zwischen Mitarbeitern und Firma auf einen Leistungslohn konditioniert wird. Gerade bei komplexeren Aufgaben innerhalb einer Unternehmung kann sich pay for performance deshalb als *kontraproduktiv* erweisen. Bei einem markanten „Verdrängungseffekt“ wird der übliche monetäre Anreizeffekt des Lohnes überkompensiert. In diesem Falle geht die Leistung der Mitarbeiter allgemein zurück, wenn Leistungslöhne eingeführt werden.

Der Verdrängungseffekt tritt nicht unter allen Bedingungen auf. Eine monetärer Anreiz in Form eines höheren Lohnes wirkt leistungssteigernd, wenn er von den Empfängern als unterstützende Rückkopplung interpretiert wird. Umgekehrt verdrängt ein monetärer Anreiz die Leistungsbereitschaft, wenn er als kontrollierend empfunden wird.

Im nächsten Abschnitt werden Typen von Menschen unterschieden, die Geld-Anreize eher als unterstützend oder eher als kontrollierend empfinden und entsprechend ihre Motivation verändern.

3. Unterschiedliche Menschentypen

Eine der wichtigsten Aufgaben in einer Organisation besteht darin, die zur Erfüllung der Aufgaben geeignete Motivation bei den Mitarbeiterinnen und Mitarbeitern zu erzeugen und zu erhalten. Zu diesem Zwecke ist es notwendig, unterschiedliche Mitarbeiter-Typen zu unterscheiden.

Menschen wollen Unterschiedliches in ihrem Leben erreichen. Sie haben verschiedene Wünsche oder Präferenzfunktionen. Sie reagieren deshalb auch auf unterschiedliche Weise auf von aussen gesetzte Anreize, insbesondere auf monetäre Belohnungen wie Boni und Bezahlung nach Stücklohn. Ausserdem unterscheiden sich ihre Vorlieben, in welcher Organisation sie tätig sein wollen.

Das in einer Präferenzfunktion dominante Element bestimmt den hier differenzierten Menschentyp. Die allermeisten Menschen interessieren sich für mehrere Ziele. Um die Zusammenhänge möglichst deutlich herauszuarbeiten, werden aber im folgenden Idealtypen betrachtet, d.h. Personen, die sich auf ein einziges Ziel konzentrieren.

3.1 Extrinsisch motivierte Mitarbeiterinnen und Mitarbeiter

Es lassen sich zwei Gruppen von Mitarbeiterinnen und Mitarbeitern in Organisationen unterscheiden, die vor allem auf von aussen gesetzte Anreize reagieren:

Einkommensmaximierer

Dieser Typ von Mensch ist am Gelderwerb interessiert; er zieht nur einen indirekten Nutzen aus seiner Tätigkeit und dem dadurch erzielten Entgelt. Das monetäre Einkommen dient ihm zur Bedürfnisbefriedigung mittels Konsum von Gütern und Dienstleistungen. Arbeit wird als unangenehm angesehen und Anstrengungen werden ausschliesslich unternommen, um Geld zu verdienen.

Der Einkommensmaximierer ist das klassische Menschenbild der Wirtschaftstheorie. Wie bereits erwähnt, hat es sich als sehr erfolgreich erwiesen. Der "homo oeconomicus" ist zur Analyse menschlichen Verhaltens gut geeignet und hat als zentraler Bestandteil des Rationalansatzes ("rational choice approach") auch andere Sozialwissenschaften stark beeinflusst. Gemäss diesem Modell reagiert der Mensch systematisch auf äussere Anreize. Insbesondere erhöht und verbessert er seinen Arbeitseinsatz, wenn er dafür höher entlohnt wird.

Statusorientierte

Dieser Menschentyp ist ebenfalls extrinsisch motiviert. Er ist aussenorientiert und richtet sich nach der Einschätzung von anderen. Er hat keine Freude am Konsum an sich, sondern zieht Nutzen ausschliesslich aus dem Vergleich mit anderen Personen. Er orientiert sein Verhalten an einer Referenzgruppe, zu denen Nachbarn, Freunde, Verwandte, Schul- und Studienkollegen, Arbeitskollegen oder andere Vorbilder gehören können.

Dieser Menschentyp ist kompetitiv; er möchte sich in jeder Hinsicht positiv von anderen absetzen. Gleichzeitig ist er auf die Erfolge anderer neidisch. Dieses Element ist vor allem in kleinen, geschlossenen Gesellschaften vorherrschend, wo die Menschen für die Erlangung einer Position, für Status, Titel und Auszeichnungen zu arbeiten bereit sind. Für diese Nutzenelemente ist der Begriff "positionale Güter" geprägt worden. Deren Eigenschaften sind im Kasten 3-6 behandelt.

Statusorientierte Mitarbeiter schätzen auch symbolische Anerkennung, deshalb sind sie weniger materialistisch als die Einkommensmaximierer.

Kasten 3-6:

„Positionale Güter"

Manche Güter erhalten ihren Wert dadurch, dass man sie selbst besitzt, sie andern Personen aber verwehrt bleiben. Werden sie auch von anderen Personen erworben, verlieren sie ihre Exklusivität und Reiz.

Beispiele für positionale Güter sind etwa Titel oder andere berufliche Bezeichnungen, aber auch Konsumgüter, wie zum Beispiel ein Auto oder ein Fernseher einer bestimmten „exklusiven" Marke. Ein wachsendes Güterangebot im Verlauf des Wirtschaftswachstums kann derartige Exklusivität zerstören und führt bei positionalen Gütern nicht zu einem Nutzenzuwachs. Ein positionales Gut lässt sich nicht vermehren.

Güter, die ihrer Sache nach exklusiv sind, sind aus diesem Grund besonders erstrebenswert. Dazu gehört etwa ein in der Nähe des Haupteingangs der Firma zugewiesener Parkplatz. Wer dieses positionale Gut errungen hat, verweist gleichzeitig andere Firmenangehörige auf eine niedrigere Position.

3.2 Intrinsisch motivierte Mitarbeiterinnen und Mitarbeiter

Es lassen sich drei Typen von Menschen unterscheiden, deren Wünsche wesentlich von ihnen selbst bestimmt werden.

Loyale

Bei diesem Typ von Mitarbeiter werden die Ziele der Organisation zu den eigenen gemacht. Die eigenen Wünsche decken sich weitgehend mit denen der Organisation, der man angehört. Eine derartige Nutzenfunktion findet sich häufig bei langjährigen Mitarbeitern.

Formalisten

Diese Mitarbeiter haben die als richtig geltenden *Verfahren* internalisiert; sie zu befolgen ist ein Teil ihres Wesens geworden. Dazu zählen manche Juristen, Verwaltungsbeamte, aber auch Techniker und Ärzte, die sich weniger um die Auswirkungen ihrer Tätigkeit kümmern, als dass das korrekte Verfahren befolgt wird. Soweit der Prozess nicht tangiert wird, lassen sie sich nur schwerlich mittels äusseren Anreizen beeinflussen.

Selbstbestimmte

Damit wird ein Menschentyp bezeichnet, der sich auf eigene, nicht materielle Ziele konzentriert und sich um andere Aspekte und Personen wenig kümmert. Dazu zählen alle Spielarten von Weltverbesserern und Personen, die nach einem inneren Erlebnis streben. Sie wollen Ziele erreichen, und diejenigen Mittel einsetzten, die sie selbst – und nur sie – für richtig erachten. Diese Wünsche sind typisch für weltfremde Esoteriker, aber auch für viele Wissenschafter und Künstler. Sie sind im wesentlichen intrinsisch motiviert und lassen sich nur zu einem geringen Ausmass von aussen beeinflussen.

Kasten 3-7 fasst die fünf idealtypischen Mitarbeiterinnen und Mitarbeiter zusammen.

Kasten 3-7:

Mitarbeitertypen und ihre hauptsächlichen Ziele

Extrinsisch Motivierte		
1. Einkommensmaximierer	→	Geldeinkommen
2. Statusorientierte	→	Position
Intrinsisch Motivierte		
3. Loyale	→	Identifikation mit Firmenzielen
4. Formalisten	→	Richtiges Verfahren
5. Selbstbestimmte	→	Verfolgung der eigenen Ideologie

4. Leistungslohn steigert die Leistung

Wir können nun anhand der unterschiedenen Menschentypen sehen, wann sich Leistungslöhne dazu eignen, die von der Organisation gewünschten Leistungen zu steigern.

Leistungslöhne im Sinne einer Entlohnung, die variabel und präzise an die Leistungen einer Mitarbeiterin oder eines Mitarbeiters angepasst werden, eignen sich ohne Zweifel für *Einkommensmaximierer*. Bei diesem Typ von Mitarbeiter sind alle Voraussetzungen erfüllt, welche die neoklassische Wirtschaftstheorie und die Prinzipal-Agenten Theorie voraussetzen. Vor allem ist die Kausalität eindeutig. Ein höherer monetärer Anreiz führt zu mehr Anstrengung und Leistung, weil damit das monetäre Einkommen gesteigert werden kann. Die Interessen der Arbeitgeber und Arbeitnehmer werden mittels Leistungsentlohnung auf einen gemeinsamen Nenner gebracht.

Leistungslöhne sind am besten in Geld (und nicht beispielsweise in Form von Gütern wie z.B. die Benützung eines Firmenwagens) auszubezahlen, weil Geld flexibler ist: es kann von den Einkommensmaximierern direkt für den von ihnen vorgezogenen Konsum verwendet werden. Eine Leistungsentlohnung in anderer Form verursacht unnötige Transaktionskosten.

Eine Leistungsentlohnung setzt eine *präzise Zuordnung* von Entlohnung und spezifischer Leistung voraus. Die Beziehung muss klar und eindeutig und für die Mitarbeiter einsichtig sein. Ist dies nicht der Fall, entsteht nicht nur Unzufriedenheit, sondern es lohnt sich, die Grundlagen für den Leistungslohn zu manipulieren. In beiden Fällen wird die Motivation der Mitarbeiter geschwächt und deren Leistungspotential auf unproduktive Aktivitäten umgelenkt, was die Effizienz einschränkt.

Die Erfordernisse der präzisen Zuordnung und vollständigen Erfassung aller gewünschten Leistungen ist nur bei *einfachen Tätigkeiten* möglich. Der in Kasten 3-4 diskutierte Fall der Safelite Company, bei der die Arbeit im Einsetzen von Autoscheiben besteht, entspricht diesen Bedingungen. Die angeführte Untersuchung hat darüber hinaus nachgewiesen, dass sich der Mitarbeiterstamm bei Safelite nach der Einführung eines Stücklohns stark verändert hat. Der Anteil der Mitarbeitenden, die an Stücklöhnen interessiert sind, d.h. als Einkommensmaximierer angesehen werden können, hat sich wesentlich erhöht.

Statusorientierte können mit Hilfe eines Leistungslohnes ebenfalls zu einer verstärkten Leistung motiviert werden, wenn sie sich damit gegenüber andern Mitarbeitern und gegen aussen differenzieren können. Dies dürfte häufig der Fall sein. Der grosse Nationalökonom Joseph Schumpeter hat Statusdifferenzierung – im Gegensatz zur Höhe des Entgeltes – als entscheidenden Motivator für die Leistung von Unternehmern betont. Unternehmer als Empfänger der Differenz zwischen Einnahmen und Kosten erhalten die extremste Form eines Leistungsentgeltes.

Der Leistungslohn kann bei Statusorientierten eine andere Form annehmen als bei einkommensmaximierenden Mitarbeitern. Das Lohn*niveau* an sich beeinflusst die Leistung einer Statusorientierten nicht. Auch wenn sie weniger verdient, empfindet sie einen Anreiz zur Leistungssteigerung, vorausgesetzt, der Lohn der Mitglieder einer Referenzgruppe sinkt nicht noch mehr.

Dieser Aspekt ist eng mit der Turniertheorie verwandt, die sich mit den Anreizwirkungen des Karrierewettbewerbs befasst. Die Managervergütung wird als mit den Karrierestufen gekoppelt gesehen und das Gehalt der Vorgesetzten dient als Anreiz für die Nachwuchsmanager. Daraus folgt ein theoretisches Argument für die Entkoppelung von Leistungslohn und Leistung, resp. Unternehmenserfolg. Das Entgelt kann auf den unteren Karrierestufen weniger als das erbrachte Grenzprodukt betragen, weil die Tätigkeit mit einer "Eintrittskarte" für weitere Karrierestufen entlohnt wird. Diese "Option" für eine weitere Karriere nimmt mit jeder zusätzlich erreichten Karrierestufe ab. Die Vorgesetzten müssen deshalb den Mitarbeitern einen zusätzlichen Anreiz in Form eines höheren Gehaltes geben, damit auf jeder Karrierestufe die Arbeitsmotivation erhalten bleibt.

Statusorientierte brauchen (im Gegensatz zu den Einkommensmaximierern) nicht in Geld entgolten zu werden, sondern auch nicht-monetäre Belohnungen wirken als Leistungsanreiz. In vielen Fällen sind letztere sogar wirksamer, weil sie klarer eine Statushierarchie anzeigen. Derartige Belohnungen können materiell (z.B. eine bessere Büroausstattung, einen Parkplatz möglichst nahe beim Haupteingang der Firma) oder vor allem symbolisch sein, wie etwa die Wahl zum "Mitarbeiter des Monats". Für Aussenstehende mögen diese Leistungsanreize zuweilen lächerlich erscheinen, sie wirken aber bei statusorientierten Mitarbeitern leistungssteigernd. Allerdings müssen sie eng an die spezifische Leistung gekoppelt werden können, was z.B. bei der Büroausstattung schwer durchzuführen ist.

Zusammenfassend lässt sich festhalten:

Ein Leistungslohn wirkt bei einkommensmaximierenden Mitarbeiterinnen und Mitarbeitern zweifellos leistungssteigernd. Allerdings ist eine korrekte, d.h. motivationssteigernde, Anwendung des Leistungslohns nur in einem sehr eingeschränkten Bereich möglich, nämlich nur bei einfachen Tätigkeiten, die immer mehr an Bedeutung einbüssen. Sie kennzeichnen sicherlich nicht die heute typischen Arbeitsplätze. Der normative Vorschlag der Prinzipal-Agenten Theorie ist somit zwar richtig – aber für moderne Gesellschaften von geringer Relevanz. Für statusorientierte Mitarbeiter erweist sich der propagierte monetäre Leistungslohn zwar als leistungsfördernd, aber es gibt brauchbare Alternativen in Form nicht-materieller Entlohnung. Ausserdem beeinflusst das Niveau des Entgelts die Arbeitsmotivation nicht.

5. Leistungslohn schwächt die Leistung

In der Literatur werden verschiedene Gründe diskutiert, warum ein Leistungslohn die Mitarbeitenden nicht dazu veranlasst, die erwartete Leistung zu erbringen. Im Mittelpunkt stehen die bereits erwähnten Probleme der praktischen Anwendung. Wenn die Leistung unvollständig (das multi-task Problem) oder unrichtig erfasst wird, erhalten die Mitarbeiter verzerrte Leistungsanreize. Die Prinzipal-Agenten Theorie schliesst daraus, dass die *Messung der Leistung verbessert* werden muss. Ist eine rein quantitative Messung aller relevanten Leistungsaspekte unmöglich, muss zu einer subjektiven Beurteilung (subjective evaluation) übergegangen werden. Damit verzichtet aber die Prinzipal-Agenten Theorie auf eine inhaltliche Bestimmung des Leistungslohnes und wird mehr oder weniger beliebig.

Der Verdrängungseffekt führt zu einer genau *gegenteiligen* Empfehlung: Unter bestimmten empirisch identifizierbaren Bedingungen bewirkt ein Leistungslohn einen *Motivationsverlust*. In diesem Fall lässt sich die Arbeitsmotivation erhalten und stärken, indem der Lohn von der gewünschten Leistung *entkoppelt* wird.

Kasten 3-8 schildert einen praktischen Fall in der amerikanischen Flugindustrie.

Kasten 3-8:

Leistungslöhne sind ungeeignet: Verspätungen in den Abflugzeiten, USA

Unterschiedliche Massnahmen:

- Die Fehlerquelle wird *präzise zugeordnet* und die Schuldigen werden bestraft.

Als Reaktion werden die Betroffenen viel Energie und Ressourcen in die Verschiebung der Verantwortung investieren.

- Das „*gesamte Team*" wird verantwortlich gemacht.

Als Folge davon haben sich die Abflugverspätungen stark vermindert und sind nun weit geringer als bei vergleichbaren Fluggesellschaften.

Quelle: Austin, R. D./Hoffer Gittell, J. (1999): Anomalies of High Performance: Reframing Economic and Organizational Theories of Performance Measurement, Harvard Business School, Harvard University.

Dieser Fall setzt sich mit dem Problem auseinander, wie das Management auf eine Verzögerung in den Abflugzeiten reagieren sollte. Es läge auf der Hand, möglichst genau in Erfahrung zu bringen, an welcher Stelle jeweils die Verspätung verursacht wurde. Die entsprechenden Mitarbeiter sollten dann mit diesen Mängeln konfrontiert und verantwortlich gemacht werden. Die mangelhafte Leistung sollte sich in Lohnreduktionen niederschlagen. Ein derartiges Vorgehen entspricht auch der Prinzipal-Agenten Theorie, denn es handelt sich um das Bestreben, den Lohn möglichst eng an die individuelle Leistung zu knüpfen. Tatsächlich gehen die amerikanischen Luftfahrtgesellschaften in dieser Weise vor. Allerdings ist der Erfolg bescheiden, wenn er überhaupt eintritt. Die individuelle Zurechnung der Mängel bewirkt eine Verteidigungshaltung der Betroffenen – ganz besonders weil ja auch der Lohn betroffen ist. Sie wenden deshalb viel Zeit und Energie auf, die Abflugverspätung anderen Personen und Stellen zuzuschieben. Ausserdem wird von vorneherein darauf geachtet, mögliche Verspätungen jemand anderem auflasten zu können.

Eine Fluggesellschaft hat hingegen eine völlig entgegengesetzte Strategie verfolgt. Die Verspätungen wurden als ein *alle* Mitarbeiterinnen und Mitarbeiter betreffendes Problem bezeichnet und es wurden *alle* aufgefordert, für Besserung zu sorgen. Die Verantwortung wurde damit dem „Team als Ganzem“ überantwortet. Diese Strategie hat sich als sehr erfolgreich herausgestellt; die Abflugsverspätungen konnten wesentlich vermindert werden. Sie sind heute deutlich niedriger als bei vergleichbaren Fluggesellschaften.

Bei den drei intrinsisch motivierten Menschentypen vermögen Leistungslöhne in aller Regel die Leistung nicht zu erhöhen, sondern vermindern sie häufig.

Loyale

Loyalität lässt sich nicht kaufen, sondern wird intrinsisch motiviert gegeben. Eine Bezahlung strikt nach Leistung wird von loyalen Mitarbeitern als Signal dafür genommen, dass ihre Leistung für die Organisation als unzureichend angesehen wird. Ein solcher Eingriff wird als Verletzung der Selbstachtung aufgefasst, was die intrinsische Arbeitsmotivation untergräbt. Gut geführte Firmen sind sich dessen bewusst und sehen die Probleme, wenn langgediente Mitarbeiter einem Leistungslohn unterworfen werden. Empirische Untersuchungen belegen in der Tat, dass je länger ein Manager in der Firma ist, desto stärker ist das Gehalt von der individuellen und von der Firmenleistung entkoppelt.

Formalisten

Für Personen, die grossen Wert auf das korrekte Verfahren legen, ist ein Leistungslohn kontraproduktiv. Sie erfüllen ihre Aufgabe aus innerem Antrieb auf eine korrekte und angemessene Weise. Wird darüber hinaus ein Leistungslohn ausgerichtet, wird leicht impliziert, dass diese Mitarbeiter ihre Aufgaben nicht richtig abwickeln, was sie als Kontrolle von aussen empfinden. Die intrinsische Arbeitsmotivation wird beeinträchtigt.

Selbstbestimmte

Werden Personen, die Arbeit als Mittel zu ihrer Selbsterfüllung ansehen, mit einem Leistungslohn bezahlt, sinkt ihre intrinsische Leistungsbereitschaft drastisch. Ihre eigene Auffassung der Arbeit wird grundsätzlich in Frage gestellt, was ihre intrinsische Motivation vermindert oder gar vernichtet. Häufig wird bei Künstlern und Wissenschaftlerinnen die selbstgewählte Tätigkeit als essentiell angesehen. Ein Lohn für eine spezifische, von aussen bestimmte Leistung ist damit unvereinbar. Tatsächlich erscheint gerade bei Künstlerinnen und Wissenschaftlern ein Leistungslohn kontraproduktiv; zumindest wird dadurch die Kreativität geschwächt oder gar zerstört. Diese Folgerung wird durch Lebensbeschreibungen grosser Künstler und Wissenschaftlerinnen gestützt. In der sozialpsychologischen Forschung wurde viel empirische Evidenz gesammelt, die eine intrinsische Motivation als grundlegend für kreative Leistungen ansieht.

Die angestellten Überlegungen zeigen:

Ein Leistungslohn erhöht nur bei Einkommensmaximierern die Leistung (und auch dort nur bei einfachen Tätigkeiten). Bei Statusorientierten eignet sich ein Leistungslohn nur begrenzt, und bei Loyalen, Formalisten und Selbstbestimmten vermindert er wegen des Verdrängungseffektes sogar die Leistung.

Allerdings ist daran zu erinnern, dass die unterschiedenen Typen von Mitarbeiterinnen und Mitarbeitern in dieser reinen Form in Wirklichkeit nicht existieren. Vielmehr sind in den meisten Menschen verschiedene dieser Typen vertreten, wobei sich aber die Gewichtung stark unterscheiden kann. Deshalb ist ein Leistungslohn insoweit weniger leistungssteigernd, als Mitarbeiter neben der Gewinnung von Einkommen auch intrinsisch motiviert sind. Umgekehrt kann ein sorgfältig bemessener Leistungslohn auch bei ansonsten intrinsisch motivierten Mitarbeitern den Leistungsabfall vermindern.

6. Motivation jenseits des Lohnes

Mitarbeiterinnen und Mitarbeiter müssen selbstverständlich bezahlt werden. Jedermann muss zumindest soviel verdienen, dass er oder sie den Lebensunterhalt bestreiten kann. Dies gilt selbst für karitative Organisationen wie Klöster und Wohlfahrtseinrichtungen. Die Frage ist allerdings, inwieweit der Lohn als Motivator für spezifische individuelle Leistungen eingesetzt wird, wie dies bei der Idee des Leistungslohnes vorgesehen ist. Es sollte gesehen werden, dass jenseits des Lohnes ein breites Spektrum an Motivationsformen besteht. Heute wird ohne Zweifel viel zu sehr nur der Lohn betrachtet.

Im folgenden werden vier alternative Motivationsformen gestreift. Im Prinzip sind sie wohl bekannt, auch wenn sie gegenwärtig vernachlässigt werden. Kasten 3-9 gibt einen Überblick über die verschiedenen anschliessend diskutierten Motivatoren.

Kasten 3-9:

Motivatoren

Materiell:

- Geldlohn
- Fringe Benefits

Immateriell:

- Lob
- Befehl
- Partizipation
- Autonomie

Die ersten zwei Ansätze zur Motivierung, Lob und Befehl, setzen spezifisch bei jedem einzelnen Mitarbeiter an.

1. Lob

In manchen Organisationen wird Lob extensiv als Leistungsmotivator eingesetzt und nimmt verschiedenste Formen an. So können Zeremonien zu Ehren einzelner Mitarbeiter oder Abteilungen organisiert werden, es können Ehrungen – wie etwa „Mitarbeiter des Monats" – ausgesprochen und entsprechende Diplome verteilt werden, es können Incentivereisen ausgerichtet und andere Geschenke verteilt werden. Soweit das Lob als das Selbstwertgefühl unterstützend angesehen wird, steigt die intrinsische Motivation und die Leistungsbereitschaft. Lob kann aber als kontrollierend empfunden werden, wenn es instrumentell eingesetzt wird. Es verliert auch seine motivierende Wirkung, wenn es als selbstverständlich erwartet wird.

Statusorientierte Mitarbeiterinnen und Mitarbeiter reagieren auf diese Art der Anerkennung besonders positiv, weil sie dadurch gegenüber andern herausgehoben werden. Ihre Motivation und Leistung wird gesteigert. Auch Loyale sind für Anerkennung empfänglich, soweit dadurch ihre Verbindung mit "ihrer" Organisation betont wird. Einkommensmaximierer lehnen hingegen Lob ab, weil sie sich "davon nichts kaufen können". Ebenso negativ reagieren Selbstbestimmte, die darin leicht eine Vereinnahmung durch andere sehen. Formalisten sind für Lob mässig empfänglich, denn sie "tun ja nur ihre Pflicht". Bei den hier zuletzt genannten Mitarbeiter-Typen wird die Arbeitsmotivation vermindert und ein Verdrängungseffekt ausgelöst.

2. Befehl

Hierarchisch gestaltete Organisationen bauen auf *Befehlen* und *Sanktionen* bei deren Nichtbefolgung auf. Allerdings stellen Befehle (genauso wie Leistungslöhne) einen Eingriff von aussen dar, der als kontrollierend empfunden werden und deshalb die intrinsische Motivation verdrängen kann. Befehle haben allerdings je nach Mitarbeiter-Typ ganz unterschiedliche Wirkungen. Einkommensmaximierer, Statusorientierte, aber auch Loyale und Selbstbestimmte empfinden Befehle als kontrollierende Einschränkungen ihrer Selbstbestimmungsmöglichkeit: sie können ihre Ziele weniger gut erreichen. Für diese Typen von Mitarbeitern bewirken Befehle eine Verdrängung der intrinsischen Motivation. Wie bei monetären Leistungsanreizen muss aber auch hier der entgegenlaufende Anreizeffekt berücksichtigt werden. Der Nettoeffekt auf die Leistung ist somit unbestimmt. Befehle werden vor allem von Selbstbestimmten und Einkommensmaximierern als kontrollierend empfunden, so dass bei ihnen ein besonders hoher Verdrängungseffekt und damit Leistungsrückgang zu erwarten ist.

Formalisten empfinden Befehle hingegen nicht als einschränkend, sondern sie schätzen sie als hilfreiche Orientierung ein. Bei diesem Mitarbeiter-Typ steigern Befehle die Leistung.

In Kasten 3-10 wird eine empirische Untersuchung für 116 mittelgrosse holländische Firmen dargestellt. Sie zeigt, dass auch in gewinnorientierten Unternehmen, in denen besonders viele Einkommensmaximierer zu erwarten sind, die genaue Ausgestaltung der Befehlsbeziehung von erheblicher Bedeutung ist.

Kasten 3-10:

Kontraproduktive Wirkung einer engen Kontrolle

Eine ökonometrische Studie untersuchte das Verhalten von 116 Manager in mittelgrossen holländischen Firmen mit zwischen 100 und 30'000 Beschäftigten im Jahre 1986. Die Firmen verteilen sich auf unterschiedliche Industriezweige.

Art der Kontrolle der Manager		Wirkung auf den Arbeitseinsatz (in Stunden)
■ Unpersönliche, wenig intensive Kontrolle durch Mutterfirma	→	Signifikant höher
■ Unpersönliche Kontrolle durch den Verwaltungsrat	→	Nicht signifikant unterschiedlich
■ Persönliche Kontrolle durch den CEO	→	Signifikant geringer

Quelle: Barkema, H. G. (1995): Do Executives Work Harder When They Are Monitored? In: Kyklos 48, S. 19-42.

Im Gegensatz zu den beiden oben erwähnten, setzen die zwei folgenden Motivationsformen nicht bei jedem einzelnen Mitarbeiter, sondern allgemein an.

3. Partizipation

Bei diesem Instrument wird zwischen den Mitarbeitern auf den verschiedenen Ebenen einer Organisation über die zu erreichenden Ziele und einzusetzenden Mittel diskutiert und bis zu einem gewissen Ausmass gemeinsam entschieden.

Selbstbestimmte können damit motiviert werden, weil ihre eigenen Ziele ernst genommen werden. Einkommensmaximierer (und z.T. die Statusorientierten) erachten derartige Diskussionen als überflüssig oder gar Zeitverschwendung, denn sie sind extrinsisch motiviert und am Inhalt der Arbeit wenig interessiert. Empirische Untersuchungen belegen, dass Mitbestimmung die intrinsische Motivation erhöht, weil die perzipierte Selbstbestimmung unterstützt wird (vgl. dazu die ausführliche Darstellung zur Partizipation als Motivationsinstrument in Kapitel 8). Wie Kasten 3-11 für den politischen Prozess zeigt, hebt Mitbestimmung in Form von Institutionen der direkten Demokratie (Referendum und Initiativen) die intrinsische Motivation in Form des Bürgersinns. Entsprechend vermindert sie die Steuerhinterziehung.

Kasten 3-11:

Wirkung der Mitbestimmung im politischen Prozess.

Die 26 Schweizer Kantone kennen ein jeweils unterschiedliches Mass an direkten Mitwirkungsmöglichkeiten der Bürgerinnen und Bürger an staatlichen Entscheidungen. Gemäss einer ökonometrischen Untersuchung ist die Einstellung zum Staat umso besser, und damit die Steuerhinterziehung umso geringer, je stärker ausgeprägt die Möglichkeiten sind, mittels Volksabstimmungen (Referenden und Initiativen) direkt über Sachprobleme mitzubestimmen.

Quelle: Frey, B. S. (1997b): A Constitution for Knaves Crowds Out Civic Virtues, in: Economic Journal 107, S. 1043-1053.

4. Autonomie

Den Mitarbeiterinnen und Mitarbeitern in einer Organisation wird ein breiter Entscheidungsspielraum zugestanden und es wird erwartet, dass sie ihn im Interesse der Organisation ausfüllen. Bei "Loyalen" ist ein Freiraum zur Erhaltung und Steigerung der Motivation unverzichtbar. Bei extrinsisch motivierten Mitarbeitern, d.h. bei Einkommensmaximierern und Statusorientierten, aber auch bei den Formalisten, ist Autonomie hingegen ungeeignet, weil die Orientierung auf die Organisationsziele vernachlässigt wird.

Die diskutierten vier Formen der Leistungsmotivierung beeinflussen die verschiedenen Mitarbeiter-Typen in ungleicher Weise. Während bei Leistungslöhnen der Unterschied im wesentlichen zwischen den extrinsisch und den intrinsisch Motivierten lag, verlaufen bei Lob, Befehl, Partizipation und Autonomie die Trennungslinien völlig anders. So reagieren zum Beispiel bei Lob die extrinsisch motivierten Einkommensmaximierer wie auch die intrinsisch motivierten Selbstbestimmten negativ und reduzieren ihre Leistungsbereitschaft.

Die zu vermutenden Wirkungen der einzelnen Motivationsformen auf die Leistung der Mitarbeiter lassen sich nun zusammenfassen. Kasten 3-12 gibt eine entsprechende Übersicht.

Kasten 3-12:

Wie verschiedene Motivationsformen wirken

Motivationsform	Dominanter Einfluss auf die Leistung: Verdrängt	Dominanter Einfluss auf die Leistung: Verstärkt
(A) Lob	• Einkommensmaximierer • Selbstbestimmte	• Statusorientierte • Loyale
(B) Befehl	• Einkommensmaximierer • Statusorientierte • Loyale • Selbstbestimmte	• Formalisten
(C) Partizipation	• Einkommensmaximierer	• Selbstbestimmte
(D) Autonomie	• Einkommensmaximierer • Statusorientierte	• Loyale

7. Ausblick

Ein variabler Leistungslohn oder pay for performance *kann* die Leistung der Mitarbeitenden steigern – aber dies ist nur unter *sehr eingeschränkten Bedingungen* der Fall. Insbesondere sind zwei Voraussetzungen wichtig:

1. Die betreffende Tätigkeit muss einfach und damit leicht messbar sein. Wird die von einem Mitarbeiter oder einer Mitarbeiterin erbrachte Leistung unrichtig erfasst oder zugeordnet, werden die Anreize verzerrt. Die erbrachte Tätigkeit ist dann für die Unternehmung von niedrigerem Wert oder kann ihr sogar schaden.

2. Die Mitarbeitenden müssen eine Motivation aufweisen, bei der extrinsische Anreize auch tatsächlich zu höherer Leistung veranlassen. Diese Voraussetzung ist bei Personen, die ausschliesslich oder zumindest hauptsächlich Wert auf monetäres Einkommen und möglicherweise sozialen Status legen, gegeben. Bei Personen mit einer anderen Motivationsstruktur, insbesondere jenen, die Loyalität zu "ihrer" Unternehmung verspüren, denen korrekte Verfahren wichtig sind, oder die sich in

der verrichteten Arbeit auch selbst erfüllen möchten, tendiert eine variable Leistungsentlohnung die intrinsische Motivation zu untergraben. Damit entfällt eine wichtige Grundlage für eine hohe Produktivität insbesondere bei komplexen Tätigkeiten. Mitdenken und Engagement sind gerade in einer modernen, wissensorientierten Wirtschaft unentbehrlich. Ihr Ausmass lässt sich aber nicht direkt messen, so dass auf eine entsprechende intrinsische Motivation bei den Mitarbeitenden vertraut werden muss.

Damit stellt sich für das Management die Aufgabe, die geigneten Typen von Personen als Mitarbeitende zu gewinnen. "Managing Motivation" bedeutet somit nicht nur, bei den gegenwärtig Beschäftigten die geeignete Kombination von extrinsischer und intrinsischer Motivation herbeizuführen, sondern auch die für die Aufgaben einer Unternehmung geeigneten Menschentypen *auszuwählen*. Diese Aufgabe ist nicht einfach, denn die verschiedenen Typen sind nur schwierig zu erkennen. Überdies können die Betreffenden aus strategischen Gründen versuchen, sich als anderer Menschentyp auszugeben, um damit bessere Einstellungsbedingungen zu erhalten. So kann zum Beispiel ein durchaus zu Loyalität fähiger Stellenbewerber versucht sein, sich als Einkommensmaximierer zu präsentieren, damit er ein höheres Lohnangebot erhält. Das Management hat allerdings eine ganze Reihe von Möglichkeiten zur Verfügung, derartige Verstellungen zu durchschauen. Dazu zählen nicht nur die Assessment Center, sondern vielleicht noch mehr die im Laufe der Zeit gewonnene Erfahrung beim Umgang mit den Mitarbeitenden.

Aus der Diskussion ist deutlich geworden: Das Management sollte sich davor hüten, ausschliesslich oder auch nur hauptsächlich die Entlohnung als Leistungsanreiz zu verwenden. Selbstverständlich sind Marktlöhne zu bezahlen, weil ansonsten keine geeigneten Personen zur Mitarbeit zu gewinnen sind. Die Entlohnung muss sich aber keineswegs in pay for performance erschöpfen, wie dies heute oft den Anschein macht. Vielmehr gehört es zu den wichtigsten Aufgaben des Managements, auch Lob, Befehl, Partizipation und Autonomie geeignet einzusetzen. Dabei ist jeweils die Wirkung sowohl auf die extrinsische als auch auf die intrinsische Motivation zu bedenken.

8. Literaturhinweise

Den Stand der wirtschaftswissenschaftlichen Theorie der Firma und der Prinzipal-Agenten-Theorie geben hervorragend wieder

Gibbons, R. (1998): Incentives in Organizations, in: Journal of Economic Perspectives 12, S. 115-132.

Prendergast, C. (1999): The Provision of Incentives in Firms, in: Journal of Economic Literature 37 (1), S. 7-63.

Der empirische Zusammenhang zwischen Leistungslöhnen und Firmenerfolg wird aufgearbeitet in

Murphy, K. J. (1999): Executive Compensation, in: Ashenfelter, O./Card, D. (Hrsg.): Handbook of Labor Economics, Vol 3, Amsterdam, S. 2485-2563.

Osterloh, M. (1999): Wertorientierte Unternehmensführung und Management-Anreizsysteme, in: Kumar, B. N./Osterloh, M./Schreyögg, G. (Hrsg.): Unternehmensethik und die Transformation des Wettbewerbs, Stuttgart, S. 183-204.

Backes-Gellner, U./Geil, L. (1997): Managervergütung und Unternehmenserfolg - Stand der theoretischen und empirischen Forschung, in: WISU, Vol. 5, S. 468-475.

Nützlich und sehr informativ sind auch zwei Beiträge im Economist

The Economist. „A Survey of Pay: The Best ... and the Rest". 8. Mai 1999.

The Economist. „The Trouble With Share Options". 7. August 1999.

Die mehrfach erwähnte Studie über das Lohnsystem bei Safelite stammt von

Lazear, E. P. (1999): Personell Economics: Past Lessons and Future Directions, in: Journal of Labor Economics 17, S. 199-236.

Die Wirkung einer Zuordnung von Verantwortung im Bereich der Luftfahrtindustrie wird untersucht bei

Austin, R. D./Hoffer Gittell, J. (1999): Anomalies of High Performance: Reframing Economic and Organizational Theories of Performance Measurement, Harvard Business School, Harvard University.

Wie unterschiedliche Formen der Überwachung von Managern deren Leistungsbereitschaft beeinflusst wird ökonometrisch analysiert bei

Barkema, H. G. (1995): Do Executives Work Harder When They Are Monitored?, in: Kyklos 48, S. 19-42.

Viertes Kapitel

MATTHIAS BENZ, MARCEL KUCHER UND ALOIS STUTZER

Aktienoptionen für Topmanager - Die Möglichkeiten und Grenzen eines Motivationsinstruments

KAPITELZUSAMMENFASSUNG

Das ausschliessliche Abstellen auf extrinsische Motivationsanreize ist problematisch und zeitigt nicht beabsichtigte Folgen. Dies wird in diesem Kapitel anhand von Aktienoptionen für Topmanager gezeigt. Der heute weit verbreitete Einsatz von Aktienoptionen beruht auf der Idee, dass diese das Interesse und die Tätigkeit der Manager auf die Steigerung des Unternehmenswertes lenken. Dieser Zusammenhang konnte bisher jedoch nicht nachgewiesen werden. In unserer empirischen Untersuchung stellen wir ausserdem fest, dass Aktienoptionen unbeabsichtigte negative Wirkungen haben. Sie ermöglichen es Topmanagern, sich auf Kosten der Eigentümer hohe Einkommen anzueignen, wenn sie nicht ausreichend kontrolliert werden. Durch den Einsatz von Aktienoptionen wird eigennütziges Verhalten ermöglicht und gefördert. Die komplexe Aufgabe der Managermotivation darf deshalb nicht auf einfache extrinsische Anreize reduziert werden. Im Gegenteil sollte der Blick für alternative Motivationsinstrumente wieder geöffnet werden.

Manager sind durch externe Anreize zu motivieren. Diese Sicht dominiert die gegenwärtige Diskussion um die Managermotivation. Sie ist eng verknüpft mit der Empfehlung, Leistungslöhne zunehmend in Form von Aktienoptionen zu bezahlen. Die meisten Unternehmensberater und Wirtschaftswissenschaftler teilen die Ansicht, dass mittels dieses Motivationsinstrumentes die Interessen der Manager auf den Unternehmenswert gelenkt werden können.

In diesem Kapitel möchten wir aufzeigen, dass Aktienoptionen diese hohen Erwartungen nicht erfüllen können. Im Gegenteil: sie haben nicht beabsichtigte Nebenwirkungen. Anhand einer Untersuchung über die 500 grössten amerikanischen Unternehmungen zeigen wir, dass Aktienoptionen es Topmanagern ermöglichen, sich hohe Einkommen anzueignen. Dies ist umso eher der Fall, je weniger Kontrolle sich Topmanager gegenüber sehen. Beispielsweise führen personelle Verflechtungen zwischen Verwaltungsrat und Management dazu, dass Topmanager Entlohnungsentscheide einfacher zu ihren Gunsten beeinflussen können.

Die Untersuchung stellt damit die Entlohnung von Topmanagern ins Zentrum, welche heute einen wichtigen Stellenwert in der Diskussion um Leistungsentlohnung einnimmt. Die präsentierten Resultate sind jedoch nur bedingt auf tiefere Managementstufen übertragbar. Nur Topmanager haben in der Regel Möglichkeiten, den Entlohnungsprozess zu ihren Gunsten zu beeinflussen. Wir zeigen, dass die dysfunktionale Wirkung von Aktienoptionen umso grösser ist, je ausgeprägter diese Möglichkeiten sind. Es wird auch nicht davon ausgegangen, dass Topmanager ausschliesslich extrinsisch motiviert sind. Ohne Zweifel besitzen sie eine signifikante intrinsische Arbeitsmotivation. Durch den zunehmenden Einsatz von Aktienoptionen ist jedoch die Beziehung zwischen der Unternehmung und den Managern stark auf den monetären Aspekt festgelegt worden. Dies hat eigennütziges Verhalten verstärkt ermöglicht und wohl auch gefördert.

1. Externe Anreize und Managermotivation

Die Motivation von Managern ist eine herausfordernde Aufgabe. Wie ist Unternehmergeist oder zumindest ein Verhalten im Sinne der Unternehmung zu erreichen, wenn doch selten der Manager auch gleich klassischer Unternehmer ist?

Zur Analyse dieser Frage betont die ökonomische Theorie die Unterscheidung von Eigentum in der Hand der Aktionäre (Prinzipale) einerseits und der Unternehmensleitung durch die Manager (Agenten) andererseits. Der Ansatz der Prinzipal-Agenten-Theorie ist ausführlich in Kasten 3-1 des dritten Kapitels dargestellt. Die Auslegung deutet an, dass sich die Interessen der beiden Parteien meist *nicht* entsprechen. Die Eigentümer oder Aktionäre interessiert primär ein hoher Unternehmenswert, wohingegen die Manager häufig ihren eigenen Interessen folgen, die dagegen laufen können. Beispielsweise ist ein grosser Konzern in prestigeträchtigen Bereichen nicht auch gleich eine erfolgreiche Unternehmung. Ebenso beschert das Verlangen nach Status durch Firmenübernahmen oder die Konstruktion eines Imperiums von Unternehmen den Aktionären meist tiefere Renditen. Der Gegensatz zwischen Eigentümern und Managern ist solange wenig problematisch, als der Prinzipal die Agenten auf einfache Weise beaufsichtigen kann. Falls die Aktionäre, wie bei Publikumsgesellschaften üblich, bloss einen sehr kleinen Anteil der ausstehenden Aktien besitzen, haben sie jedoch wenig Möglichkeiten und Anreize, die Manager von der Verfolgung ihrer eigenen Ziele abzuhalten. Die Prizipal-Agenten-Theorie schlägt zur Lösung dieses Kontroll- und Anreizproblems vor, die Manager möglichst in die Stellung der Eigentümer zu versetzen. Als Mittel dazu dient die Bezahlung von Topmanagern in Aktien und Aktienoptionen.

2. Struktur und Niveau der Managerlöhne

Die meisten Unternehmensberater und Wirtschaftswissenschaftler empfehlen, die Interessen der Manager mittels Aktienoptionen auf den Unternehmenswert zu lenken. Mit dieser Empfehlung wird eine Einkommensentwicklung verteidigt, die zahlreiche Topmanager zu Topverdienern werden liess. Einige Beispiele werden in Tabelle 3-3 des dritten Kapitels aufgeführt. Die Aktienoptionen sind massgeblich für die gewaltigen Einkommenssteigerungen der Manager in den letzten Jahren und für die zunehmenden Einkommensunterschiede zwischen Managern und durchschnittlichen Angestellten verantwortlich (vgl. Kapitel 3). Kasten 4-1 gibt die Steigerungen bei einer durchschnittlichen Firma für einige wichtige Industrieländer und für verschiedene Jahre wieder. Daraus wird deutlich, dass die Manager in den USA am stärksten von höheren Entschädigungen profitierten.

Kasten 4-1:

Entwicklung der Gesamtentschädigung von Topmanagern in fünf OECD Ländern 1984-1996

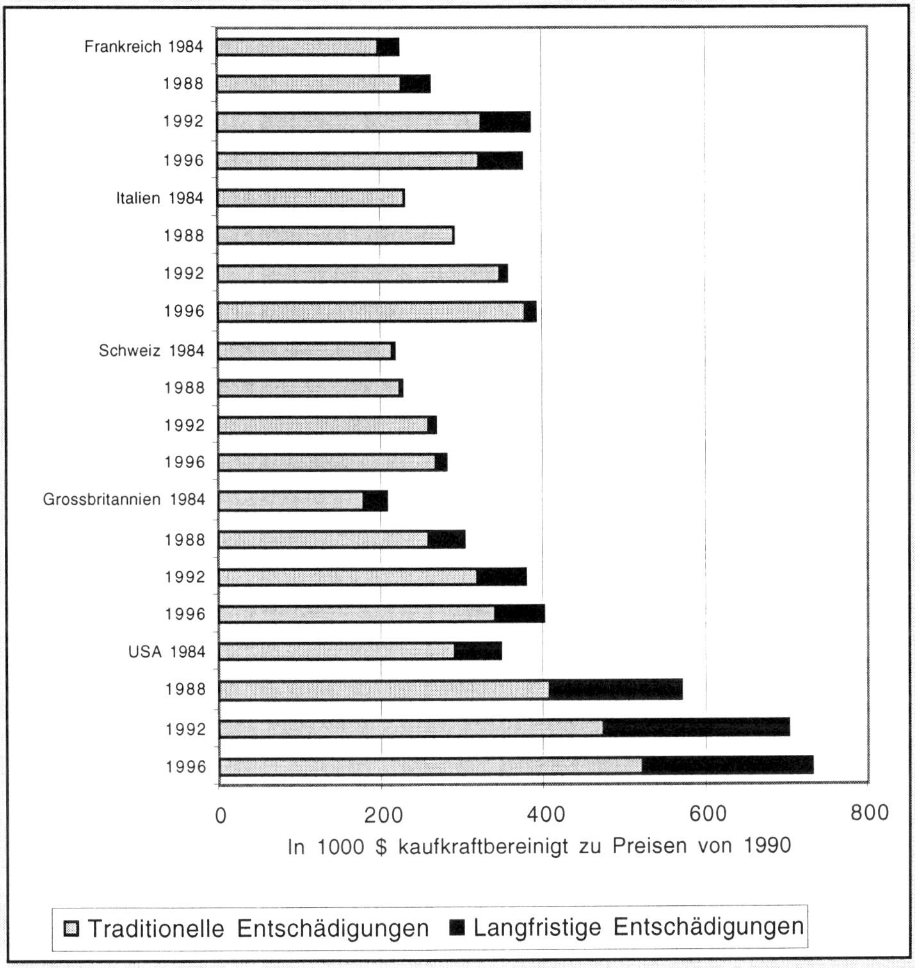

Quelle: Abowd, J. M./Kaplan, D. S. (1999): Executive Compensation: Six Questions That Need Answering, in: Journal of Economic Perspectives 13 (4), S. 145-168.

Die Managerlöhne oder -entschädigungen bestehen neben Aktienoptionen aus mehreren zusätzlichen Komponenten. Gewöhnlich werden Grundsalär, jährlicher Bonus, weitere Leistungen (benefits) und langfristige Entschädigungen unterschieden, wobei letztere insbesondere Aktienoptionen, gesperrte Aktien und Aktienpläne umfassen. Das Salär ist dabei definiert als Geldkompensation, die zu Beginn eines jährlichen Lohnzyklus bestimmt wird. Der in Geld ausgeschüttete Bonus ist abhängig vom Leistungsausweis eines Jahres, wobei meist der buchhalterische Erfolg berücksichtigt wird. Er wird am Ende des Lohnzyklus festgelegt. Die Benefits entsprechen den Kosten der Firma für Pensionspläne, Krankenversicherungsprämien und andere Leistungen. Wie die langfristigen Entschädigungen werden die Benefits meist als annualisierte Gegenwartswerte in die Berechnungen der Gesamtentschädigung einbezogen.

In Kasten 4-2 werden einige stilisierte Fakten zur Topmanager-Entschädigung wiedergegeben. Sie stützen sich auf die Vereinigten Staaten, haben jedoch auch für andere Industrieländer weitgehende Gültigkeit.

Kasten 4-2:

Struktur und Niveau amerikanischer Managerlöhne

- Die Lohnniveaus der CEOs variieren zwischen Industrien. Topmanager im Bereich der Finanzdienstleistungen verdienen mehr als jene in der verarbeitenden Industrie und noch mehr als jene in Versorgungsunternehmen.
- Die Entschädigungen der Topmanager sind in den 90er Jahren markant gestiegen. Das Median-Lohnniveau (zu Preisen von 1996) eines CEOs in der verarbeitenden Industrie stieg beispielsweise um 55% von 2 Millionen Dollar 1992 auf beinahe 3,2 Mil. $ 1996.
- Der Anstieg in der Bezahlung ist grösstenteils auf die Zunahme der ausgegebenen Aktienoptionen zurückzuführen (wobei deren Wert am Tag der Ausgabe gemessen wird). Die Beratungsfirma Pearl Meyer & Partners berechnete, dass die 200 grössten amerikanischen Firmen Ende 1998 Aktien und Aktienoptionen in Anreizverträgen zugesprochen hatten, die sich auf 13,2% des Aktienkapitals dieser Firmen beliefen.
- Die Bezahlung von CEOs steigt mit der Firmengrösse.
- Amerikanische CEOs verdienen mehr als ihresgleichen im Ausland und sie erhalten einen grösseren Teil ihrer Bezahlung in Form von Aktienoptionen.

Augenscheinlich ist die grosse Bedeutung von Aktienoptionen sowohl für die Lohn*struktur* im Sinne der variablen Entlohnung als auch für das hohe Entschädigungs*niveau*. Können diese Beobachtungen als Durchbruch der Aktionärsinteressen interpretiert werden? Führen die Aktienoptionen zu einer erfolgreicheren Geschäftstätigkeit?

3. Beziehungen zwischen Managerentschädigung und Unternehmenserfolg

Basierend auf der oben genannten Prinzipal-Agenten-Theorie wurden für die oberste Führungsebene in einer Vielzahl von Untersuchungen die Auswirkungen von Aktien- und Aktienoptionsplänen auf den Firmenerfolg analysiert. Literaturhinweise dazu finden sich am Ende des Kapitels. Dabei konzentriert sich das Interesse auf den Zusammenhang zwischen der Höhe der Managerentlohnung und der Rendite für die Aktionäre. Erste Untersuchungen stellten einen schwachen Zusammenhang fest. Ein Anstieg des Aktionärsvermögens um 1000 $ erhöhte im Jahre 1987 das Vermögen des CEOs um lediglich 3,25 $. Die Autoren folgern, dass die Lohnpolitik den CEOs zu geringe Anreize setzte, als dass sie mit der Agententheorie vereinbar wäre. Tatsächlich kann das Resultat auf die geringen Aktienbeteiligungen des CEOs zum Zeitpunkt der Studie zurückgeführt werden. In den 90er Jahren hat sich dies stark geändert. Eine Berechnung für 1994 findet dann auch einen weit grösseren Wert: 1000 $ zusätzliches Aktionärsvermögen sind mit einer Steigerung des Vermögens eines durchschnittlichen CEOs von 25,11 $ verbunden.

Neben diesen auf die Gesamtentschädigung gerichteten Untersuchungen haben zahlreiche Forscher gezielt die Wirkungen von Aktienoptionen auf die Aktienrendite analysiert. Einige von ihnen haben positive Zusammenhänge zwischen besonderen finanziellen Anreizen und Aktienrenditen gefunden.

Keine dieser Studien liefert jedoch Hinweise auf die effektive Wirkung von Aktienoptionen. Selbst wenn der positive Zusammenhang zwischen Aktienoptionen und Unternehmenswert den Tatsachen entspricht, so bleibt unklar, in welche Richtung er interpretiert werden muss. Bieten Aktienoptionen tatsächlich stärkere Leistungsanreize, die sich in höheren Umsatz- und Aktienrenditen respektive in zusätzlichem Aktionärsvermögen niederschlagen? Oder bedeutet der Zusammenhang ganz einfach nur, dass erfolgreiche Firmen ihren Topmanagern höhere Entschädigungen zahlen? Zahlreiche Hinweise sprechen für letztere Interpretation.

Die Kursgewinne einer Unternehmung, welche sich für die Topmanager in einem höheren Wert ihrer Aktienoptionen niederschlagen, sind oft mehr durch äussere Umstände verursacht als durch die Unternehmensleitung. So hat das Wirtschaftswachstum in den USA in den 90er-Jahren massgeblich zum Börsenboom beigetragen. Firmen versuchen zudem selbst ihren Aktienkurs zu beeinflussen. Beispielsweise kaufen Unternehmensleitungen, welche viele Aktienoptionen besitzen, die Aktien der eigenen Firma zurück, wenn die Titel Anzeichen von Schwäche aufweisen. Im weiteren kann sich der Zusammenhang zwischen Börsenerfolg und dem Wert der Aktienoptionen aus einer sich selbst erfüllenden Prophezeiung ergeben. Finanzanalysten berücksichtigen nämlich gemäss einer grossangelegten Umfrage von Pearl Meyer & Partners bei ihren Analysen die Art der Entschädigungen des Topmanagments und bewerten Aktienoptionspläne positiv in ihren Empfehlungen an die Anleger. Das Verhalten der Anleger führt auch zu einem positiven Zusammenhang zwischen Entschädigungshöhe und Unternehmenswert, wenn die Einführung eines Optionsplans als positives Signal gewertet wird, das vom Management erkannte günstige Aussichten widerspiegelt. Schliesslich können die Aktienkurse auch steigen, weil die Dividenden gekürzt werden. So hat sich gezeigt, dass Unternehmen um so tiefere Dividenden ausschütten, je bedeutender der Anteil der Aktienoptionen an der Gesamtentschädigung der Manager ist (Lambert, Lanen and Larcker 1989).

Wie die bisherigen Ausführungen zeigen, lässt sich mit Hilfe von Kapitalmarktdaten schwierig nachweisen, ob Aktienoptionen wirkungsvolle Anreize setzen oder ob sie in ihrer Wirkung versagen. Es gibt jedoch gewichtige zusätzliche Argumente, welche gegen starke Anreizeffekte sprechen. Am wichtigsten ist wohl die Feststellung, dass das Ergebnis, d.h. ein sich ändernder Unternehmenswert, nicht einzelnen Managern zurechenbar ist. Das Unternehmensergebnis wird meist von einer grossen Anzahl Leistungsträger gemeinsam erreicht. Gemäss den Annahmen der Prinzipal-Agenten-Theorie, auf denen der Vorschlag der Aktienoptionen beruht, besteht für den einzelnen Manager gerade in dieser Situation ein Anreiz, sich bis zu einem gewissen Grad als Trittbrettfahrer zu verhalten. Beispielsweise kann er sich weniger anstrengen, sein Erfahrungswissen anderen Teammitgliedern zu vermitteln. Es bestehen also berechtigte Zweifel, ob Aktienoptionen bei dem eben beschriebenen Trittbrettfahrer-Problem überhaupt Anreize vermitteln. Zusätzlich können Manager die Anreizwirkung der Aktienoptionen unterlaufen. Mit einer geeigneten Absicherungsstrategie ist es ihnen möglich, sich weitgehend vom Firmenrisiko zu befreien. So werden in den Vereinigten Staaten heute bereits umfangreich derivative Finanzinstrumente eingesetzt, um sich gegen schlechte Nachrichten aus der eigenen Firma abzusichern.

Die bisherigen Argumente relativieren die disziplinierende Wirkung von Aktienoptionsplänen auf die Manager und zeigen, auf welch dünner empirischer Grundlage die Rechtfertigung von auf Aktienoptionen basierenden Anreizmechanismen fusst. Kevin

J. Murphy, der führende Ökonom auf dem Gebiet der Managerentschädigung und Verfechter anreizorientierter Instrumente, bemerkt entsprechend:

„Obwohl es reichlich Evidenz gibt, dass CEOs (und andere Angestellte) voraussagbar auf dysfunktionale Entschädigungsvereinbarungen reagieren, ist es schwieriger zu dokumentieren, dass der Anstieg aktienbasierter Anreize die CEOs dazu veranlasst hat, härter, rascher und mehr im Interesse der Aktionäre zu arbeiten."(Murphy 1999, S. 2555)

Es stellt sich deshalb die Frage, warum Aktienoptionen trotzdem eine solch grosse Bedeutung erlangt haben.

4. Das Interesse der Manager an Aktienoptionen

Aktienoptionen haben in den letzten Jahren deshalb eine solch grosse Bedeutung erlangt, weil *sie im Interesse der Topmanager liegen.* Manager wählen eine stärkere Entlohnung mittels Aktienoptionen, wenn Ihnen die Möglichkeit dazu offensteht. Dies widerspiegelt ein natürliches Interesse der Unternehmensführer an einem höheren Lohn.

Diese Sicht steht in völligem Gegensatz zur Betrachtungsweise der Prinzipal-Agenten-Theorie. Diese sieht Aktienoptionen als ein Disziplinierungsinstrument, welches den Interessen des Managements entgegenläuft. Die Prinzipal-Agenten-Theorie nimmt dabei an, dass Manager sogenannt ‚risikoavers' sind, d.h., dass Manager unter sonst gleichen Bedingungen (insbesondere bei gleicher totaler Gehaltshöhe) ein fixes Gehalt vorziehen würden, weil sie dadurch weniger dem Risiko von Gehaltsschwankungen ausgesetzt sind. Demnach sind sie an einem möglichst tiefen Anteil von Aktienoptionen an ihrem Gesamtgehalt interessiert.

In der Realität der Unternehmensleitungen sind diese Bedingungen jedoch kaum je gegeben. Aktienoptionen sind selten ein Ersatz für einen bestimmten Anteil des Grundgehaltes von Managern, sondern in der Regel ein Zuschlag auf das bisherige Grundgehalt. Durch die Einführung von Aktienoptionen können Topmanager daher in den meisten Fällen nur gewinnen. Die eingangs dargestellten enormen Gehaltszuwächse von Managern in den USA sind denn auch grossteils auf die Zuschläge zurückzuführen, welche durch die Einführung von Aktienoptionen möglich wurden.

Selbst wenn die Börse einmal nicht mehr so boomen sollte wie in den letzten Jahren, stellt dies für Manager kaum ein erhöhtes Risiko dar. Sie können sich gegen allfällige Kursverluste oder Risikoklumpung bei ihren Optionen durch geeignete derivative Finanzinstrumente absichern (sog. ‚hedging'). In anderen Fällen nehmen die Firmen selbst eine Risikominimierung vor. Bei der oft praktizierten Preisanpassung von Aktienoptionen (‚repricing') wird im Nachhinein der Ausübungspreis der Optionen gesenkt, wenn der Aktienkurs hinter dem Ausübungspreis zurückbleibt. Dadurch wird aber gerade die Idee unterlaufen, Topmanager mittels Aktienoptionen in die Stellung der Eigentümer zu versetzen. Die renommierte Wirtschaftszeitung „The Economist" (7. August 1999, S. 20) kommentierte kürzlich: „[...] die Tatsache, dass Firmen ein ‚repricing' der Aktienoptionen ihrer Manager vornehmen, macht es unsinnig, die Bosse mit den Eigentümern zu vergleichen, welche ihr Verlustrisiko nicht so einfach abschreiben können."

Einen weiteren Hinweis auf die Vorteilhaftigkeit von Aktienoptionen für die Topmanager liefern die Lobbying-Aktivitäten von US-Firmen im Jahre 1995, mit denen sie die Einführung eines neuen Buchhaltungsstandards zu verhindern suchten. Im neuen Standard war vorgesehen, die Kosten von Optionsplänen den Gewinnen der Firmen gegenüberzustellen. Gegen diese Transparenz wehrten sich die Lobbyisten vehement und erfolgreich. Eine Studie von Smithers & Co. für das Jahr 1998 zeigt nämlich, dass die Firmengewinne im Schnitt um 50 % zu hoch ausgewiesen sind, wenn die eingegangenen Verpflichtungen aus Optionsplänen gegen die Gewinne aufgerechnet werden. Nach wie vor werden Aktienoptionen nicht in der Erfolgsrechnung ausgewiesen und machen es deshalb den Topmanagern einfacher, ohne Aufmerksamkeit zu erregen zusätzliches Einkommen zu erlangen. Aktienoptionen bieten schliesslich auch steuerliche Vorteile.

Die angeführten Gründe sprechen dafür, dass Manager ein Interesse an der Einführung von (zusätzlichen) Aktienoptionen haben. Es ist davon auszugehen, dass sie diese Interessen auch verfolgen, wenn sie darin nicht eingeschränkt werden.

Ist dies ein negatives Bild von Topmanagern? Nein, denn es wird lediglich davon ausgegangen, dass Topmanager lieber etwas mehr Lohn erhalten als etwas weniger. Diese Annahme dürfte für alle Angehörigen einer Firma gelten. Topmanager haben jedoch einen grösseren Spielraum als gewöhnliche Mitarbeitende, ihr Gehalt zu beeinflussen. Inwiefern sie diesen Spielraum ausnützen können, hängt entscheidend davon ab, welchen Einschränkungen sie sich als Manager gegenüber sehen.

5. Wer erhält wieviele Aktienoptionen? – Der Einfluss des Management-Umfeldes

Die wichtigsten Einschränkungen für Topmanager bestehen im Management-Umfeld. Damit wird dem Umstand Rechnung getragen, dass Unternehmensleitungen nicht isoliert handeln, sondern in ein vielschichtiges Umfeld eingebunden sind. Verschiedene institutionellen Rahmenbedingungen kontrollieren und restringieren das Verhalten von Managern. Wir konzentrieren uns hier auf drei zentrale Aspekte:

- den Verwaltungsrat als direkte Kontrollinstanz des Managements;
- das Aktionariat als erweiterte Kontrollinstanz des Managements;
- den Wettbewerbsdruck auf dem Absatzmarkt als Restriktion von seiten des Marktes.

5.1 Die Rolle des Verwaltungsrates

Der Verwaltungsrat kontrolliert in Vertretung der Aktionäre das Management und legt in der Regel auch seine Entlohnung fest.[1] Verschiedene Studien haben untersucht, wie

---

[1] Neben den Verwaltungsräten nehmen auch Entlöhnungsausschüsse (‚compensation commitees') diese Funktion wahr. Sie sind Ausschüsse des Verwaltungsrates, die nur aus externen Verwaltungsräten bestehen und Entlohnungsvorschläge machen, welche vom Gesamtverwaltungsrat genehmigt werden müssen. Bei der konkreten Festlegung der Managerentlohnung spielen aber oft auch sehr informelle Prozesse ein Rolle. Meist geben die Personalabteilungen Lohnempfehlungen zuhanden des Entschädigungsausschusses ab, die vorgehend zur Revision und Zustimmung dem Topmanagement unterbreitet werden. Im Zusammenspiel zwischen Topmanagement, Personalabteilung, Entschädigungsausschuss und Verwaltungsrat werden viele Kompromisse geschlossen und laufen Verhandlungen ab, die zu Entschädigungsplänen führen können, die im Interesse der Topmanager sind. Dies illustriert beispielsweise ein Interview mit dem Verwaltungsratspräsident der UBS, Alex Krauer, in der Neuen Zürcher Zeitung vom 15. April 2000. Seine Antwort auf die Frage „Wie werden Konzernleitung und Verwaltungsrat entlöhnt?" lautete: „Es ist ein Paket, das sich aus einem Drittel Aktien, gesperrt auf fünf Jahre, einem Drittel bar und einem Drittel Optionen, gesperrt auf drei Jahre, zusammensetzt. Ich bekomme Vorschläge vom Vorsitzenden der Konzernleitung. Die diskutieren wir im Compensation Committee, beschränkt auf die Unternehmensspitze. Der Ausschuss entscheidet auch für die Verwaltungsräte, wobei die Betroffenen in den Ausstand treten."

sich unterschiedliche Charakteristiken von Verwaltungsräten auf das Niveau und die Zusammensetzung der Managerentlohung auswirken. Eine neuere Studie wird in Kasten 4-3 vorgestellt.

Kasten 4-3:

Verwaltungsratsstrukturen und Managerentlohnung

Die Zusammensetzung des Verwaltungsrats beeinflusst das Niveau und die Zusammensetzung der Managerentlohnung beträchtlich. Strukturen der Unternehmenskontrolle („Corporate Governance"), welche den Spielraum der Manager wenig einschränken, führen zu signifikant höheren Managergehältern und zu einem höheren Anteil von leistungsbezogener Entlohnung. Dies ist der Fall, wenn der CEO gleichzeitig Verwaltungsratspräsident ist, je grösser der Verwaltungsrat ist, je mehr externe Direktoren vom CEO ernannt worden sind, und je mehr „graue Direktoren" im Verwaltungsrat sind (die selbst oder deren Arbeitgeber von der Firma Zahlungen erhalten, die über das Verwaltungsratshonorar hinaus gehen).

Quelle: Core, J. E. et al. (1999): Corporate governance, chief executive officer compensation, and firm performance, in: Journal of Financial Economics 51, S. 371-406.

Personelle Verflechtungen zwischen Management und Verwaltungsrat schwächen die Kontrollfunktion des Verwaltungsrates. Manager, die selbst im Verwaltungsrat ihrer Unternehmung sitzen, kontrollieren faktisch sich selbst. Dadurch erhalten sie mehr Möglichkeiten, Entscheide zu ihren Gunsten herbeizuführen. Dies führt zu folgender Hypothese.

Hypothese 1:

Der Wert der neu bezogenen Aktienoptionen von Topmanagern steigt an, wenn die Manager gleichzeitig im Verwaltungsrat ihrer Unternehmung sitzen.

5.2 Der Einfluss der Aktionärskonzentration

Welche Aktionariatsstruktur führt zur optimalen Kontrolle einer Unternehmensführung? Wenn die Aktien breit auf viele kleine Aktionäre verteilt sind, oder wenn im Gegenteil ein Grossaktionär die Mehrheit der Aktien auf sich vereinigt? Die neuere wissenschaftliche Literatur gibt dazu eine differenzierte Antwort. Weder das eine noch noch das andere ist optimal. Ein breit gestreutes Aktionariat (niedriger Konzentrationsgrad) kann eine effektive Kontrolle nicht gewährleisten, weil sich das Öffentlich-Gut-Problem stellt. Keiner der Kleinaktionäre hat einen genügend grossen Anreiz, zur Kontrolle beizutragen, und ihre Interessen lassen sich deshalb nur schwer organisieren und koordinieren. Dieses Problem stellt sich bei einem oder mehreren Grossaktionären (hoher Konzentrationsgrad) nicht; eine effektive Kontrolle lohnt sich für Grossaktionäre, da sie sich direkt in einer beträchtlichen Steigerung des Aktienwertes niederschlägt. Dieser Anreizeffekt wird jedoch überlagert von einem gegenläufigen „Verfilzungs"-Effekt. Grossaktionäre können mit dem Management zusammenspannen oder ihnen genehme Manager ernennen, um auf anderen Wegen als über den Aktienkurs Profit aus der Firma zu ziehen. Sie können beispielsweise veranlassen, dass beträchtliche Summen für ihnen wichtige Bereiche wie Sponsoring von Kultur oder Sport ausgegeben werden oder dass überhöhte Preise für Leistungen von anderen Firmen bezahlt werden, an denen sie ebenfalls beteiligt sind. Schliesslich wird ein Grossaktionär den von ihm ausgewählten Managern oft überhöhte Gehälter zugestehen, damit diese seine Vorstellungen auch umsetzen.

Ein steigender Konzentrationsgrad im Aktionariat wird also grundsätzlich die Kontrolle des Managements verbessern, da die Kontrollanreize für den einzelnen Aktionär ansteigen. Gleichzeitig wird allerdings auch der gegenläufige „Verfilzungs"-Effekt stärker werden, was zu einer Schwächung der Kontrolle führt. Ab einem gewissen Konzentrationsgrad wird dieser „Verfilzungs"-Effekt möglicherweise sogar überwiegen. Diese Überlegungen lassen sich bildlich zusammenfassen. (vgl. Abbildung 4-1).

Der Zusammenhang zwischen dem Konzentrationsgrad des Aktionariats und der Kontrolle des Managements

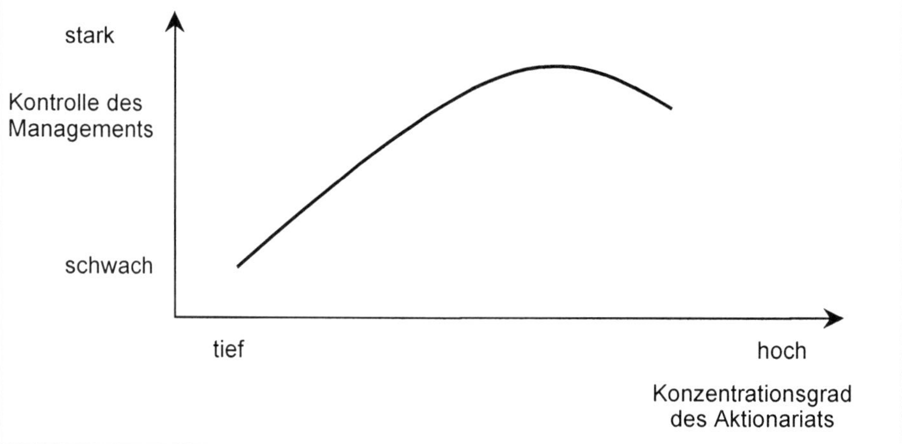

Abb. 4-1

Eine stärkere Kontrolle durch das Aktionariat führt dazu, dass Manager ihre Interessen weniger durchsetzen können. Dementsprechend wird der Wert der von den Topmanagern neu bezogenen Aktienoptionen abnehmen. In Abbildung 4-2 ist der Zusammenhang zwischen dem Konzentrationsgrad des Aktionariats und der Höhe der Aktienoptionen dargestellt (er ist genau umgekehrt wie jener in Abbildung 4-1).

Der Zusammenhang zwischen dem Konzentrationsgrad des Aktionariats und dem Wert der von Topmanagern neu bezogenen Aktienoptionen

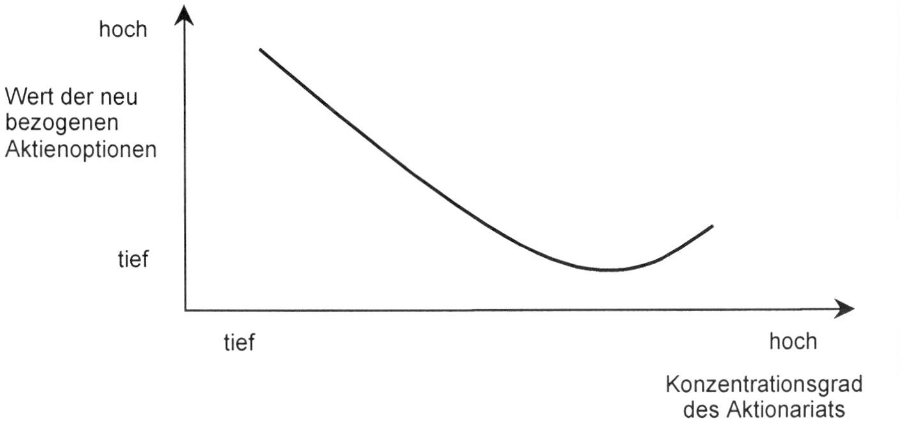

Abb. 4-2

Diese Überlegungen lassen sich wie folgt zusammenfassen:

> Hypothese 2:
>
> Je höher der Konzentrationsgrad des Aktionariats einer Unternehmung ist, desto weniger Aktienoptionen erhalten Topmanager ausbezahlt. Dies ändert sich möglicherweise ab einer gewissen Höhe des Konzentrationsgrades, wenn der „Verfilzungs"-Effekt überwiegt.

5.3 Der Wettbewerbsdruck auf dem Absatzmarkt

Der Einfluss des Marktumfeldes auf den Handlungsspielraum von Managern ist bisher kaum untersucht worden. Die Wettbewerbssituation auf dem Absatzmarkt der Unternehmung stellt aber zweifellos eine der stärksten Restriktionen des Managements dar. Ein harter Wettbewerbsdruck zwingt die Unternehmensleitung nicht nur dazu, die Wünsche der Konsumenten besser zu berücksichtigen, sondern veranlasst sie auch zu kosteneffizienter Produktion. Managements, die in starkem Konkurrenzkampf stehen, können sich die Verfolgung ihrer Eigeninteressen weniger leisten als solche in einer

Monopolsituation. Es ist deshalb zu erwarten, dass Manager in Firmen unter hohem Wettbewerbsdruck weniger Aktienoptionen erhalten, da sonst die Wettbewerbsfähigkeit der Unternehmung vermindert würde.

Allerdings dürfte auch hier ein gegenläufiger Effekt den Zusammenhang abschwächen. Firmen in Märkten mit hohem Wettbewerbsdruck sind auf talentierte Manager angewiesen, da nur sie in einer komplexen und herausfordernden Umgebung den Erfolg sicherstellen können. Überdurchschnittlichen Managern muss jedoch mehr bezahlt werden. Welcher dieser beiden Effekte dominiert, lässt sich theoretisch nur schwer bestimmen. Wir gehen davon aus, dass die restriktive Wirkung des Wettbewerbsdrucks von grösserer Bedeutung ist.

Aus diesen Überlegungen folgen dieselben graphischen Zusammenhänge, wie sie für den Konzentrationsgrad des Aktionariats in Abbildung 4-1 und Abbildung 4-2 dargestellt wurden. Abbildung 4-3 zeigt, wie sich ein stärkerer Wettbewerbsdruck auf dem Absatzmarkt einer Unternehmung auf den Wert der von den Topmanagern bezogenen Aktienoptionen auswirkt.

Der Zusammenhang zwischen dem Wettbewerbsdruck auf dem Absatzmarkt und dem Wert der von Topmanagern neu bezogenen Aktienoptionen

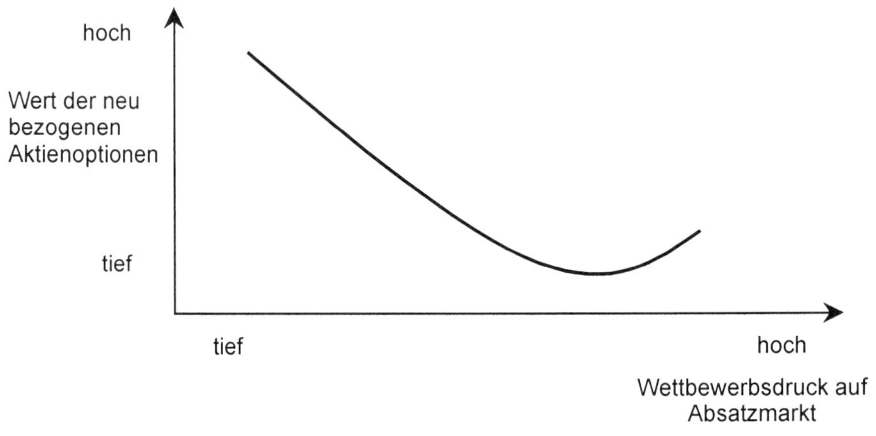

Abb. 4-3

Zusammenfassend lässt sich folgende Hypothese formulieren.

Hypothese 3:

Je grösser der Wettbewerbsdruck (oder je niedriger die Marktkonzentration) auf dem Absatzmarkt einer Unternehmung ist, desto weniger erhalten Topmanager an Aktienoptionen. Dieser Zusammenhang schwächt sich jedoch bei steigendem Wettbewerbsdruck ab, weil dann qualifizierte, gutbezahlte Manager für eine Unternehmung immer wichtiger werden.

Damit sind drei Hypothesen präsentiert worden, wie sich das Management-Umfeld auf die Entlohnung von Topmanagern auswirkt. Der Einsatz von Aktienoptionen ist dort vermehrt zu erwarten, wo das Umfeld (Verwaltungsrat, Aktionariat, Absatzmarkt) die Topmanager nur schwach einschränkt. Halten diese drei Hypothesen den Tatsachen stand?

6. Ein konkreter Test: Die S&P-500 Topmanager

6.1 Deskriptive Analyse

Die empirische Überprüfung der aufgestellten Hypothesen basiert auf dem von Standard & Poors (S&P) zusammengestellten Datensatz „Executive Compensation". Es ist dies derselbe Datensatz, der den meisten wissenschaftlichen Untersuchungen von Managerlöhnen zugrunde liegt. „Executive Compensation" umfasst detaillierte Informationen bezüglich der Höhe und Zusammensetzung der Vergütungen von Topmanagern der im S&P-500 Index zusammengefassten 500 US Blue Chips. Hinzu kommen Informationen über die Funktion der Manager sowie einige Informationen über die Firmen. Da für unsere Fragestellung vor allem die *institutionellen Rahmenbedingungen* sowie die Performance der Unternehmen von Interesse sind, haben wir die in „Executive Compensation" enthaltenen Informationen um Firmeninformationen aus Standard & Poors „Compustat", sowie um Marktkonzentrationsraten des statistischen Amtes der USA ergänzt.

Aktienoptionen haben vor allem in den letzten Jahren massiv an Bedeutung gewonnen; die Analysen beruhen daher auf den neuesten verfügbaren Daten der Jahre 1992 bis 1997.

Die in der Untersuchung berücksichtigten US Blue Chips werden von S&P nach Marktkapitalisierung, Liquidität und Branche zusammengestellt und geben daher einen guten Überblick über die US Wirtschaft. Im Normalfall findet von diesen Firmen nur die engere Geschäftsleitung Aufnahme in den „Executive Compensation" Datensatz. Im Schnitt umfasst diese fünf Manager, so dass sich für die untersuchte Zeitspanne von sechs Jahren theoretisch rund 15'000 Beobachtungen ergeben. Leider fehlen jedoch von vielen Managern wichtige Informationen, so dass sich rund 10'200 Beobachtungen auswerten lassen.

Im Mittelpunkt dieser Arbeit stehen die Vergütungen mittels Aktienoptionen. Die 3046 Manager im Datensatz erhielten im Schnitt Aktienoptionen im Wert von 1,3 Mio. US-Dollar pro Jahr (bewertet nach der Black-Scholes Methode). Die höchste Summe ging an Henry R. Silverman von Cendant Corporation (Avis, Days Inn, Ramada); er erhielt 1997 Aktienoptionen im Wert von fast 257 Mio. US-Dollar.

Bemerkenswert ist, dass die absolute Höhe der ausbezahlten Optionen von rund 750'000 US-Dollar für 1992 auf über 2,3 Millionen Dollar im Jahr 1997 anstieg, wie aus untenstehender Abbildung 4-4 hervorgeht.

Im Schnitt machen Aktienoptionen rund 41,0 Prozent des Gesamteinkommens der betrachteten Manager aus, wobei dieser Anteil von 35,8 Prozent im Jahre 1992 kontinuierlich auf 49,0 Prozent im Jahre 1997 anstieg. Daneben entfielen 1997 knapp 24 Prozent auf das Grundgehalt. Die darauffolgende Abbildung 4-5 zeigt die Gewichtung der weiteren Gehaltskomponenten, wobei neben den Aktienoptionen und dem Grundgehalt insbesondere die (leistungsabhängigen) Boni ins Gewicht fallen.

Entwicklung der absoluten Höhe der ausbezahlten Optionen (in US$)

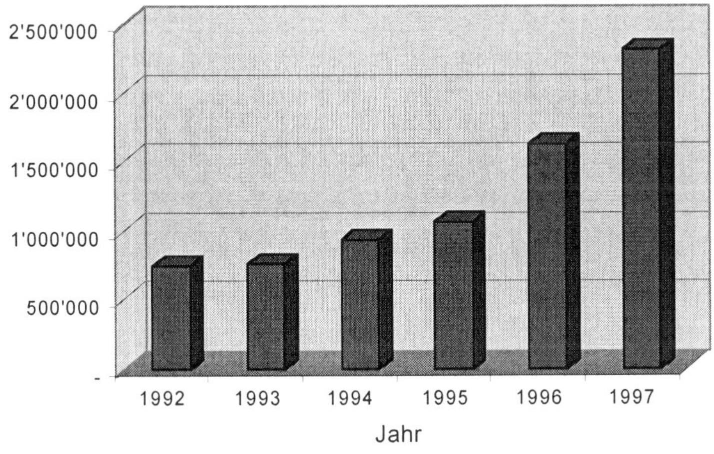

Quelle: Standard & Poors Executive Compensation

Abb. 4-4

Wie im vorhergehenden Abschnitt dargelegt wurde, führen wir die teilweise ausserordentlich hohen Optionsbezüge vor allem auf die mangelnde Kontrolle des Managements und damit auf die institutionellen Rahmenbedingungen zurück. Drei Arten von Restriktionen für das Management stehen in der empirischen Untersuchung im Mittelpunkt: Erstens die personellen Verflechtungen zwischen Verwaltungsrat und Management (Hypothese 1). Zweitens der unterschiedliche Einfluss der Aktionäre aufgrund unterschiedlicher Eigentumsverhältnisse (Hypothese 2) und schliesslich die unterschiedlich harten Restriktionen von seiten des Marktes aufgrund unterschiedlicher Wettbewerbsverhältnisse (Hypothese 3).

Anteile der einzelnen Gehaltskomponenten (1997)

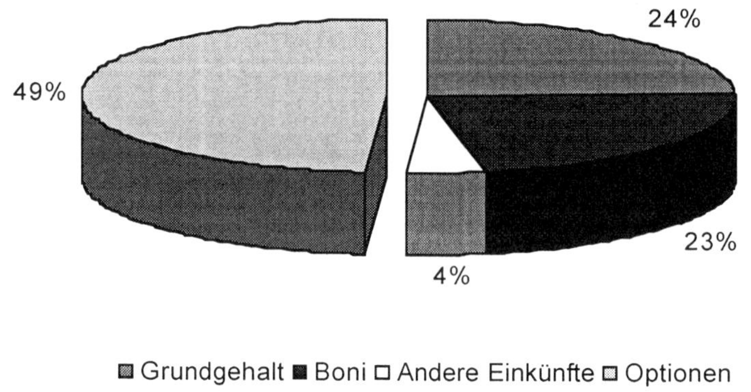

Quelle: Standard & Poors Executive Compensation

Abb. 4-5

Wenn das Management einer Firma stark im *Verwaltungsrat* vertreten ist, so schwächt dies die Kontrollfunktion des Verwaltungsrates. Dies gilt insbesondere für diejenigen Manager, die selbst im Verwaltungsrat sitzen und sich damit faktisch selbst kontrollieren. Von den Managern in „Executive Compensation" sind rund 36 Prozent auch Mitglieder des Verwaltungsrates. Für sie erwarten wir entsprechend höhere Anteile an Optionen und damit höhere Löhne insgesamt. Tatsächlich verdienen Manager, die auch Mitglied im Verwaltungsrat sind, im Schnitt rund 3,85 Millionen US-Dollar, während Nichtverwaltungsratmitglieder im Schnitt „nur" auf 1,48 Millionen Jahresgehalt kommen. Allerdings könnte dieser Unterschied auch auf andere Faktoren zurückgeführt werden. So ist es vorstellbar, dass besonders erfolgreiche Manager eher in den Verwaltungsrat gewählt werden und daher mehr verdienen. Fundierte Aussagen lassen sich daher nur mittels einer statistischen Analyse machen, die den Einfluss anderer Komponenten auf den Lohn der Manager herausfiltert und nur noch den *zusätzlichen* Einfluss, den eine Mitgliedschaft im Verwaltungsrat auf den Lohn hat, wiedergibt. Eine derartige Analyse wird im nächsten Abschnitt durchgeführt.

Die unterschiedlichen *Eigentumsverhältnisse* spiegeln sich im Anteil der Aktien, die ein durchschnittlicher Aktionär besitzt. Erhöht sich dieser Anteil (und damit die Aktionärskonzentration), so ist es für den einzelnen Aktionär lohnender, sich für seine Interessen (und die der anderen Aktionäre) einzusetzen. Entsprechend sinkt der Spielraum für das Management und Aktienoptionen sollten ein geringeres Gewicht erhalten. Bei den hier untersuchten Firmen hält ein durchschnittlicher Aktionär etwa 0.001 Promille der Aktien. Von 1992 bis 1997 hat sich das Gewicht eines durchschnittlichen Aktionärs stark reduziert, ging doch der Anteil, den ein Aktionär im Schnitt besitzt, von 0.004 auf 0.0001 Promille zurück. Diese Erhöhung des Spielraums des Managements sollte gemäss Hypothese 2 zu einer Ausweitung des in Aktienoptionen ausbezahlten Einkommens führen. Auch diese Hypothese lässt sich oberflächlich in dem Sinne bestätigen, dass, wie oben ausgeführt wurde, über den Beobachtungszeitraum von sechs Jahren das in Aktienoptionen ausbezahlte Einkommen massiv zugenommen hat. Selbstverständlich lassen sich auch hierfür eine Reihe von anderen Gründen angeben, so dass nur eine detaillierte statistische Analyse, wie sie im nächsten Abschnitt durchgeführt wird, den Sachverhalt zu klären vermag.

Die *Wettbewerbsverhältnisse* in den unterschiedlichen Branchen werden regelmässig vom statistischen Amt der Vereinigten Staaten erhoben (http://www.census.gov). Dabei bildet die sogenannte „Konzentrationsrate 4“ (KR4), d.h. der Anteil der vier grössten Unternehmen am Gesamtumsatz der entsprechenden Branche, einen ersten Indikator für die Marktmacht eines Unternehmens. Die hier verwendeten Angaben zur KR4 beziehen sich auf das Niveau der vierstelligen Standard Industrial Classification (SIC) Branchenklassifizierung. Der durchschnittliche Marktanteil der vier grössten Unternehmen in den untersuchten Branchen beträgt rund 36 Prozent. Umfassende Untersuchungen der KR4 für alle Branchen werden nur relativ selten durchgeführt, weshalb sich die verwendeten Daten auf das Jahr 1992 beziehen. Da nur Daten für ein Jahr zur Verfügung stehen, können keine Trends über die Zeit ausgemacht werden. Eine hohe KR4 bedeutet geringen Wettbewerbsdruck und damit geringere marktseitige Restriktionen für Verwaltungsrat und Management; hohe Löhne haben damit weniger negative Konsequenzen, da sie einerseits einfacher auf die Konsumenten überwälzt werden können und andererseits überhaupt höhere Renditen erzielt werden, die (zumindest teilweise) an die Manager weitergegeben werden.

Neben den institutionellen Rahmenbedingungen spielen eine Vielzahl weiterer Faktoren eine Rolle für das Ausmass an Aktienoptionen bzw. für die Höhe des Gesamtgehaltes der Manager. Drei Arten von Kontrollvariablen werden unterschieden: (1) Persönliche Eigenschaften der Manager, (2) Grösse und Wachstum der Unternehmung sowie (3) finanzieller Erfolg der Unternehmung.

Persönliche Eigenschaften der Manager: „Executive Compensation“ bietet nur wenig Information über die Manager selbst. Immerhin sind zwei Faktoren, die Höhe der

Aktienoptionen möglicherweise beeinflussen, bekannt: Es sind dies die Frage, ob der Manager CEO der betrachteten Unternehmung ist, sowie das Geschlecht der Manager. Etwa 15 Prozent der beobachteten Manager sind CEO's und nur etwas mehr als zwei Prozent der Manager in unserem Datensatz sind Frauen.

Grösse und Wachstum der Unternehmung: Verschiedenste Untersuchungen zeigen, dass die Unternehmensgrösse ein wichtiger Faktor für die Höhe der Löhne ist: Grosse Firmen zahlen im Schnitt höhere Löhne. Die Unternehmensgrösse wird mittels dreier Faktoren abgebildet: Dem Umsatz, der Anzahl Mitarbeiter und der Höhe der Aktiva einer Unternehmung. Im Durchschnitt erzielen die Firmen in unserem Datensatz einen Umsatz von rund 7,9 Mrd. US-Dollar und beschäftigen rund 37'000 Mitarbeiter. Die Höhe der Aktiva beträgt im Schnitt 15,8 Mrd. US-Dollar. Die Firmen verzeichnen ein durchschnittliches Wachstum des Umsatzes von (nominell) 12,5 Prozent pro Jahr und beschäftigen jedes Jahr rund 6,8 Prozent mehr Mitarbeiter.

Finanzieller Erfolg der Unternehmung: Der Unternehmenserfolg dürfte einen entscheidenden Faktor für die Höhe der Managergehälter darstellen. Wir versuchen ihn mittels vier Variablen zu erfassen: Der Kapitalrendite („Return on Assets"), des Gewinns pro Aktie, der Dividende pro Aktie sowie dem Kurs-Gewinn-Verhältnis, das Auskunft über die Bewertung der Unternehmung an der Börse gibt. Im Schnitt erreichen die Unternehmen eine Rendite auf die eingesetzten Mittel von rund 5,5 Prozent, wobei diese von rund fünf Prozent 1992 zuerst auf knapp sechs Prozent im Jahre 1994 stieg um dann bis 1997 wieder auf etwas mehr als fünf Prozent zu sinken. Für den Gewinn pro Aktie bietet sich ein ähnliches Bild. Dieser stieg von etwas mehr als einem Dollar pro Aktie im Jahre 1992 auf rund 2,5 US-Dollar im Jahr 1994 und reduzierte sich darauf wieder auf etwa 2,2 US-Dollar. Im Schnitt ergibt dies einen Gewinn pro Aktie von rund zwei Dollar, wovon etwa die Hälfte (genau 0,95 Dollar) in Form von Dividenden an die Aktionäre weitergegeben wurde. Da eine durchschnittliche Aktie der betrachteten Firmen knapp 50 Dollar kostete, ergeben diese Dividendenzahlungen für die Aktionäre eine direkte Rendite von rund zwei Prozent.

6.2 Statistische Analyse

Die bisher durchgeführte deskriptive Analyse vernachlässigt, dass verschiedene Faktoren gleichzeitig auf die Höhe und Zusammensetzung von Managerlöhnen einwirken. Beispielsweise könnte vermutet werden, dass finanziell erfolgreiche Firmen auch höhere Löhne zahlen, dass CEO eher in Optionen bezahlt werden, etc. Für solche zusätzliche Einflussfaktoren muss kontrolliert werden, will man allgemeingültige Aussagen darüber machen, welchen spezifischen Einfluss die institutionellen Rahmenbedingungen auf die Entlohnung von Topmanagern haben.

Eine multiple Regressionsanalyse hält die Einflüsse anderer Faktoren auf die Entlohnung konstant. Das Verfahren erlaubt es, alle relevanten Faktoren gleichzeitig in eine Schätzgleichung aufzunehmen. Die Ergebnisse sind dann einfach interpretierbar. Der Effekt, der für eine einzelne Einflussgrösse (Variable) ermittelt wird, gilt *ceteris paribus*, d.h., dass die Einflüsse aller anderen Variablen bei der Berechnung konstant gehalten werden. Die Wirkung der einzelnen Variablen lässt sich so isolieren.

Tabelle 4-1 gibt die Resultate einer „Kleinsten Quadrate"-Regression wieder. Dabei wird die absolute Höhe der an die Manager ausgegebenen Optionen mittels einer Reihe von Faktoren erklärt. In der Tabelle wiedergegeben sind die Einflüsse der uns hier besonders interessierenden institutionellen Rahmenbedingungen, namentlich der Aktionärs- und Marktkonzentration sowie der Verwaltungsratsmitgliedschaft der Manager. Daneben werden eine Reihe von weiteren Faktoren als mögliche Erklärungen für die Unterschiede in der Höhe der ausgegebenen Optionen berücksichtigt. Es handelt sich dabei um die drei erwähnten Gruppen persönliche Eigenschaften der Manager, Grösse und Wachstum der Unternehmung sowie finanzieller Erfolg der Unternehmung. Darüber hinaus wird um Branchen- und Jahreseffekte korrigiert um sicherzustellen, dass nicht unterschiedliche Entlohnungspraktiken, andere spezifische Eigenschaften der verschiedenen Branchen oder zeitabhängige Effekte wie Inflation oder die allgemeine Börsenentwicklung die Resultate verzerren. Durch den Einbezug dieser Variablen kann sichergestellt werden, dass die wiedergegebenen Resultate unverzerrt sind, d.h. wirklich nur den Einfluss der in Frage stehenden Faktoren aufzeigen.

Wie bereits erwähnt wurde, basiert die Regression auf rund 10'200 Beobachtungen. Die Qualität einer Regression wird mittels des Bestimmtheitsmasses R^2 wiedergegeben. Es gibt an, wie viele Prozent der Schwankungen in der absoluten Höhe der Optionen mittels der verwendeten Variablen erklärt werden können. Die vorliegende Schätzung erklärt rund 28 Prozent dieser Schwankungen, wie man aus Tabelle 4-1 entnehmen kann. Dies mag auf den ersten Blick nicht viel erscheinen, ist jedoch für wissenschaftliche Untersuchungen, die individuelle Löhne zu erklären versuchen ein ausgezeichneter Wert. Dies insbesondere deshalb, weil hier viele individuelle Angaben zu den Managern, wie z.B. deren Alter oder Ausbildung fehlen.

Tabelle 4-1: Einfluss institutioneller Restriktionen auf die Entlohnung von Managern

	Absoluter Wert der bezogenen Optionen	
	Schätzung (t-Wert)	Absolute Lohnveränderung bei Mitgliedschaft in VR bzw. Erhöhung der mittleren Konzentrationsrate um 10 Prozent
Mitglied im Verwaltungsrat	0.60** (15.81)	+ 509'400 US $
Aktionärs-konzentration	-2485.9** (-10.83)	- 513'400 US $
Aktionärs-konzentration (quadriert)	1343703** (10.11)	-
Marktkonzentration (KR4)	0.03** (4.12)	+ 160'600 US$
Marktkonzentration (quadriert)	-0.00038** (-4.15)	-
Anzahl Beobachtungen	10198	
R^2 (gesamte Schätzgleichung)	0.28	

Bemerkungen:

Neben den aufgeführten Variablen sind folgende Kontrollvariablen in der Regressionsgleichung enthalten: CEO, weiblich, Unternehmensgrösse, Umsatz, Anzahl Angestellte, Aktiva, Unternehmenserfolg, Kapitalrendite, Gewinn pro Aktie, Dividende pro Aktie, das Kurs-Gewinn-Verhältnis sowie Dummies für jede Branche und Jahreseffekte.

** steht für statistische Signifikanz auf dem 99%-Niveau.

6.3 Interpretation der Resultate

In Tabelle 4-1 werden für jede erklärende Variable jeweils zwei Werte ausgewiesen. In der linken Spalte ist der errechnete Schätzwert (Koeffizient) angegeben und der t-

Wert des Koeffizienten, der über seine statistische Verlässlichkeit Auskunft gibt. Ein t-Wert von grösser als vier bedeutet eine Signifikanz auf dem 99%-Niveau, d.h., es kann mit 99-prozentiger Wahrscheinlichkeit ausgeschlossen werden, dass der ermittelte Zusammenhang nur zufällig ist und sich bei einer anderen Auswahl an Managern ändern würde. Da die Koeffizienten bedingt durch das angewandte Schätzverfahren nur schwierig zu interpretieren sind, werden in der rechten Spalte die Auswirkungen einer Mitgliedschaft im Verwaltungsrat sowie einer Erhöhung der Mittelwerte der beiden Konzentrationsraten um zehn Prozent angegeben. Dabei können die Auswirkungen direkt in US-Dollar angegeben werden.

Wie man der Tabelle entnehmen kann, werden alle drei Hypothesen gestützt. Im folgenden diskutieren wir die Resultate zunächst im Hinblick auf die Zusammensetzung des Verwaltungsrates und den Einfluss der Aktionärskonzentration um darauf den Einfluss der Marktkonzentration zu betrachten.

Mitglied im Verwaltungsrat: Ist ein Manager zugleich auch Mitglied im Verwaltungsrat, so erhält er im Schnitt rund eine halbe Million US-Dollar mehr an Optionen. Es muss nochmals betont werden, dass beim verwendeten Schätzverfahren zahlreiche Einflussfaktoren konstant gehalten wurden. Das heisst diese Erhöhung kann nicht darauf zurückgeführt werden, dass die entsprechende Firma besonders erfolgreich, schnell wachsend oder dergleichen ist. Die Erhöhung der Bezüge ist daher tatsächlich auf die Mitgliedschaft im Verwaltungsrat zurückzuführen.

Aktionärskonzentration: Eine höhere Aktionärskonzentration senkt den absoluten Wert an Optionen, der an die Manager ausbezahlt wird. Der einfache Term ist dabei negativ, was bedeutet, dass die in Abbildung 4-2 vorgestellte Kurve zunächst wie theoretisch vorausgesagt fällt. Da der quadrierte Term positiv ist, steigt die Kurve ab einem gewissen Punkt wieder an. Dieser wird erreicht, sobald ein Aktionär im Schnitt mehr als 0,018 Promille der Aktien der entsprechenden Unternehmung hält. Dies ist ein hoher Prozentsatz und nur gerade rund 5 Prozent der Firmen in unserem Datensatz weisen eine derart hohe Aktionärskonzentration auf. Der Verlauf der Kurve entspricht somit genau den theoretischen Erwartungen. Erhöht sich die durchschnittliche Aktionärskonzentration um 10 Prozent, so erhalten die Manager im Schnitt rund eine halbe Million US-Dollar weniger an Optionen, was einer Einkommensreduktion von fast einem Drittel entspricht.

Marktkonzentration: Je höher die Marktkonzentration, desto weniger Wettbewerb herrscht in der entsprechenden Branche und desto mehr Optionen erhalten die Manager. Wie theoretisch erwartet schwächt sich der Effekt mit zunehmender Marktkonzentration ab, was sich in einem negativen quadrierten Term ausdrückt. Der quadratische Term überwiegt allerdings erst ab einer Marktkonzentration von mehr als 78 Prozent; der absteigende Ast der Kurve ist damit nur für rund vier Prozent der Beobachtungen von Bedeutung. Eine Erhöhung der durchschnittlichen Marktkonzentration um zehn Prozent erhöht die Optionsbezüge eines durchschnittlichen Managers ceteris paribus um 160'000 US-Dollar.

Die Koeffizienten der (nicht ausgewiesenen) Kontrollvariablen sind signifikant und plausibel erklärbar. So erhalten CEO's absolut *mehr* und Frauen absolut *weniger* Aktienoptionen. Grosse wie auch erfolgreiche Unternehmen zahlen mehr Optionen, wobei letzterer Effekt auch darauf zurückzuführen ist, dass bei erfolgreichen Firmen typischerweise die Aktienkurse stärker ansteigen und somit der Wert der Optionen überproportional zunimmt.

7. Abschliessende Bemerkungen

In diesem Kapitel sind wir der Frage nachgegangen, ob sich Topmanager durch Aktienoptionen zusätzlich motivieren lassen. Bringt diese Form der leistungsabhängigen Entschädigung ein stärkeres Engagement im Sinne der Aktionäre? Es zeigt sich, dass die Aufgabe der Managermotivation nicht auf den Einsatz eines einfachen Instruments wie Aktienoptionen reduziert werden kann. Das Argument der Managermotivation bietet keine Rechtfertigung für die hohen Entschädigungen der Topmanager mittels Aktienoptionen.

Die empirische Evidenz zum Zusammenhang zwischen leistungsabhängiger Managerentlohnung und Aktienrendite ist äusserst schwach und die Richtung der Wirkungsweise oft unklar. Der Grund für die starke Verbreitung von Aktienoptionen dürfte darum nicht die stärkere Bindung der Manager an die Aktionärsinteressen im Sinne der Prinzipal-Agenten-Theorie sein. Vielmehr liegt er in einer zu schwachen Kontrolle des Topmanagements. Dies hat es den Unternehmensführern erlaubt, sich auf Kosten der Aktionäre bei einer haussierenden Börse grosse Vermögen anzueignen.

Neben den hier untersuchten Wirkungen hoher Entschädigungen auf die Leistung von Topmanagern sind auch die Effekte der stärkeren Ungleichverteilung der Lohnsumme auf die Motivation der übrigen Mitarbeiter zu analysieren. Interessant wäre insbesondere, die Reaktionen jener mittlerer Kader zu kennen, die wenig vom Boom profitieren. Sie mögen die steigenden Lohnunterschiede als unfair betrachten, was ihre Leistungsmotivation hemmen kann.

In der durchgeführten statistischen Untersuchung wird gezeigt, dass absolut weniger Aktienoptionen an die Topmanager vergeben werden, wenn diese stärker kontrolliert werden. Die wichtigsten Restriktionen liegen im Management-Umfeld. Weniger personelle Verflechtungen zwischen Verwaltungsrat und Management, ein hoher Konzentrationsgrad im Aktionariat und ein harter Wettbewerbsdruck auf dem Absatzmarkt der Unternehmung beschränken und kontrollieren den Handlungsspielraum der Manager. Dieses Ergebnis deckt sich mit neusten Arbeiten anderer Ökonomen.

Aufgrund dieser Resultate möchten wir abschliessend einige institutionelle Reformen vorschlagen, die zu einer stärker an den Aktionärsinteressen orientierten Lohnpolitik der Unternehmen führen würden:

1. Personelle Trennung der Zuständigkeiten bei der Lohngestaltung für das Topmanagement. Dies bedeutet, dass weniger Mitglieder der Geschäftsleitung auch gleichzeitig im Verwaltungsrat Einsitz nehmen.

2. Keine Behinderung von externen Grossaktionären bei Publikumsgesellschaften, da diese stärkere Kontrollanreize haben. Im Gegenzug wären Kreuzbeteiligungen von Unternehmen mit entsprechenden Interessenverflechtungen stärker offenzulegen.

3. Sicherung des Wettbewerbs auf dem Absatzmarkt durch eine starke Wettbewerbsbehörde, damit eine Überbezahlung des Managements durch den Konkurrenzdruck erschwert wird.

Allgemein tut eine grössere Transparenz not. An die Einkommenstransparenz und Rechenschaftspflicht von Unternehmenskadern sind höhere Anforderungen zu richten. In die Buchlegungsrichtlinien ist eine Pflicht zur Verrechnung von Aktienoptionen mit den ausgewiesenen Gewinnen aufzunehmen, damit die Informations- und Mitspracherechte der Aktionäre gestärkt werden. Von Seite der Unternehmensbesteuerung ist die Begünstigung von unbedingten Aktienoptionen abzuschaffen.

Institutionelle Anpassungen sind somit nötig, damit Topmanager einer effektiven Kontrolle ausgesetzt sind. Sie sind aber auch notwendig, um den Blick für alternative Motivationsinstrumente wieder zu öffnen. Aktienoptionen allein vermögen den Unternehmergeist der Managerinnen und Manager jedenfalls nicht zu wecken.

8. Literaturhinweise

Einen aktuellen Überblick zur Managermotivation mittels finanzieller Anreize bietet

Murphy, K. J. (1999): Executive Compensation, in: Ashenfelter, O./Card, D. (Hrsg.): Handbook of Labor Economics, Vol. 3., Amsterdam, S. 2486-2563.

Darin werden auch die einflussreichen früheren Arbeiten zum Zusammenhang zwischen Managerentschädigung und Unternehmenserfolg behandelt wie

Murphy, K. J (1985): Corporate Performance and Managerial Remuneration: An Empirical Analysis, in: Journal of Accounting and Economics 7 (1-3), S. 11-42.

Deckop, J. R. (1988): Determinants of Chief Executive Officer Compensation, in: Industrial and Labor Relations Review 41 (2), S. 215-226.

Jensen, M. C./Murphy, K. J. (1990): Performance Pay and Top-Management Incentives, in: Journal of Political Economy 98 (2), S. 225-264.

Hall, B. J./Liebman, J. B. (1998): Are CEOs Really Paid Like Bureaucrats, in: Quarterly Journal of Economics 111 (3), S. 653-691.

Einen internationalen Überblick mit aktuellem Zahlenmaterial findet sich bei

Abowd, J. M./Kaplan. D. S. (1999): Executive Compensation: Six Questions That Need Answering, in: Journal of Economic Perspectives 13 (4), S. 145-168.

Eine um die Diskussion und Forschung in Europa erweiterte kritische Studie publizierte

Osterloh, M. (1999): Wertorientierte Unternehmensführung und Management-Anreizsysteme, in: Kumar, B. N./Osterloh, M./Schreyögg, G. (Hrsg.): Unternehmensethik und die Transformation des Wettbewerbs. Shareholder-Value – Globalisierung – Hyperwettbewerb, Stuttgart, S. 183-204.

Der Einfluss eines mehr oder weniger kontrollierenden Management-Umfeldes auf die Managerentlohnung wird in zahlreichen neueren, teils noch unpublizierten Studien untersucht:

Finkelstein, S./Boyd, B. (1998): How much does the CEO matter? The role of managerial discretion in the setting of CEO compensation, in: Academy of Management Journal 41 (2), S. 179-199.

Core, J. E./Holthausen, R. W./Larcker, D. F. (1999): Corporate governance, chief executive officer compensation, and firm performance, in: Journal of Financial Economics 51, S. 371-406.

Bertrand, M./Mullainathan, S. (2000): Do CEO's set their own pay? The ones without principals do, NBER Working Paper No. 7604.

Fünftes Kapitel

Felix Oberholzer-Gee und Iris Bohnet

Leistungslohn als Motivations- und Selektionsinstrument

KAPITELZUSAMMENFASSUNG

Steigern Leistungslöhne die Produktivität? Die Antwort lautet: „Ja, aber..." Grosszügigere Prämien, Boni und Provisionszahlungen motivieren Mitarbeiterinnen und Mitarbeiter zwar, sich verstärkt anzustrengen, schaffen jedoch gleichzeitig Anreize für wenig Qualifizierte, die durch Leistungslöhne entgoltene Tätigkeit aufzunehmen. Der Gesamteffekt einer stärkeren Leistungsorientierung ist damit ambivalent: Dominiert der Motivationseffekt, steigt der Output je Beschäftigter. Ist der Selektionseffekt entscheidend, geht der Output je Beschäftigter zurück. Die Kunst besteht darin, eine Kompensationsstruktur zu schaffen, die das Motivationspotential monetärer Anreize ausschöpft, ohne ineffiziente Betriebsamkeit zu ermuntern. In diesem Kapitel zeigen wir anhand einer empirischen Untersuchung des Ideen-Management in über 1400 Unternehmen, wie dies möglich ist. Wir finden, dass Unternehmen, die höhere Prämien für Verbesserungsvorschläge ausrichten, keine wertvolleren Ideen erhalten. Die Qualität steigt nicht an, da sich vergleichsweise eine grössere Anzahl weniger qualifizierte Mitarbeiterinnen und Mitarbeiter an der Ideengenerierung beteiligen. Firmen, die weniger Prämien ausbezahlen, diese aber auf die besten Vorschläge konzentrieren, erzielen substantiell grössere Kosteneinsparungen. Die Bedeutung von Motivations- und Selektionseffekten ist nicht auf das Ideen-Management beschränkt. Das Beispiel eines nordamerikanischen Warenhauses zeigt, wie das Einführen von Leistungslöhnen kontraproduktiv sein kann, wenn – unter anderem – Selektionswirkungen nicht mitbedacht werden.

1. Einführung

An individueller Leistung orientierte Löhne gelten heute als selbstverständlich. 90 Prozent aller Fortune 1000 Unternehmen berichten, sie motivierten ihre Mitarbeiter und Mitarbeiterinnen über individuelle, auf messbare Leistungen ausgerichtete Anreizsysteme (siehe dazu auch Kapitel 3 dieses Buches). Von 460 grossen europäischen Unternehmen geben 93 Prozent an, dass leistungsorientierte Entlohnung in den letzten Jahren auf allen Stufen an Bedeutung gewonnen habe. Selbst öffentliche Verwaltungen und Schulen überlegen sich, angeregt durch die Erfolge des New Public Management in Neuseeland, ob Beamte und Lehrpersonen nicht zu höherer Leistung motiviert werden könnten, wenn Löhne vom individuellen Erfolg abhingen. Leistungsorientierte Anreize verändern allerdings nicht nur die Motivation von Mitarbeiterinnen und Mitarbeitern. Sie beeinflussen auch, welche Personen welche Tätigkeiten unternehmen. Dieser *Selektionseffekt* wird oft vergessen, wenn Unternehmen beginnen, sich stärker auf leistungsorientierte Instrumente abzustützen. Wer Selektionseffekte nicht mitbedenkt, verschenkt aber einen Teil des Potentials, das Leistungsanreize in sich tragen.

In diesem Beitrag wird am Beispiel von Kompensationssystemen im *Ideen-Management* gezeigt, wie wichtig Selektionseffekte sein können. Viele Firmen fordern ihre Mitarbeiterinnen und Mitarbeiter auf, sich über ihre eigentlichen Tätigkeiten hinaus Gedanken darüber zu machen, wie Produkte und Unternehmensprozesse verbessert und Kosten gesenkt werden könnten. Wer echte Verbesserungen vorschlägt, kann meist damit rechnen, am resultierenden Erfolg beteiligt zu werden. Das Ideen-Management, einst als wenig taugliches Instrument alter Schule belächelt, erlebt derzeit eine Renaissance. Wie das Deutsche Institut für Betriebswirtschaft in Frankfurt am Main berichtet, steigt die Zahl der Unternehmen, die über ein Ideen-Management verfügen, Jahr für Jahr an. Zu den erfolgreichsten Branchen zählen die Elektro- und die Automobilindustrie, die im Durchschnitt 80 Prozent aller eingereichten Ideen verwirklichen. Arbeitgeber schätzen, dass die Ideen von Mitarbeiterinnen und Mitarbeitern im vergangenen Jahr mithalfen, die Kosten deutscher Firmen um rund zwei Milliarden DM zu senken (Handelszeitung, 20.1.2000).

Wirken im Bereich des Ideen-Management Leistungsanreize nun so, wie sich dies viele Manager versprechen? Wie die hier vorgestellte Untersuchung für über 1400 Schweizer Unternehmen in den Jahren 1989 bis 1998 zeigt, lautet die Antwort: Ja, aber. Zwar strengen sich Mitarbeiterinnen und Mitarbeiter in der Tat vermehrt an, wertvolle Verbesserungen vorzuschlagen, wenn sie für ihre Ideen grosszügiger entlohnt werden. Dieser Effekt *Preiseffekt* führt dazu, dass grosszügigere Firmen zahlreichere und mitunter bessere Anregungen erhalten. Allerdings führen fettere Prämien auch zu einem *unerwünschten Selektionseffekt*. Mitarbeiterinnen und Mitarbeiter, die nur über wenig Talent in der Entwicklung neuer Ideen verfügen, fühlen sich von attraktiveren Prämien ebenso angesprochen, wie jene, die wertvolle Kostensenkungsmöglichkeiten zu erkennen vermögen. Deshalb erhalten Firmen eine dramatisch höhere Zahl wertloser Vorschläge, wenn sie die durchschnittliche Prämie erhöhen. Unsere Untersuchung zeigt, dass sich dieser negative Selektionseffekt und die positive motivationale Wirkung in etwa die Waage halten. Die ernüchternde Botschaft lautet: *Höhere Durchschnittsprämien führen nicht zu wertvolleren Anregungen.*

Kasten 5-1:

Eine der erfolgreichsten Ideen: „Post-it" Notizzettel

Die kleinen gelben Zettel, die weltweit Büros dekorieren, sind das Ergebnis einer „Idee" bei 3M. Das Unternehmen ist bekannt dafür, dass es seinen Mitarbeitern und Mitarbeiterinnen Anreize gibt, gute Ideen zu entwickeln. Ziel der Firma war es lange Zeit, Innovationen so zu fördern, dass 25 Prozent der Einnahmen von Produkten stammen, die in den vergangenen fünf Jahren entwickelt wurden. Heute ist Innovation noch wichtiger: Nun sollen 30 Prozent der Einnahmen das Ergebnis von Entwicklungen der letzten vier Jahre sein.

„Post-it" Notizzettel sind das Resultat zweier Ideen: Zum einen entwickelte Spencer Silver einen speziellen Leim; zum anderen realisierte Art Fry, wie Leim und Papier zu einem Merkzettel zusammengefügt werden können. Dass gerade Fry diese Möglichkeit erkannte, ist kein Zufall. Als aktives Mitglied eines Kirchenchors ärgerte er sich häufig darüber, dass konventionelle Buchzeichen leicht aus dem Gesangsbuch fallen. Seit der Lancierung der „post-it" ist Fry nicht mehr nur Mitglied des Chors, sondern auch der „Carlton Society", dem Elite-Club von 3M, in den nur speziell kreative Mitarbeiterinnen und Mitarbeiter aufgenommen werden.

Quelle: Bartlett, C. A./Ghoshal, S. (1995): Rebuilding Behavioral Context: Turn Process Reengineering Into People Rejuvenation. in: Sloan Management Review 37, S. 11-23.

Dieses Kapitel ist wie folgt gegliedert: Abschnitt 2 beschreibt, wie Leistungsanreize motivationale Wirkungen und Selektionseffekte erzeugen. In Teil 3 stellen wir die Resultate der Untersuchung vor, die dokumentiert, wie Mitarbeiterinnen und Mitarbeiter im Bereich des Ideen-Management auf unterschiedliche Leistungsanreize reagieren. Im folgenden Abschnitt 4 wird diskutiert, wie Manager leistungsorientierte Anreize wirksamer ausgestalten können. Die hier analysierten Zusammenhänge zwischen motivationalen und selektiven Effekten gelten selbstverständlich nicht nur im Bereich des Ideen-Management. Teil 5 zeigt am Beispiel des US-Warenhauses Sears, wie Kompensationssysteme fehlschlagen können, wenn Unternehmen die selektiven Wirkungen von Leistungsanreizen vernachlässigen. Der abschliessende Teil 6 fasst die wesentlichen Einsichten, die aus dieser Forschungsarbeit resultieren, zusammen.

2. Boni gut, alles gut?

2.1 Nachteile von Leistungsanreizen

Bisher wurden im Rahmen dieses Buches zwei Gründe diskutiert, warum Unternehmen gegenüber Leistungsanreizen skeptisch sein sollten. Wie in Kapitel 1 dieses Buches argumentiert wird, können Leistungslöhne die intrinsische Motivation von Mitarbeitern und Mitarbeiterinnen verdrängen. Dies ist für Unternehmen deshalb kostspielig, weil es für die meisten Firmen nicht möglich ist, im Arbeitsvertrag sämtliche Aufgaben der Mitarbeiterinnen und Mitarbeiter genau festzulegen. In vielen Situationen sind Firmen deshalb darauf angewiesen, dass Mitarbeiterinnen und Mitarbeiter den gesunden Menschenverstand walten lassen und auch dann im Sinne der Unternehmung entscheiden, wenn für richtiges Handeln keine Belohnung in Aussicht steht. Sind Mitarbeiterinnen und Mitarbeiter intrinsisch motiviert, versuchen sie, sich auch dann richtig zu verhalten, wenn unvorhergesehene Situationen eintreten. Wo Leistungslöhne solche intrinsische Motivation verdrängen, kann die gesamte Produktivität leiden, auch wenn die Anreize in einzelnen Bereichen Wirkung zeigen.

Ein ganz ähnliches Argument, das dafür spricht, gegenüber Leistungsanreizen vorsichtig zu sein, gilt für Arbeitnehmerinnen und Arbeitnehmer, die verschiedene und unterschiedlich leicht messbare Aufgaben verrichten. Dieses sogenannte Multi-tasking Problem analysierten Holmstrom und Milgrom (1991) als erste (siehe dazu auch Kapitel 1). Leistungsanreize sind ja daran gebunden, dass Leistung definiert und gemessen werden kann. So ist es ein Einfaches zu bestimmen, wie oft das Telefon klingelt, bevor der Assistent antwortet. Wesentlich schwieriger ist es zu messen, wie freundlich der Assistent ist. Führt die Firma nun Leistungsanreize ein, so liegt es in der Natur der Sache, dass schwer messbare Tätigkeiten nicht oder nur mit kleinem Gewicht belohnt werden. Dies kann dazu führen, dass sich Mitarbeiterinnen und Mitarbeiter in erster Linie um jene Aspekte ihrer Arbeit kümmern, für die Prämien in Aussicht stehen. Wiederum kann so die gesamte Produktivität leiden, auch wenn Leistungsanreize in einem engeren Sinne durchaus wirksam sind.

Es fällt nicht schwer, Beispiele dafür zu finden, wie die unvorsichtige Einführung von Leistungsanreizen zu unerwünschten „Leistungssteigerungen" führen kann. Die amerikanische Telefongesellschaft MCI etwa entlohnte Angestellte in der Debitorenbuchhaltung gemäss der Anzahl Rechnungen, welche diese monatlich versandten. Aufgrund der bisherigen Diskussion wird es kaum erstaunen, dass die MCI Beschäftigten daraufhin jeden Monat Tausende von Rechnungen an Kundinnen und Kunden versandten, die gar keine Dienstleistungen von MCI in Anspruch genommen hatten.

2.2 Unterschiedliche Fähigkeiten

In diesem Abschnitt richten wir unser Augenmerk auf einen weiteren Effekt, welcher die Produktivität von Leistungsanreizen mindern oder sogar ganz zunichte machen kann. Dieser Effekt taucht immer dann auf, wenn Mitarbeiterinnen und Mitarbeiter *unterschiedlich befähigt* sind, eine bestimmte Aufgabe zu lösen. Ein konkretes Beispiel verdeutlicht die Bedeutung unterschiedlicher Fähigkeiten. Denken Sie an Frau Meier, der es besonders leicht fällt, Kunden davon zu überzeugen, einen gebrauchten Wagen zu kaufen. Sie ist überzeugt, dass jeder zweite Kunde einen Kaufvertrag unterzeichnen wird. Herr Albrecht hingegen hat weniger verkäuferisches Talent. Er rechnet allenfalls damit, jeden zehnten Kunden zu gewinnen. Der Besitzer der Garage entschädigt alle Angestellten mit zehn Prozent des individuell erreichten Umsatzes. Offensichtlich ist die Stelle für Frau Meier wesentlich attraktiver als für Herrn Albrecht, da sie mit dem Fünffachen seines Umsatzes rechnen kann. Mit Blick auf seine dürftigen Aussichten lehnt Herr Albrecht es ab, eine Stelle im Autoverkauf anzunehmen.

Was geschieht nun, wenn der Besitzer der Garage verstärkte Leistungsanreize einführt? Nehmen Sie an, er beteilige seine Verkäuferinnen und Verkäufer mit zwanzig Prozent des individuell erreichten Umsatzes. Ohne Zweifel wird sich Frau Meier vermehrt anstrengen, da jeder Vertragsabschluss nun wertvoller geworden ist. Dies ist der *Preiseffekt* erhöhter Leistungsanreize, der dazu führt, dass die *Zahl verkaufter Wagen je Verkäufer ansteigt*. Allerdings ist Frau Meier nicht die einzige, die auf die verstärkten Anreize reagiert. Auch für den wenig talentierten Herrn Albrecht ist die Stelle im

Gebrauchtwagenhandel nun attraktiver geworden, unter Umständen so attraktiv, dass er seine bisherige Stelle aufgibt und in den Verkauf einsteigt. Die Tatsache, dass verstärkte Leistungsanreize auch weniger Talentierte anziehen, stellt einen *unerwünschten Selektionseffekt* dar. Sofern das Management keine Gegenmassnahmen trifft, führt dieser dazu, dass *weniger Wagen je Verkäufer* umgesetzt werden. Ob die höhere Umsatzbeteiligung insgesamt die Zahl der pro Mitarbeiter verkauften Wagen zu steigern vermag, hängt davon ab, ob der motivationale oder der selektive Effekt überwiegt.

2.3 Anreize im Ideen-Management

Auch im Ideen-Management entfalten Leistungsanreize motivationale Wirkungen, und sie bestimmen die Selektion der Mitarbeiterinnen und Mitarbeiter mit. Abbildung 5-1 stellt diesen Zusammenhang graphisch dar.

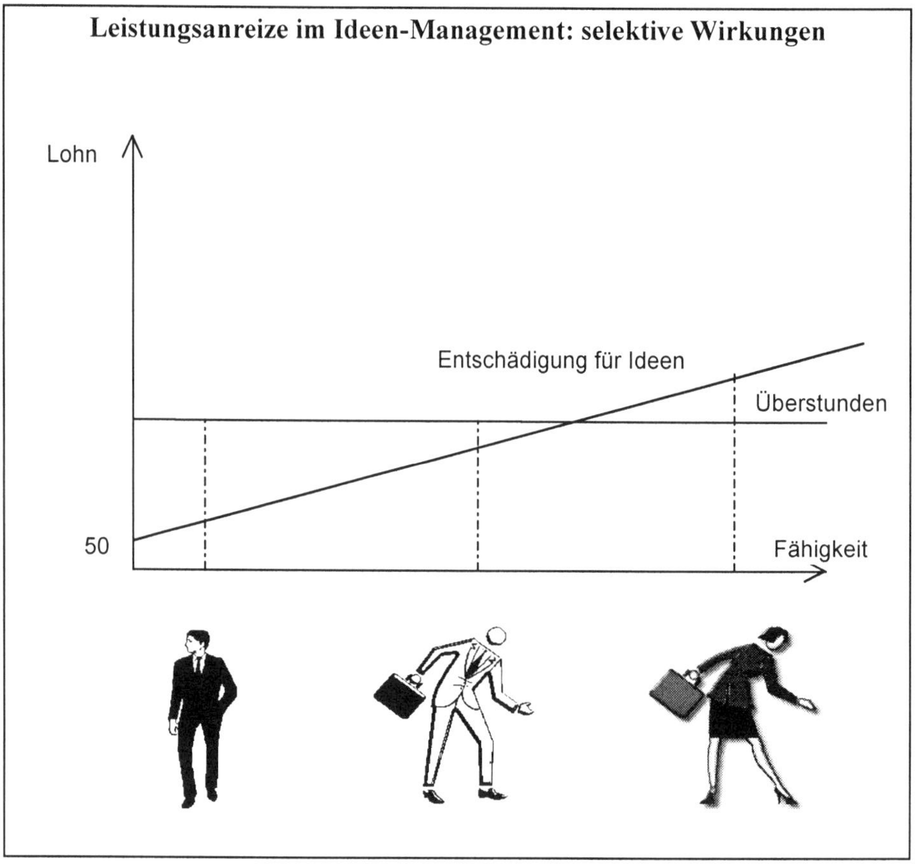

Abb. 5-1

Auf der horizontalen Achse sind die unterschiedlichen Fähigkeiten dreier Mitarbeiterinnen und Mitarbeiter abgetragen. Der Herr im dunklen Anzug verfügt nur über wenig Talent, die Dame mit Aktenkoffer hat die besten Ideen. Alle drei müssen sich zwischen zwei Tätigkeiten entscheiden: Sie können entweder Überstunden leisten, die mit einem fixen Betrag je Stunde entgolten werden, oder aber versuchen, neue Ideen zu entwickeln. Die Firma belohnt die Mitwirkung im Ideen-Management mit einem fixen Betrag von 50 Franken. Zusätzlich erhalten die Mitarbeiterinnen und Mitarbeiter eine leistungsabhängige Prämie, die 20 Prozent des Wertes ihrer Idee entspricht. Bei dieser Prämienhöhe findet es einzig die Mitarbeiterin attraktiv, sich neue Ideen zu überlegen. Ihre beiden Kollegen hingegen stehen finanziell besser da, wenn sie Überstunden leisten.

Was geschieht nun, wenn das Unternehmen beginnt, höhere Prämien auszurichten, um zahlreichere Vorschläge zu erhalten? Abbildung 5-2 zeigt die entsprechenden Wirkungen.

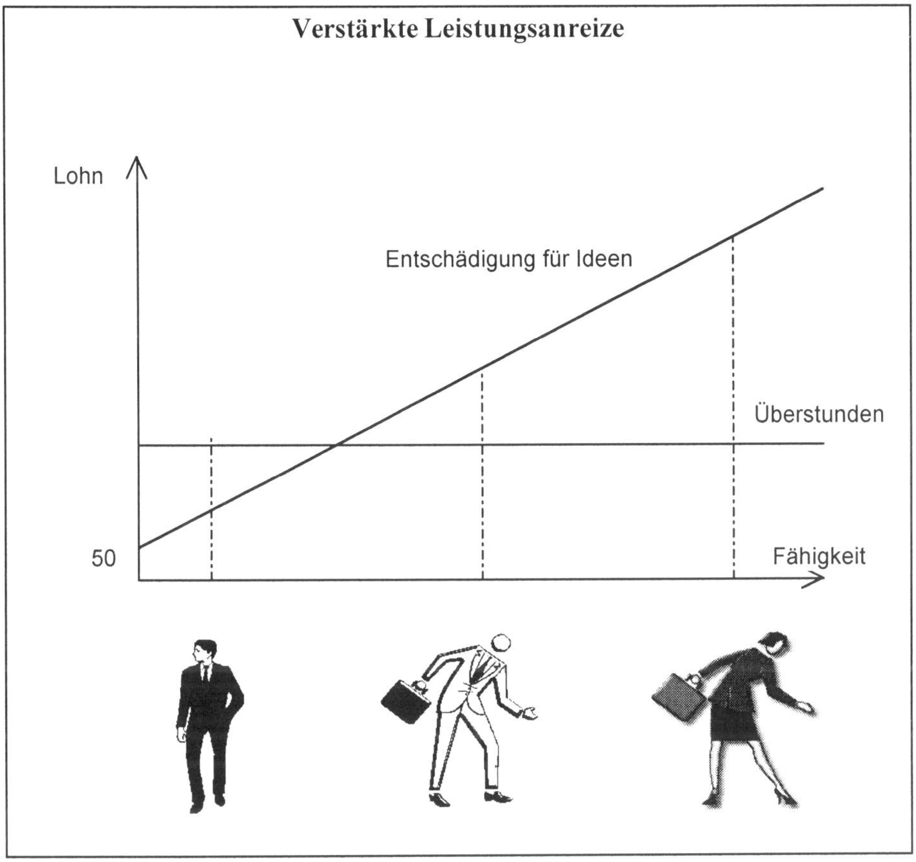

Abb. 5-2

Steigen die Prämiensätze von 20 auf 40 Prozent, liefert die Mitarbeiterin noch bessere Ideen als früher. Dies entspricht wiederum dem *erwünschten motivationalen Effekt.* Im Gegensatz zu Abbildung 5-1 beteiligt sich nun aber auch der durchschnittlich talentierte Mitarbeiter im weissen Anzug an der Produktion neuer Ideen. Dies hat positive und negative Seiten. Zum einen erhält das Unternehmen eine grössere Anzahl Vorschläge, mitunter vielleicht auch solche, die sich verwirklichen lassen. Zum anderen verursachen die Ideen des Herrn im weissen Anzug aber auch Kosten. So muss jede seiner Ideen geprüft werden, und er erhält auf jeden Fall 50 Franken. *Es sind diese Art fixer Kosten, die es unerwünscht machen, dass wenig talentierte Mitarbeiter und Mitarbeiterinnen sich am Ideen-Management beteiligen.* Die Prämien selbst stellen ja nur einen (oft kleinen) Teil der Gesamtkosten dar, welche das Ideen-Management verursacht. Die UBS AG etwa berichtet, dass die Mittel für das Personal und die EDV, die im Bereich Ideen-Management eingesetzt werden, 65 Prozent der Gesamtkosten ausmachen. Nur 35 Prozent entfallen auf die Prämien (Handelszeitung, 20.1.2000).

2.4 Die Folgen für das Unternehmen

Ein System *optimaler* Leistungsanreize spornt nicht *jede* Mitarbeiterin und *jeden* Mitarbeiter in *allen* Bereichen zu Höchstleistungen an. Systeme dieser Art führen leicht dazu, dass sich Beschäftigte in Dingen versuchen, zu denen ihnen die Ausbildung, die Erfahrung oder das Talent fehlen. Und selbst wenn wertlose Ideen der Unternehmung keine Kosten verursachen würden, entginge ihr doch der Gewinn, den sie aus anderen Tätigkeiten (wie zum Beispiel die Überstunden im obigen Beispiel) geschöpft hätte.

Die Beschäftigten selbst helfen in der Regel mit, ein System von betrieblichen Leistungsanreizen zu balancieren. Wenn für alle Tätigkeiten in einem Unternehmen eine ähnliche, an Leistung geknüpfte Entlohnung in Aussicht steht, wenden sich die Mitarbeiterinnen und Mitarbeiter automatisch jenen Gebieten zu, in denen sie am produktivsten sind. Da die Beschäftigten ihre Stärken und Schwächen kennen, stellen sie sich finanziell immer besser, wenn sie Tätigkeiten nachgehen, die sie beherrschen. Bei der Gestaltung von Kompensationssystemen liegt die grösste Gefahr demnach darin, dass Manager *einzelne Gebiete in Isolation* betrachten. „Wir erhalten viel weniger Ideen für Kostensenkungsmassnahmen als unsere Muttergesellschaft. Lasst uns die Prämien anheben.“ Vergessen geht dabei, dass eine Anpassung der Prämien das Ideen-Management auch für jene Mitarbeiterinnen und Mitarbeiter attraktiver macht, die sich besser anderen Gebieten widmen würden.

Die Bedeutung selektiver Anreize lässt sich am Beispiel des Ideen-Managments auch empirisch zeigen. Wir erwarten zwei Wirkungen höherer Prämien:

- Unternehmen, die höhere Prämien ausrichten, bekommen zahlreichere Verbesserungsvorschläge.
- Grosszügigere Unternehmen erhalten im Durchschnitt nicht unbedingt bessere Ideen. Ist der Selektionseffekt stärker als die motivationale Wirkung, nimmt die Qualität sogar ab.

Der folgende Abschnitt überprüft diese beiden Hypothesen mit Daten aus dem Ideen-Management Schweizer Unternehmen.

3. Selektionseffekte auf dem Prüfstand

Das Ideen-Management stellt auch deshalb einen interessanten Test für die hier entwickelte Theorie dar, weil gerade im Bereich der Kreativität viele akademische Autoren und Praktiker der Ansicht sind, dass ökonomische Anreize nichts bringen. Die amerikanische Kreativitätsforscherin, Teresa Amabile, etwa schliesst: „Geld hält die Leute zwar nicht davon ab, kreativ zu sein. In vielen Situationen trägt Geld aber auch nichts zu höherer Kreativität bei." (Amabile 1998, S. 79). Auch im deutschen Sprachraum steht man monetären Anreizen im Ideen-Management skeptisch gegenüber. In einer Broschüre des Bayerischen Staatsministeriums ist der Slogan abgedruckt: „Ideen bringen Geld, aber Geld nicht Ideen" (Frey et al. 1996, S. 67). Von einer „Demotivation durch Prämien" spricht Sprenger (1993), während andere Autoren aufgrund von Mitarbeiterbefragungen folgern, dass Prämien jedenfalls nicht das wichtigste Motiv für neue Ideen sind (Bumann 1991, Etienne 1997, Losse und Thom 1977). Die meisten dieser Aussagen scheinen dadurch begründet, dass die Psychologie Kreativität vor allem als eine Fähigkeit betrachtet (vgl. Kasten 5-2), auf die Leistungsentlohnung, so diese Autoren, wenig Einfluss habe. Bei dieser Analyse geht allerdings vergessen, dass Personen mit bestimmten Fähigkeiten sich mehr oder weniger bemühen können, gute Ideen zu entwickeln. Während monetäre Anreize (zumindest kurzfristig) nicht in der Lage sind, Fähigkeiten zu verändern, so haben sie doch einen Einfluss auf die Wahrscheinlichkeit, dass Mitarbeiterinnen und Mitarbeiter sich anstrengen, wirkliche Kostensenkungsmöglichkeiten zu erkennen.

Kasten 5-2:

Kreativität als Fähigkeit

Kreativitätsforscher betonen, dass persönliche Charakteristika entscheidend für die Kreativität eines Menschen sind. Eine kreative Person zeichnet sich etwa durch Selbstdisziplin, Risikobereitschaft, Durchhaltevermögen, Frustrationstoleranz, Unabhängigkeit und Desinteresse an sozialer Anerkennung aus. In einem häufig verwendeten Persönlichkeitstest von H. G. Gough, der „Creative Personality Scale", gelten die folgenden Adjektive als gute Indikatoren für die Kreativität einer Person: klug - erfinderisch - risikofreudig - originell - unkonventionell - nachdenklich - informell - humorvoll - selbstsicher - sexy - snobistisch. Anhand dieser Skala wurde versucht, die Anzahl an Vorschlägen in zwei amerikanischen Industrieunternehmen mit gesamthaft 200 Mitarbeiterinnen und Mitarbeitern vorherzusagen. Die Studie findet, dass komplexe Arbeiten verrichtende Angestellte, die gemäss dieser Skala als kreativ gelten, mehr Vorschläge einreichen als Mitarbeiter und Mitarbeiterinnen, die als wenig kreativ eingestuft wurden.

Quelle: Cummings, A./Oldham, G. R. (1997): Enhancing Creativity: Managing Work Contexts for the High Potential Employee, in: California Management Review 40, S. 22-38.

3.1 Die Daten

Die hier verwendeten Daten stammen aus einer Umfrage, die von der Schweizerischen Arbeitsgemeinschaft für das Vorschlagswesen, SAV/ASS, durchgeführt wird.[1] Weit über 100 Unternehmen beantworten jedes Jahr Fragen über die Struktur und den Erfolg ihres Ideen-Management. Das durchschnittliche von uns untersuchte Unternehmen beschäftigt 2'715 Mitarbeiterinnen und Mitarbeiter und erhält von diesen jedes Jahr 65 Vorschläge. Aus diesen Ideen resultieren durchschnittliche jährliche Kosteneinsparungen von insgesamt über 100'000 Franken. Diesen Einsparungen stehen jährliche Prämien von durchschnittlich 11'000 Franken gegenüber. Die höchste Gesamtprämiensumme, die ein Unternehmen in unserer Stichprobe in einem Jahr ausbezahlt hat, beträgt 437'661 Franken. Die höchste Einzelprämie beläuft sich auf 131'057 Franken.

[1] Herr W. Grob, Präsident des SAV/ASS, hat uns diese Daten freundlicherweise zur Verfügung gestellt. Ohne seine Mithilfe wäre diese Studie nicht möglich gewesen.

Zwei Aspekte unserer Daten sind kritisch zu betrachten. Zum ersten stammen unsere Informationen ausschliesslich von Unternehmen, die bereits über ein Ideen-Management verfügen. Da kaum anzunehmen ist, dass Firmen mit Hilfe des Zufalls entscheiden, ob sie ein Ideen-Management einführen wollen, ist es leicht möglich, dass sich die hier untersuchten Unternehmen systematisch von der Gesamtheit der schweizerischen Firmen unterscheiden. Vielleicht fällt es diesen Unternehmen besonders leicht, ihre Mitarbeiterinnen und Mitarbeiter zu motivieren. Unsere Resultate gelten demnach für Unternehmen mit bestehendem Ideen-Management, und die hier gewonnenen Einsichten lassen sich nicht ohne weiteres auf andere Firmen übertragen.

Zweitens ist die Teilnahme an der Umfrage des SAV/ASS freiwillig, und nicht alle Firmen beantworten die Fragen jedes Jahr. Dies ist problematisch, weil man sich leicht vorstellen kann, dass Ideen-Manager den Fragebogen in „erfolgreichen" Jahren ausfüllen, ihn aber liegen lassen, wenn nur wenig Ideen eingehen. In der Tat zeigen die Daten, dass jene Unternehmen, die zwischen 1989 und 1998 nur einmal an der Umfrage teilnahmen, überdurchschnittlich viele Vorschläge meldeten. Um solche Verfälschungen möglichst klein zu halten, nahmen wir nur jene Firmen in unsere Analyse auf, welche den Fragebogen zwischen 1989 und 1998 mindestens dreimal ausfüllten. Nach dieser Bereinigung besteht die Stichprobe aus 1472 Beobachtungen aus diesen zehn Jahren.

3.2 Die empirische Analyse

Mit unseren Tests versuchen wir zunächst zu erklären, *wieviele Ideen* ein Unternehmen erhält. Gemäss These 1 erwarten wir, dass die Beschäftigten in grosszügigeren Unternehmen mehr Ideen einreichen. Um zu testen, wie sich die *Struktur der Prämien* auf das Ideen-Management auswirkt, verwenden wir Angaben über die höchste Prämie, welche ein Unternehmen ausrichtet. Stellen Sie sich dazu das folgende Gedankenexperiment vor:

Zwei Unternehmen haben die genau gleiche Prämienstruktur. Deshalb erhalten sie zunächst auch die gleiche Zahl Ideen. Erlauben wir Unternehmen 1 nun, seine Prämienstruktur zu verändern, allerdings mit der Auflage, dass die Gesamtprämiensumme gleich bleiben muss. Das Unternehmen kann zum Beispiel die höchste Prämie anheben. Damit die Gesamtsumme aber nicht ansteigt, muss es gleichzeitig die tiefen Prämien senken. Steigt oder fällt damit die Zahl der eingereichten Ideen in Unternehmen 1? Von der fetteren Höchstprämie profitieren allein die Talentiertesten, die eine wirkliche Chance haben, einen ganz tollen Vorschlag einzureichen. Wie die weiter oben präsentierten Abbildungen 5-1 und 5-2 zeigen, nehmen solche Mitarbeiterinnen und Mitarbeiter aber wahrscheinlich schon vor der Prämienveränderung am Ideen-

Management teil. Die Senkung der tieferen Prämien, die notwendig ist, um die Gesamtsumme konstant zu halten, trifft weniger Begabte wie die beiden Herren in unseren Abbildungen. Sie werden deshalb in Unternehmen 1 weniger wahrscheinlich Ideen produzieren als in Unternehmen 2. Somit erwarten wir, dass *die Zahl der eingereichten Ideen zurückgeht, wenn die Höchstprämie ansteigt.*

Ergebnisse: Die Anzahl Ideen

Die Resultate zeigen zunächst, dass grosszügigere Firmen wie erwartet mehr Vorschläge erhalten (die statistischen Informationen zu allen hier diskutierten Zusammenhängen finden sich in Tabelle 5-1 des Anhangs zu diesem Kapitel). Steigt die Gesamtprämiensumme in einem Unternehmen um 1'000 Franken pro Jahr, reichen die Mitarbeiterinnen und Mitarbeiter im Durchschnitt fast drei Vorschläge mehr ein. Hebt eine Unternehmung die Prämie für die beste Idee um 1'000 Franken, erhält sie 2.63 weniger Anregungen. Dieses Resultat entspricht unseren Erwartungen. Unternehmen, welche die Prämien auf die besten Ideen konzentrieren, entmutigen jene Mitarbeiterinnen und Mitarbeiter, die sich nicht zutrauen, überdurchschnittlich gute Ideen zu haben. In der Folge sinkt die Gesamtzahl der Anregungen, welche eine Firma erhält.

Sind diese Resultate wirklich robust? Wir überprüfen dies, indem wir zusätzliche Effekte testen.

Industrie: Zunächst schauen wir, ob die Industriezugehörigkeit (zehn verschiedene Kategorien) eines Unternehmens eine Rolle spielt. Die Resultate zeigen, dass die Zahl Ideen, welche Beschäftigte einreichen, im allgemeinen nicht von der Industrie abhängt. Allerdings finden wir, dass Mitarbeiterinnen und Mitarbeiter in der Maschinenindustrie besonders oft und jene in der öffentlichen Verwaltung sehr selten Ideen einreichen. Unser Modell sagt voraus, dass eine öffentliche Verwaltung im Durchschnitt pro Jahr 89 Ideen weniger erhält als ein sonst gleiches Unternehmen in einer anderen Industrie.

Jahr: Jahreseffekte könnten etwa auftreten, wenn Beschäftigte mehr Vorschläge einreichen, wenn die Wirtschaftslage wenig günstig ist und sie um ihren Arbeitsplatz bangen müssen. Die Resultate zeigen, dass die Zahl Ideen von Jahr zu Jahr stark schwankt. Insgesamt scheint das Vorschlagswesen in den vergangenen zehn Jahren einen deutlichen Aufschwung erlebt zu haben. Die Unternehmen erhalten heute pro Jahr gut 40 Ideen mehr als noch vor zehn Jahren.

Firmencharakteristika: Sogenannte Fixed Effects sind eine statistische Methode, mit deren Hilfe wir unbeobachtbare Charakteristika von Firmen, die über unsere Beobachtungsperiode konstant bleiben, fix halten. Dies ist deshalb von besonderer Bedeutung, weil die Unternehmenskultur, der Führungsstil und die Bedeutung des

Ideen-Management mit Sicherheit von Firma zu Firma variieren. In der Tat verändern sich unsere Resultate nicht unbedeutend, wenn wir auch Faktoren wie die Unternehmenskultur berücksichtigen. *Steigt die gesamte Prämiensumme um 1'000 Franken, erhält die Firma nun gerade noch einen einzigen Vorschlag mehr. Konzentriert sie hingegen ihre Mittel auf die besten Vorschläge, erhält sie im Durchschnitt 6.28 weniger Ideen.* Je besser wir für beobachtbare und unbeobachtbare Faktoren kontrollieren, desto deutlicher schält sich dieser Zusammenhang heraus.

Ergebnisse: Die Qualität der Ideen

Noch interessanter als die Zahl der Ideen ist selbstverständlich deren Qualität. Wir messen Qualität als die Kostenersparnis je eingereichter Vorschlag, die für das Unternehmen resultiert (die Details der statistischen Analyse finden sich in Tabelle 5-2 wiederum im Anhang dieses Kapitels). Wir finden die erwarteten Effekte: *Eine Erhöhung der gesamten Prämiensumme um 1'000 Franken führt nicht zu einer qualitativen Verbesserung der eingereichten Ideen.* Der Einfluss ist in den meisten Schätzungen sogar negativ, wenn auch so klein, dass der Effekt nicht signifikant unterschiedlich von null ist. Dies deutet darauf hin, dass sich die motivationale Wirkung einer Erhöhung der gesamten Prämiensumme und der Selektionseffekt in etwa die Waage halten. Hebt eine Unternehmung alle ausgerichteten Prämien um 1'000 Franken an, strengen sich zwar alle Mitarbeiterinnen und Mitarbeiter, die bereits vorher Ideen eingereicht hatten, vermehrt an. Dieser positiven Wirkung steht nun allerdings entgegen, dass die höheren Prämien auch wenig Talentierte ermuntern, Ideen zu entwickeln. Diese Beschäftigten sind dafür verantwortlich, dass die *durchschnittliche Qualität* trotz höherer Prämien nicht zunimmt.

Nun könnte man einwenden, dass sich keine Effekte finden lassen, weil monetäre Anreize grundsätzlich ungeeignet sind, die Kreativität zu fördern. Dass dieses Argument nicht sticht, zeigen die Resultate für die höchste Prämie. Senkt ein Unternehmen die Prämien für qualitativ weniger gehaltvolle Ideen und finanziert damit eine Erhöhung der Prämie für die beste Idee um 1'000 Franken, *erhält es im Durchschnitt um 829 Franken bessere Ideen.* Dieser Effekt ist riesig, erhält doch jedes Unternehmen in unserer Stichprobe durchschnittlich 65 Vorschläge.

Wie erwartet finden wir keine Unterschiede zwischen grossen und kleinen Unternehmen in bezug auf die Qualität der eingereichten Ideen. Auch die übrigen Kontrollvariablen üben keinen Einfluss auf den Wert der Ideen aus. Insgesamt scheint es mit unseren Daten sehr schwierig zu sein, statistisch zu erklären, warum einzelne Firmen bessere Ideen erhalten als andere. Während die Konzentration der Prämien auf den besten Vorschlag immer einen ökonomisch bedeutenden und statistisch signifikanten Einfluss auf die Qualität ausübt, versagen unsere anderen Variablen. Insgesamt vermag das Modell nur gerade zwei Prozent der Varianz in unserer Stichprobe zu erklären.

Auch wenn wir verschiedenste alternative potentielle Einflussfaktoren kontrollieren, lässt sich unsere wichtigste Voraussage nicht widerlegen: Selektionseffekte bestimmen die Effektivität monetärer Leistungsanreize entscheidend mit. Mitarbeiterinnen und Mitarbeiter reagieren auf die Prämienstruktur ihres Unternehmens. Wenn der Kuchen grösser ist, versuchen mehr Leute, ein Stück davon zu erhalten. Stehen weniger, aber grössere Stücke in Aussicht, bemühen sich nur die Besten, und sie strengen sich entsprechend an. Es geht also nicht in erster Linie darum, den Kuchen zu vergrössern. Wichtiger ist, ihn „richtig" zu verteilen.

4. Effektivere Kompensationssysteme

Aufbauend auf unserer Analyse lassen sich einige Folgerungen ziehen, wie Kompensationssysteme effektiver gestaltet werden können. Die wichtigsten Einsichten beziehen sich auf drei Elemente der Entlohnung: Höchstprämien, fixe Prämiensätze und Mindestprämien.

Höchstprämien: Zahlreiche Firmen kennen eine Obergrenze für Prämien. Beim Automobilhersteller Audi zum Beispiel liegt diese bei 100'000 DM. Solche Obergrenzen führen nicht zu einem Selektionseffekt, weil ja nur die Talentiertesten damit rechnen können, eine Idee von solchem Wert einzureichen. Allerdings schmälern Obergrenzen die motivationale Wirkung des Prämiensystems für eben diese Gruppe von Mitarbeiterinnen und Mitarbeitern. Obergrenzen haben keinen Platz in einem rational ausgestalteten Prämiensystem.

Fixe Prozentsätze: Nahezu alle Firmen entgelten Ideen mit einem fixen Prozentsatz ihres Wertes. Dieser liegt typischerweise zwischen 10 und 30 Prozent. Das gewichtigste Argument für diese Art von Prämienstruktur liegt in seiner Fairness. Alle Mitarbeiterinnen und Mitarbeiter werden „gleich" behandelt. Einige Firmen entschädigen schlechtere Ideen gar mit einem grösseren und bessere mit einem kleineren Prozentsatz. Fairness trägt ohne Zweifel entscheidend bei zur individuellen Leistungsbereitschaft und zu einem positiven Betriebsklima. Unsere Untersuchung zeigt allerdings, dass auf diese Art geförderte Leistungsbereitschaft die Unternehmen teuer zu stehen kommt. Allein die Umverteilung von 1'000 Franken von schlechteren Vorschlägen auf die beste Idee würde ja bewirken, dass *alle* eingereichten Ideen um durchschnittlich

800 Franken besser werden. Manager tun also gut daran, sich sorgfältig zu überlegen, ob sich nicht auch eine Prämienstruktur, die von 20 Prozent für weniger tolle auf 25 Prozent für die besten Ideen ansteigt, mit der erwünschten Unternehmenskultur vereinbaren lässt.

Natürlich gibt es die verschiedensten Möglichkeiten, die besten Ideen überproportional zu entgelten, und es ist nicht schwierig, eine solche Politik mit Rücksicht auf Fairnessüberlegungen mit Möglichkeiten der Partizipation für Mitarbeiterinnen und Mitarbeiter zu verbinden. Firmen könnten etwa die fünf wertvollsten Ideen eines Jahres in einen Wettbewerb um „Die Super-Idee" schicken. Beschäftigte bestimmen dann, welche Idee ihrer Meinung nach das Unternehmen entscheidend weitergebracht hat. Ein solches Turnier verändert die Prämienstruktur so, dass motivationale Wirkungen gestärkt werden, ohne dabei negative Selektionseffekte hervorzurufen.

Welche Anpassungen Manager auch immer vornehmen, stets zu bedenken gilt es, die Veränderungen als zusätzliche Vorteile und nicht als Verluste auszugestalten. Psychologische Studien zeigen, dass ein Verlust von 100 Franken wesentlich schwerer wiegt als ein gleich grosser Gewinn. Veränderungen der heutigen linearen Prämienstruktur sollten also so geschehen, dass die besten Ideen in Zukunft *grosszügiger* entschädigt werden. Eine eigentliche Umverteilung von den wenig Talentierten zu den Besten würde das Unternehmen mit grosser Wahrscheinlichkeit noch teurer zu stehen kommen als die heutigen, wenig effektiven fixen Prämiensätze.

Mindestprämie: Für Mindestprämien lassen sich ganz ähnliche Argumente finden wie für fixe Prämiensätze. Unternehmen anerkennen den guten Willen von Beschäftigten, indem sie eine Leistung von geringem ökonomischen Wert belohnen. Es steht ausser Zweifel, dass die gegenseitige Anerkennung von Leistungsbereitschaft entscheidend ist für gut funktionierende Arbeitsbeziehungen (siehe Kapitel 1 dieses Buches; auch Fehr und Gächter, 2000). Ob es Sinn macht, Mindestprämien auszurichten, hängt davon ab, wie teuer diese sind. Die eigentlichen Kosten sind dabei nicht die 50 Franken, die jeder erhält, sondern der Selektionseffekt, der dazu führt, dass *Mitarbeiterinnen und Mitarbeiter Ideen einreichen, nur weil sie hoffen, die Mindestprämie zu erhalten*. Manager, die glauben, dass dies in ihrem Betrieb kein grosses Problem sei, können die Mindestprämie stehen lassen. Andere, die bedeutende Selektionseffekte vermuten, können diese zu schwächen versuchen, indem sie die Prämien in symbolische Formen der Anerkennung umwandeln. Eine Flasche Wein, ein Brief der Geschäftsleitung oder ein Essen mit Vorgesetzten kann Wertschätzung ebenso ausdrücken wie ein kleiner Betrag.

5. Eine Fallstudie: Kompensationspolitik bei Sears, Roebuck & Co.

Leistungslöhne üben nicht nur innerhalb des Unternehmens Motivations- und Selektionseffekte aus. Vermutlich noch wichtiger sind solche Wirkungen im Arbeitsmarkt, wenn sich Mitarbeiterinnen und Mitarbeiter entscheiden, für welches Unternehmen sie arbeiten wollen. Die Fallstudie einer der ältesten nordamerikanischen Warenhausketten, Sears, Roebuck &Co., die 1886 gegründet wurde, ist ein gutes Beispiel für die Bedeutung von Selektionseffekten im Arbeitsmarkt.

Die Autogaragen von Sears, Roebuck & Co. kamen 1992 in die Schlagzeilen. In verschiedenen Staaten der USA liefen Verfahren gegen das Unternehmen wegen Täuschung und Betrug der Kundschaft. Den Garagen wurde vorgeworfen, dass sie in verschiedensten Fällen unnötige Reparaturen durchgeführt hätten. In einer verdeckten Untersuchung des Kalifornischen Departements für Konsumentenfragen, die im Jahr 1991 durchgeführt wurde, brachten Beamte verschiedenste Wagen zu 38 Sears-Garagen. In 34 Fällen verrechneten die Mechaniker unnötige Reparaturen, welche die geprellten Autobesitzer im Durchschnitt $223 kosteten. Am 11. Juni 1992 leitete das Departement ein Verfahren zum Entzug der Lizenzen aller 72 Sears Garagen in Kalifornien ein. Am 15. Juni folgte das Departement für Konsumentenfragen in New Jersey mit einer ähnlichen Klage. Auch die Konsumenten und Konsumentinnen reagierten: Im Juni 1992 sank der Umsatz der Sears-Garagen um 20 Prozent. Der Aktienpreis wiederspiegelte diese Entwicklung: Vom 1. Juni bis zum 19. Juni fiel er kontinuierlich von 43-2/8 auf 38-1/8. Wie war es soweit gekommen?

Anfang 1991 hatte Sears seine Kompensationspolitik für Automechaniker geändert. Die Zeit der Stundenlöhne war vorbei; Leistungslöhne waren angesagt. Chuck Fabbri, ein Mechaniker, beschrieb den Wechsel wie folgt: „Am 1. Januar 1991 wurde der fixe Anteil an unseren Löhnen auf ein Fixum von $3.25 pro Stunde reduziert. Dieses Fixum deckt ungefähr 17 Prozent meines gegenwärtigen Lohnes.“ Für Herrn Fabri bedeutete dies, dass 83 Prozent seines Lohnes davon abhingen, wieviele Batterien er auswechselte, Bremsen er ersetzte oder Reifen er wechselte. Vielen Mitarbeitern war dies zuviel. Sie verliessen Sears, neue Mechaniker wurden eingestellt. Die neue Kompensationsstruktur selektionierte: Service-Berater, die glaubten, Kunden und Kundinnen von der Notwendigkeit einer bestimmten Reparatur überzeugen zu können, blieben oder stiessen neu zur Firma. Mechaniker, welche keine Skrupel hatten, „vorbeugende Massnahmen“ zu treffen, wechselten zu Sears, da sie hier mehr verdienen konnten als in anderen Autowerkstätten.

Edward Brennan, der CEO von Sears, musste reagieren. Nachdem sich das Unternehmen während Tagen gegen die Beschuldigungen zur Wehr gesetzt hatte, gab Brennan in einer Pressekonferenz am 22. Juni 1992 bekannt, dass die Kompensationspolitik in Sears-Garagen „eine Umgebung geschaffen habe, in der Fehler passierten". Sears krebste zurück und schaffte die neue Kompensationspolitik wieder ab. Der Fehler kam Sears teuer zu stehen. Am 2. September 1992 einigten sich alle Parteien auf eine Kompensationszahlung an geschädigte Konsumenten und Konsumentinnen in der Höhe von $46.6 Millionen. Ungefähr eine Million Amerikanerinnen und Amerikaner wurden entschädigt.

Auch wenn „Anreizmodelle in sämtlichen Branchen zur Norm werden" und dies „die Augen der Personalchefs leuchten" lässt, wie kürzlich in der Weltwoche zu lesen war (24. Februar 2000), macht der Fall „Sears" deutlich, dass Leistungslöhne keineswegs ein Wundermittel darstellen. Nur wenn Anreize richtig eingesetzt werden, können diese die erwünschten Motivations- und Selektionseffekte herbeiführen.

6. Effektivität von Leistungsanreizen

Leistungslöhne motivieren und selektionieren. Grosszügigere Kompensationen motivieren Mitarbeiterinnen und Mitarbeiter, sich verstärkt anzustrengen, schaffen gleichzeitig aber Anreize für weniger Qualifizierte, die durch Leistungslohn entgoltene Tätigkeit aufzunehmen. Der Gesamteffekt einer stärkeren Leistungsorientierung ist ambivalent. Dominiert der Motivationseffekt, steigt der Output je Beschäftigter. Ist der Selektionseffekt entscheidend, geht der Output je Beschäftigter zurück.

In diesem Kapitel wird dieser Zusammenhang am Beispiel des Ideen-Management in Schweizerischen Unternehmen aufgezeigt. Steigen die Prämiensätze für wertvolle Verbesserungsvorschläge in einem Unternehmen an, erhält die Firma zwar zahlreichere Ideen, diese sind aber nicht von höherer Qualität. Die Qualität steigt deshalb nicht an, weil viele weniger qualifizierte Mitarbeiterinnen und Mitarbeiter, die zunächst keine Ideen einreichten, Vorschläge zu machen beginnen, sobald die Prämien attraktiv genug sind. Effektivere Kompensationssysteme wären so gestaltet, dass sie die motivationale Wirkung monetärer Anreize voll zur Wirkung kommen lassen, ohne gleichzeitig Selektionseffekte zu stärken.

Wir zeigen am Beispiel des Ideen-Management, dass ein Unternehmen, welches die tiefen Prämien um 1'000 Franken senkt und damit eine Erhöhung der Prämie für die beste Idee finanziert, im Durchschnitt um 800 Franken bessere Ideen erhält. Dieser Effekt ist ökonomisch überaus bedeutend, reichen die Mitarbeiterinnen und Mitarbeiter in unserer Stichprobe doch jährlich mehr als 60 Ideen ein. Unternehmen, welche weniger Prämien ausbezahlen, diese aber auf die besten Vorschläge konzentrieren, erzielen substantiell grössere Kosteneinsparungen.

Die Bedeutung von Motivations- und Selektionseffekten ist nicht auf das Ideen-Management beschränkt. Das Beispiel des nordamerikanischen Warenhauses Sears und seiner Autowerkstätten demonstriert, wie an Umsatz gebundene Kompensationssysteme zu einer Maximierung der Anzahl (teilweise unnötiger) Reparaturen geführt hat. Die outputorientierte Entlohnung stürzte das Unternehmen in eine tiefe Krise und zwang es schliesslich dazu, Leistungslöhne wieder abzuschaffen.

Die Folgerung, die Managerinnen und Manager aus unserer empirischen Analyse und aus der diskutierten Fallstudie ziehen können, ist einfach: Leistungslöhne funktionieren. In der Tat funktionieren Leistungslöhne so gut, dass ihre Wirkung paradoxerweise ins Negative umschlagen kann. Motivieren Sie Ihre Mitarbeiterinnen und Mitarbeiter mit Prämien, sich über Kostensenkungsmöglichkeiten Gedanken zu machen? Das funktioniert, funktioniert so gut, dass auch Beschäftigte ohne ökonomisch wertvolle Ideen Vorschläge einreichen werden. Die Effektivität von Leistungslöhnen birgt gleichzeitig grosses Potential und ökonomische Ineffizienz. Erfolgreich sind jene Manager und Managerinnen, die es verstehen, das Motivationspotential monetärer Anreize auszuschöpfen, ohne ineffiziente Betriebsamkeit zu ermuntern.

7. Literaturhinweise

Wie Manager und Managerinnen Anreizsysteme sinnvoll einsetzen können, diskutiert

Lazear, E. P. (1998): Personnel Economics for Managers, New York.

Interessante Möglichkeiten, Kreativität zu beeinflussen, beschreiben

Amabile, T. (1998): How to Kill Creativity, in: Harvard Business Review, S. 77-87.
Bazerman, M. H. (1994): Judgment in Managerial Decision Making, New York.

Das Ideen-Management wurde untersucht von

Büsch, K.-H./Thom, N. (1982): Kooperations- und Konfliktfelder von Unternehmensleitung und Betriebsrat beim Vorschlagswesen, in: Betriebliches Vorschlagswesen 4, S. 163-181.

Etienne, M. (1997): Grenzen und Chancen des Vorgesetztenmodells im Betrieblichen Vorschlagswesen: Eine Fallstudie, Bern.

Frey, D./Fischer, R./Winzer, O. (1996): Mitdenken lohnt sich - für alle! Ideenmanagement durch Vorschlagswesen in Wirtschaft und Verwaltung, München: Bayerisches Staatsministerium für Arbeit und Sozialordnung, Familie, Frauen und Gesundheit (Hrsg.).

Post, H./Thom, N. (1980): Verbesserung und Ausbau des Betrieblichen Vorschlagswesens: Erkenntnisse einer Befragungsaktion, in: Betriebliches Vorschlagswesen 3, S. 114-136.

Mehr Information zur Fallstudie „Sears" findet sich in

Harvard Business School Cases #9-394-009, 9-394-010, 9-394-011 (1993): Sears Auto Centers.

8. Statistischer Anhang

In Tabelle 5-1 versuchen wir zu erklären, *wieviele* Ideen ein Unternehmen erhält. Neben der Gesamtprämiensumme und der höchsten Prämie kontrollieren wir auch für andere Faktoren, die einen Einfluss haben könnten: die Zahl der Mitarbeiterinnen und Mitarbeiter, die Industrie, das Jahr, der Kanton, in dem das Unternehmen seinen Sitz hat, und schliesslich unbeobachtbare Charakteristika der Firmen, die über die Zeit konstant bleiben. Je weiter rechts die Resultate in Tabelle 5-1 stehen, desto mehr Faktoren halten wir konstant.

Tabelle 5-1
Warum erhalten Firmen mehr oder weniger Ideen?

	Anzahl Ideen	Anzahl Ideen	Anzahl Ideen	Anzahl Ideen	Anzahl Ideen
Prämiensumme + 1000	2.80 (0.20)**	2.70 (0.19)**	2.72 (0.19)**	2.68 (0.19)**	1.01 (0.28)**
höchste Prämie + 1000	-2.63 (1.20)*	-3.13 (1.18)**	-3.03 (1.18)**	-3.50 (1.15)**	-6.28 (1.22)**
Anzahl MA +1000	4.06 (0.63)**	6.20 (0.78)**	6.24 (0.78)**	5.66 (0.79)**	2.22 (3.29)
Kontrolliert für Industrie?	nein	ja	ja	ja	ja
Kontrolliert für Jahr?	nein	nein	ja	ja	ja
Kontrolliert für Kanton?	nein	nein	nein	ja	ja
Firmen Fixed Effects?	nein	nein	nein	nein	ja
Konstante	36.08 (5.58)**	19.50 (11.99)* *	41.22 (20.87)*	18.62 (58.37)	80.97 (27.13)* *
Anzahl Beobachtungen	856	856	856	850	850
Bereinigtes R^2	0.33	0.33	0.36	0.37	0.10

Anmerkungen: ** p≤0.01, ** p≤0.05, Standardfehler in Klammern.

Die Resultate in der Tabelle sind wie folgt zu lesen: Erhöht eine Firma die gesamte Prämeinsumme um 1'000 Franken, erhält es 2.80 Vorschläge mehr. Die beiden Sterne unter der Zahl zeigen an, dass der Effekt statistisch signifikant ist.

Tabelle 5-2
Warum erhalten Firmen bessere oder schlechtere Ideen?

	Qualität Ideen	Qualität Ideen	Qualität Ideen	Qualität Ideen	Qualität Ideen
Prämiensumme + 1000	-55 (37)	-55 (38)	-56 (38)	-58 (39)	45 (69)
höchste Prämie + 1000	742 (229)**	740 (230)**	758 (231)**	731 (238)**	829 (303)**
Anzahl MA +1000	-107 (120)	-132 (155)	-129 (155)	-103 (167)	-435 (850)
Kontrolliert für Industrie?	nein	ja	ja	ja	ja
Kontrolliert für Jahr?	nein	nein	ja	ja	ja
Kontrolliert für Kanton?	nein	nein	nein	ja	ja
Firmen Fixed Effects?	nein	nein	nein	nein	ja
Konstante	2953 (1094)**	1070 (2395)	2654 (4196)	832 (12045)	-3520 (6946)
Anzahl Beobachtungen	795	795	795	789	789
Bereinigtes R^2	0.01	0.01	0.01	0.01	0.02

Anmerkungen: ** p≤0.01, ** p≤0.05, Standardfehler in Klammern.

Dritter Teil

Motivation und Arbeitsgestaltung

Sechstes Kapitel

Jetta Frost und Margit Osterloh

Motivation und Organisationsstrukturen

KAPITELZUSAMMENFASSUNG

Die Organisation eines Unternehmens hat grossen Einfluss auf die Motivation der Mitarbeiterinnen und Mitarbeiter. So haben partizipative Teamstrukturen andere motivationale Wirkungen als eine Organisation mit vielen Hierarchiestufen und engen Delegationsregeln. In diesem Kapitel wollen wir den Zusammenhang zwischen Motivation und Organisationsstrukturen untersuchen. Wir diskutieren den Taylorismus, die überlappende Gruppenorganisation und die Profit Center Organisation im Hinblick auf ihre motivationalen Wirkungen.

In diesem Kapitel zeigen wir, dass die Gestaltung von Organisationen seit Beginn der Organisationsforschung eng mit motivationalen Überlegungen verbunden war: Bereits Frederick Taylor, der Erfinder des Fliessbandes, interessierte sich Anfang des letzten Jahrhunderts für den wissenschaftlichen Zusammenhang zwischen der effizienten Gestaltung von Organisationen und einer wirksamen Anreizgestaltung. Allerdings setzte er ausschliesslich auf extrinsische Motivation. In den zwanziger Jahren führte eine psychologische Forschergruppe der Universität Harvard die sogenannten Hawthorne-Experimente durch. Sie entdeckten die Bedeutung der informalen Organisation und folgerten daraus, dass Leistung nur durch Zufriedenheit der Mitarbeiterinnen und Mitarbeiter entstehen kann. In den nachfolgenden Jahren wurde diese Annahme von vielen Motivationsforschern als naiv kritisiert. Sie argumentieren stattdessen, Organisation als eine Institution zu betrachten, in der erbrachte Leistungen Zufriedenheit bei den Mitarbeiterinnen und Mitarbeitern erzeugen. Dabei wird in erster Linie auf intrinsische Motivation abgestellt. Bis heute hat sich diese Zweiteilung in vielen Organisationsansätzen erhalten. Die voran stehenden Kapitel haben jedoch deutlich gemacht, dass *beide* Motivationsarten von Bedeutung sind.

Im ersten Abschnitt schildern wir mit dem Taylorismus eine traditionelle Organisationsform, die auf extrinsische Motivation abstellt. Im zweiten Abschnitt behandeln wir mit der überlappenden Gruppenstruktur von Likert eine Organisationsform, die ausschliesslich eine intrinsische Motivation der Organisationsmitglieder voraussetzt. Im dritten Abschnitt fragen wir, ob die heute aktuelle Profit Center Organisation eine Ausbalancierung extrinsischer und intrinsischer Motivation leisten kann. Zur Verdeutlichung greifen wir eine der wichtigsten wettbwerbsrelevanten Ressourcen eines Unternehmens heraus: Wissen. Wir kombinieren die Generierung und Übertragung von explizitem und implizitem Wissen mit den Anforderungen an extrinsischer und intrinsischer Motivation.

1. Organisation und extrinsische Motivation: der Taylorismus

Der Ingenieur Frederick W. Taylor (1856 bis 1915) hat als einer der ersten den Zusammenhang zwischen Organisation und Motivation wissenschaftlich untersucht. Sein Ansatz des *Scientific Management* ist unter der Bezeichnung *Taylorismus* weltbekannt geworden. Bereits 1911 veröffentlichte Taylor sein Werk „The principles of scientific management". Die „wissenschaftliche Betriebsführung" war das Ergebnis eines zum damaligen Zeitpunkt neuartigen professionalisierten Fabrikmanagements.

Taylor wollte die Effizienz der menschlichen Arbeitsleistung im mechanisierten Betrieb steigern. Die Kernidee seines Ansatzes ist es, Produktivitätssteigerungen durch ein effizientes System der organisatorischen Arbeitsteilung und der Arbeitsausführung ohne Steigerung der Belastung der Arbeiter zu ermöglichen. Er entwickelte folgende methodische Grundsätze der „wissenschaftlichen Betriebsführung":

- Der Arbeitsprozess wurde von der Qualifikation der Arbeiter losgelöst, d.h., Aufgaben wurden in kleinste Arbeitsschritte zerlegt (*horizontale Spezialisierung*). Zugleich erfolgte eine vollständige Trennung von Kopf- und Handarbeit (*vertikale Spezialisierung*). Dies ermöglichte kurze Anlernzeiten für die Arbeiterinnen und Arbeiter und bot gleichzeitig eine maximale Überwachungsmöglichkeit.
- Es wurde ein *materielles Anreizsystem* – ein Akkordlohnsystem – geschaffen, um die Leistungsbereitschaft zu erhöhen.
- Taylor galt als Pionier der *Arbeitswissenschaft*, d.h., es wurden leistungsfördernde Arbeitsplätze geschaffen (Licht, Maschinenanordnung, Klima), eine Verkürzung der Arbeitszeit mit mehreren Pausen eingeführt, um die Arbeitsintensität zu erhöhen, sowie methodische Arbeits- und Zeitstudien durchgeführt, um die physiologisch günstigsten Bewegungsabläufe zu ermitteln.
- Die wissenschaftliche Normierung der Arbeitsobjekte ermöglichte eine *lückenlose Planung und Kontrolle* der anfallenden Arbeitsabläufe.

Enthusiastisch beschrieb Taylor ein sowohl Menschen als auch Apparate umfassendes Produktionssystem, das ebenso effizient funktionieren sollte wie eine gut konzipierte und geölte Maschine. Das verlangte eine funktional ausgerichtete Arbeitsorganisation.

Eines der bekanntesten Beispiele für die Umsetzung des Taylorismus fand in den Fabriken von Henry Ford (1863 bis 1947) statt. In seinen Fabriken in River Rouge und Highland Park wurde das berühmte T-Modell hergestellt. Ford übertrug Taylors Ideen auf die neue industrielle Produktionstechnik, die durch weitgehende mechanisierte Massenproduktion nach dem Fliessbandprinzip gekennzeichnet war. Im sogenannten Fordismus wurden die Arbeiter nicht mehr direkt durch einen Vorgesetzten, sondern durch den repetitiven Fliessbandtakt kontrolliert, an dem sie jeweils nur einen oder zwei Handgriffe auszuführen hatten. Freilich enthielt das Ford'sche Produktionssystem für die damaligen Verhältnisse eine ganze Reihe innovativer Ideen: ein kontinuierlicher Produktionsfluss durch eine rationelle Fliessbandproduktion, die Standardisierung von Einzelteilen, die vertikale Integration von Herstellungskomponenten sowie Massenproduktion zur Erzielung von Betriebsgrössenvorteilen („economies of scale").

Der Taylorismus ist eng verbunden mit den Auswirkungen der industriellen Revolution: Die Mechanisierung der Produktionsbetriebe erlaubte die Massenproduktion. Arbeitskräfte waren durch Landflucht ungelernter Arbeiter in die städtischen Fabriken billig. Das Menschenbild zur Zeit der Industrialisierung war mechanistisch geprägt. Der Maschinenablauf in der Fabrik und der Fliessbandtakt bestimmten die Organisation. Es herrschte Fremdbestimmung der Arbeit. *Intrinsische* Motivation spielt im Taylorismus keine Rolle. Die Arbeiterinnen und Arbeiter galten als Produktionsfaktoren ohne eigene Bedürfnisse jenseits des Lohnes. Ihnen wurde unterstellt, keinerlei Interesse an den Arbeitsinhalten zu haben. Deshalb könne man sie nur durch intensive Überwachung und Akkordlöhne *extrinsisch* zum Arbeiten motivieren.

Das tayloristische System führte jedoch zu unerwartet hohen Kontrollkosten. Verstärkt wurden diese durch das sogenannte *Kontrollparadoxon*: Leistung wird nur aufgrund von Kontrolle erbracht. Dies wiederum führt zu einer geringeren Arbeitszufriedenheit, mit der Folge, dass die Leistung nachlässt, woraufhin wieder stärker kontrolliert werden muss usw. Dieser Prozess setzt sich wie eine nicht endende Spirale fort. Das Kontrollparadoxon ist in Abbildung 6-1 dargestellt. Es kann als eine frühe Darstellung des Verdrängungseffektes angesehen werden: Starke Kontrollen reduzieren bei ursprünglich intrinsisch motivierten Personen die Freude an der Arbeit.

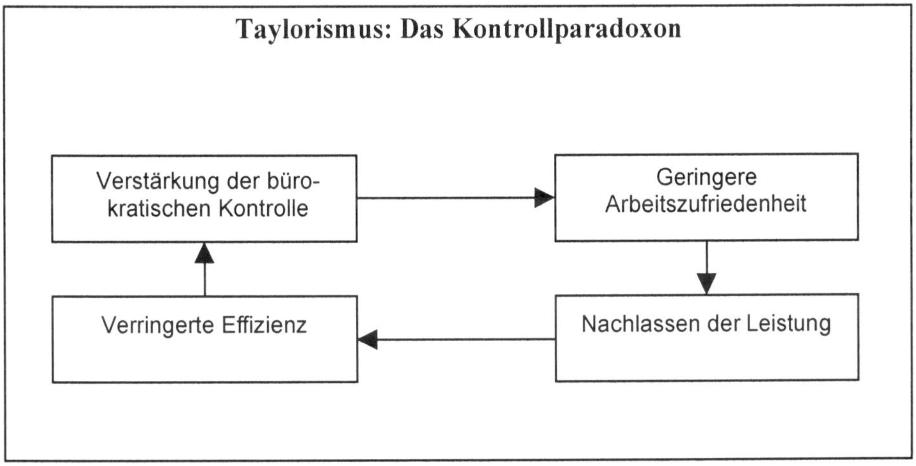

Abb. 6-1

2. Organisation und intrinsische Motivation: die Gruppenorganisation nach Likert

Rensis Likert (1961, 1967) untersuchte als einer der ersten Forscher den Zusammenhang von Organisationsstrukturen und (intrinsisch) motivierter Arbeit, obwohl er selbst diesen Begriff nicht kannte. Sein Modell der Gruppenorganisation ist zur bekanntesten Organisationsform avanciert, die sich die Selbstbestimmung in der Arbeit zum Ziel gesetzt hat. Zwar stammen die ersten Veröffentlichungen über diese Organisationsform bereits aus den sechziger Jahren. Dennoch hat die Gruppenorganisation bis heute nichts von ihrer Aktualität eingebüsst.

Likert gehört zu den Vertretern der sogenannten Human-Ressourcen-Ansätze. Diese argumentierten, dass Bedürfnisse nach Persönlichkeitsentfaltung, anspruchsvolle Betätigung, Anerkennungsbedürfnisse, Verantwortungsübernahme und Partizipation auch im Arbeitsleben zentral sind. Wird dem Rechnung getragen, dann erhöht sich auch die Leistungsbereitschaft. Damit wird Umkehrung des Kontrollparadoxons bewirkt, wie es in Abbildung 6-2 dargestellt ist.

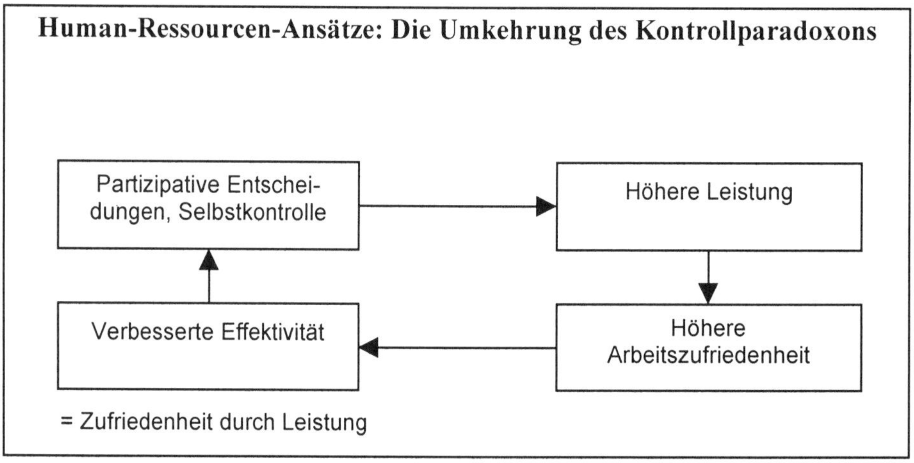

Abb. 6-2

Die Gruppenorganisation von Likert geht auf empirische Forschungen zurück, die er zusammen mit seinen Kollegen der Universität von Michigan durchgeführt hat. In diesen Studien wurden insbesondere Führungsverhalten, Gruppenprozesse und die Bedeutung von Kommunikation untersucht. Likert interessierte sich für die Frage, worin die entscheidenden Unterschiede zwischen ineffizienten und effizienten Abteilungen in Organisationen bestehen. Aus seinen Untersuchungen folgerte er, dass vorherrschende Führungsgrundsätze produktive von unproduktiven Abteilungen unterscheide. Weniger produktive Abteilungen folgten autoritären Führungsgrundsätzen, die Likert als System 1 zusammenfasste: Dazu gehören – ähnlich wie im Scientific Management oder Taylorismus – eine möglichst hohe Arbeitsteilung, eine detaillierte Vorgabe der zu erledigenden Aufgaben durch die Führungskräfte, geringe Kommunikation zwischen Vorgesetzten und Untergebenen sowie der systematische Einsatz von Leistungsanreizen. Produktive Abteilungen hingegen sind durch *partizipative Führungssysteme* gekennzeichnet. Deren Prinzipien lassen sich in Einklang bringen mit den in Kapitel 1 dargestellten Theorien der kognitiven Selbstbestimmung und der psychologischen Verträge.

Das Prinzip der unterstützenden Beziehung

Mit dem Prinzip der unterstützenden Beziehung charakterisiert Likert die Beziehung zwischen Untergebenen und ihren Vorgesetzten. Dazu gehört ein kooperativer Umgang miteinander, gegenseitige Wertschätzung, das Vertrauen der Vorgesetzten in die Fähigkeiten ihrer Untergebenen sowie die Unterstützung, die Untergebenen weiter zu qualifizieren. In Übereinstimmung mit der Theorie der psychologischen Verträge kommt es bei diesem Prinzip auf die wechselseitige Würdigung der Beweggründe an.

Das Prinzip der Entscheidungsprozesse innerhalb der Gruppe

Im Mittelpunkt des Ansatzes von Likert steht die Teamarbeit der verschiedenen Gruppen im Unternehmen. Partizipative Führungssysteme erfordern eine Veränderung der Kommunikation und Entscheidungsprozesse in der Gruppe (vgl. zur Partizipation auch Kapitel 8). Grundidee ist es, dass alle Mitglieder der Arbeitsgruppe möglichst weitgehend an den relevanten Entscheidungen beteiligt werden. Wichtig ist, dass die Beteiligten einerseits Einfluss auf den Verlauf und den Ausgang von Entscheidungsprozessen nehmen können. Andererseits sind sie aber auch für das reibungslose Funktionieren ihrer Zusammenarbeit zuständig. Gruppenarbeit hat gegenüber einer traditionellen hierarchischen Struktur viele Vorteile:

- Die unterschiedlichen Fähigkeiten der Teammitglieder erhöhen die Qualität der Entscheidungen;
- das Zusammengehörigkeitsgefühl bewirkt eine höhere Arbeitszufriedenheit, geringere Fehlzeiten und niedrigere Fluktuation;

- partizipative Entscheidungsfindung reduziert Widerstände bei der Umsetzung, weil die verschiedenen Interessen schon in die Entscheidungsfindung Eingang gefunden haben: Betroffene sind zu Beteiligten geworden.

Die in diesen beiden Prinzipien enthaltenen Motivationsannahmen bildeten die Grundlage, aus denen Likert das Konzept der überlappenden Gruppenstruktur entwickelte, das auf die gesamte Organisation angewendet werden kann.

Das Prinzip der Gruppenorganisation mit multiplen überlappenden Gruppen

In der gesamten Organisation und auf allen Hierarchiestufen sollen Arbeitsgruppen gebildet werden, die miteinander vernetzt werden, d.h. sich multipel überlappen. Auf diese Weise wird sichergestellt, dass implizites Wissen für die gemeinsame Entwicklung und Nutzung von Pool-Ressourcen miteinander auch über Abteilungsgrenzen hinweg ausgetauscht werden kann. Die Überlappung der Gruppen erfolgt in drei Richtungen:

Vertikale Überlappung

Die einzelnen Arbeitsgruppen werden über die verschiedenen Hierarchiestufen miteinander vermascht. Jeweils ein Mitglied – in der Regel die oder der Vorgesetzte – nimmt dabei die Rolle des Verbindungsglieds („linking pin“) zur nächst höheren Hierarchiestufe ein. Dadurch soll sichergestellt werden, dass zwischen den Hierarchiestufen genügend kommuniziert wird. Als einfaches Gruppenmitglied bringt die Vorgesetzte die Vorschläge und Ideen ihrer Gruppe in die vorgeordnete Gruppe ein und stellt zugleich sicher, dass auch die Entscheidungen dieser Gruppe in der eigenen Gruppe bekannt gemacht und diskutiert werden. Damit der Austausch auch wirklich funktioniert, ist es wichtig, dass die Entscheidungen tatsächlich von der Gruppe getroffen werden.

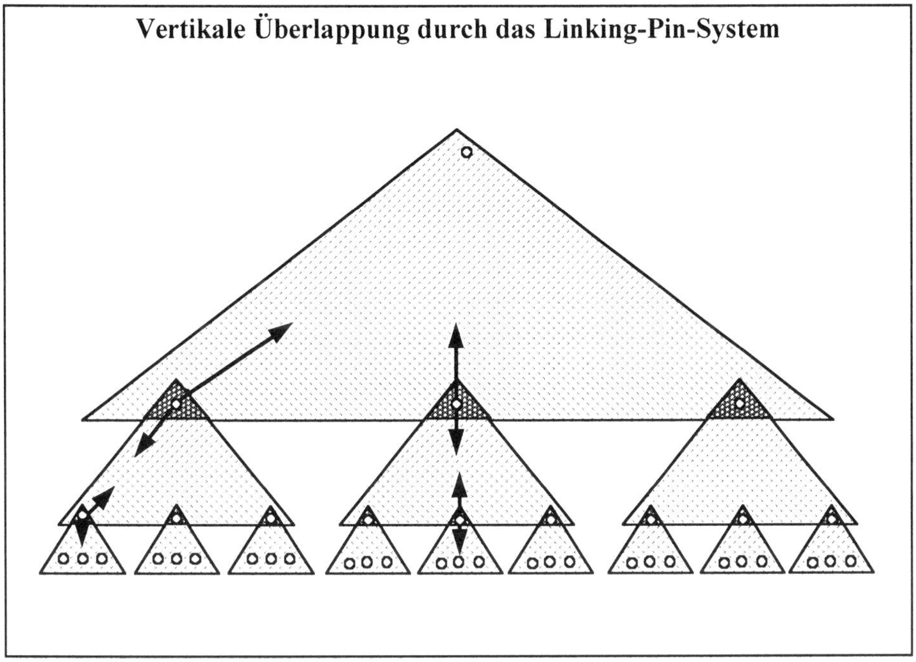

Abb. 6-3

Horizontale Überlappung

Auch auf der gleichen Hierarchiestufe schlägt Likert eine Überlappung der Teams vor, um abteilungsübergreifend kooperieren zu können und die Koordination des Gesamtunternehmens zu vereinfachen. Dazu sollen sogenannte Querschnitts-Gruppen („cross functional work teams") gebildet werden, deren Mitglieder aus den unterschiedlichen Arbeitsgruppen stammen. Geleitet werden die Querschnitts-Gruppen von einem der jeweiligen Vorgesetzten dieser Arbeitsgruppen. Ähnlich wie bei einer Matrixorganisation entsteht eine duale Leitungsbeziehung. Die Teammitglieder arbeiten damit in einer Doppelunterstellung, womit die Notwendigkeit entsteht, die sich überschneidenden Kompetenzen zum Ausgleich zu bringen. Ziel ist es, Kommunikations- und Koordinationsprozesse bewusst in der Struktur zu verankern, um die Entscheidungsfindung besser miteinander abstimmen zu können und die Entscheidungsqualität zu erhöhen. Man erhofft sich durch die Einbringung zusätzlicher Dimensionen eine Verbreiterung der Problemsicht. Dieses in den Schnittstellen institutionalisierte Konfliktpotential ist der Vorteil dieser Organisationsform. Jedoch hat die Doppelunterstellung auch Nachteile: Die Doppelunterstellung kann zu Koordinationsschwierigkeiten und Rollenambiguitäten führen, weil jede organisatorische Schnittstelle eine

Quelle der organisatorischen Unverantwortlichkeit ist. Darüber hinaus stellt die Doppelunterstellung hohe Anforderungen an die Konfliktfähigkeit und -toleranz der Mitarbeiterinnen und Mitarbeiter, insbesondere dann, wenn über die beiden Dienstwege widersprüchliche Führungsimpulse kommen.

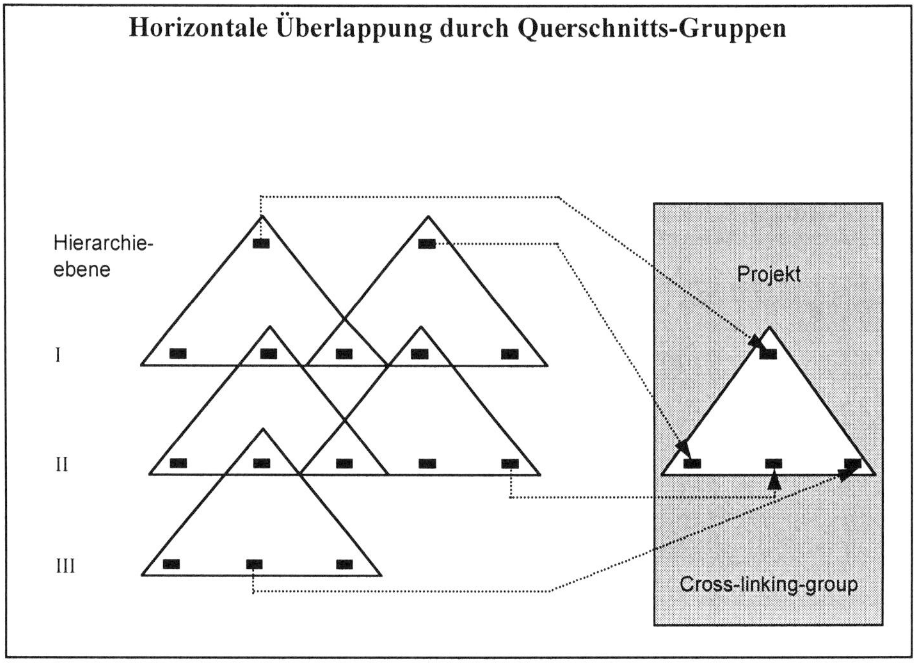

Abb. 6-4

Laterale Überlappung

Eine weitere Vermaschung findet durch die laterale Gruppenarbeit („cross linking groups") statt. Im Unterschied zu den Querschnitts-Gruppen sind sie nicht auf eine Hierarchiestufe beschränkt. Ihre Aufgabe besteht darin, die Koordination über verschiedene Funktionen und verschiedene Hierarchiestufen hinweg zu leisten, d.h. die laterale Integration sicherzustellen. Laterale Gruppen funktionieren ähnlich wie Projektteams. Sie rekrutieren sich aus Spezialisten der unterschiedlichsten Bereiche und der verschiedenen Hierarchieebenen. Unabhängig vom organisatorischen Status, versuchen ihre Mitglieder gemeinsam komplexe Probleme zu lösen. Obwohl auch hier formell ein Vorgesetzter fungiert, erachtet Likert Gruppenentscheidungen nach dem Konsensprinzip als unablässig.

Laterale Überlappung herkömmlicher Linien- und Stabsabteilungen

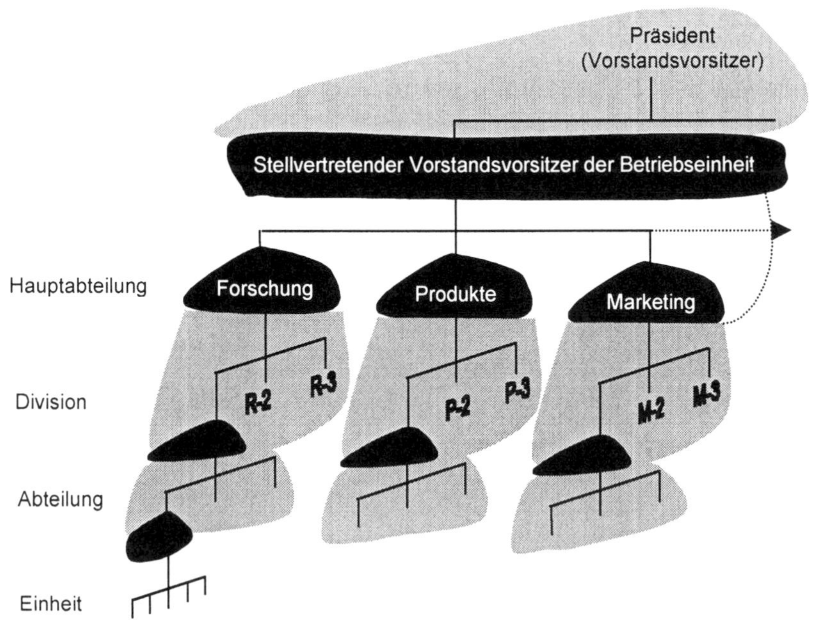

Abb. 6-5

Die Gruppenorganisation setzt eine *intrinsische* Motivation der Organisationsmitglieder voraus und schafft gleichzeitig gute Voraussetzungen für ihre Entstehung. Die Folge ist, dass die Organisationsmitglieder bereit sind, ihr Wissen miteinander zu teilen und die Ziele der Organisation auch zu ihren eigenen Zielen zu machen. Schliesslich können die Organisationsmitglieder, die an diesen Verbindungsstellen tätig sind, nicht per Anweisung dazu gezwungen werden, ihr Wissen miteinander auszutauschen. Deshalb ist diese Organisationsstruktur besonders geeignet, wenn es um den Austausch von implizitem Wissen geht. Durch die Verbindungsstellen ist vertikal, horizontal und lateral eine Teamvermaschung und damit auch der Austausch von Informationen und Wissen sichergestellt.

Die Gruppenorganisation von Likert ist jedoch aus zwei Gründen nicht ohne Kritik geblieben.

Erstens werden Aspekte der *extrinsischen* Motivation überhaupt nicht thematisiert. Monetäre Anreize spielen in seiner Gruppenorganisation keine Rolle. In Kapitel 1 wurde ausführlich begründet, warum auch die extrinsische Motivation der Organisationsmitglieder wichtig ist. *Zweitens* ist die Entscheidungsfindung extrem zeitaufwendig, weil partizipative Konsensbildungsprozesse sehr viel mehr Zeit beanspruchen als die Erteilung von Weisungen.

Beide Nachteile mögen der Grund dafür sein, warum die Gruppenorganisation in ihrer Gesamtheit bis heute nicht häufig realisiert werden konnte. Partiell jedoch ist sie in Form von Qualitätszirkeln oder Task Forces in vielen Unternehmen ein fester Bestandteil der Organisation geworden.

3. Die Ausbalancierung extrinsischer und intrinsischer Motivation durch die Profit Center Organisation?

Die in Abschnitt 1 und 2 diskutierten Organisationsformen haben deutlich gemacht, dass der Taylorismus auf extrinsische Motivation abstellt, während die Gruppenorganisation ausschliesslich eine intrinsische Motivation der Organisationsmitglieder voraussetzt. Jedoch sind – wie im Kapitel 1 erläutert – beide Motivationsarten wichtig. Deshalb diskutieren wir in diesem Abschnitt mit der Profit Center Organisation eine Organisationsform, welche die Ausbalancierung extrinsischer und intrinsischer Motivation leisten will.

Im Abschnitt 3.1 erläutern wir die charakteristischen Merkmale einer idealtypischen Profit Center Organisation. Es zeigt sich jedoch, dass diese Organisationsform nicht ganz unproblematisch ist, sondern zwei Konflikte enthält. In Abschnitt 3.2 diskutieren wir den Konflikt zwischen der Koordination durch Verrechnungspreise und (intrinsischer) Motivation. In Abschnitt 3.3 diskutieren wir den Konflikt zwischen Wissenstransfer und (extrinsischer) Motivation.

Heutzutage werden Restrukturierungen in Unternehmen immer häufiger nach der Devise „Mehr Markt in das Unternehmen" durchgeführt. Grundidee ist es, dass die verschiedenen Organisationseinheiten eines Unternehmens Leistungen über einen internen Markt anbieten und beziehen. Interne Märkte und Preise sollen zunehmend die (hierarchischen) Koordinationsmechanismen „Weisungen, Anordnungen und Regeln" ersetzen. Die Profit Center Organisation ist ein typisches Beispiel dafür.

3.1 Die idealtypische Profit Center Organisation

Ein *Profit Center* ist ein organisatorischer Teilbereich, für den ein *eigener Periodenerfolg* ermittelt werden kann. Das Denken erfolgt nicht in Verrichtungen, sondern in Produkten oder Dienstleistungen und den dafür erzielbaren Preisen. Das erzieht dazu, Leistungsniveaus und die daraus resultierenden Preise in „Service Level Agreements“ zu spezifizieren. Die Profit Centers bezahlen nur noch für die Leistungen, die sie wirklich benötigen. Die Zulieferer werden zur Orientierung am (internen) Kunden angehalten. Interner Marktdruck soll das Profit Center Management zu unternehmerischem Verhalten veranlassen, indem durch Preise

- der Gewinnbeitrag der Teilbereiche ermittelt,
- die Grundlagen für eine erfolgsabhängige Leistungsbeurteilung geschaffen und
- eine gegenseitige Kontrolle ermöglicht wird.

Es werden nicht mehr – wie im Taylorismus – die Arbeitsabläufe kontrolliert, sondern die erreichten Ergebnisse. Als „Unternehmen im Unternehmen" sollen die Profit Centers *Entrepreneurship* fördern.[1]

Idealerweise wird in der Profit Center Organisation mit Marktpreisen motiviert. Voraussetzung ist, dass folgende drei Bedingungen erfüllt sind:

- *Verfügbarkeit*, d.h., es existiert ein externer Markt für die anzubietende Leistung oder das Zwischenprodukt, weil sich nur dann ein Marktpreis für die Leistung des Profit Centers eruieren lässt.
- *Prinzip der Transferautonomie*, d.h., der beziehende Bereich darf selbständig entscheiden, ob intern oder extern beschafft werden soll. Zwischen den Profit Centers müssen die gleichen wettbewerblichen Bedingungen herrschen wie auf einem externen Markt.
- *Standardisierbare* oder *substituierbare Leistungen*, die auf einem Markt handelbar sind und einen „objektiv“ festlegbaren und vertraglich regelbaren Preis haben können. Strategisch relevante, gemeinsame *Pool-Ressourcen* – wie die Kernkompetenzen eines Unternehmens, deren Grundlagen wir in Kapitel 2 entwickelt haben – gehören nicht dazu. Sie können nicht auf dem Markt gekauft, sondern müssen im Unternehmen selbst entwickelt werden.

---

[1] Die folgenden Ausführungen gelten wegen der Boni und Incentives im Schwerpunkt für die verantwortlichen Leiterinnen und Leiter der Profit Centers. Meist erhalten nur sie leistungsabhängige, variable Löhne, während den Untergebenen ein Fixlohn bezahlt wird. In diesem Fall kann deren Motivationswirkung nicht abschliessend beurteilt werden.

Wären die oben dargestellten Bedingungen erfüllt, dann hätte die Profit Center Organisation *hohe extrinsische* und *intrinsische Motivationswirkungen.* Dafür gibt es zwei Gründe:

- Marktpreise erzielen eine *effizienzfördernde Anreizwirkung* und fördern damit die *extrinsische* Motivation. Die Profit-Center-Leiterinnen und -Leiter agieren in ihren Teilbereichen wie selbständige Unternehmer. Der ausgewiesene Erfolg bildet die Grundlage für die Gewährung monetärer Anreize in Form einer leistungsabhängigen Entlohnung oder Bonuszahlung.
- Marktpreise fördern die *intrinsische* Motivation der Bereichsleitung, weil die dezentralen, abrechnungstechnisch selbständig entscheidenden Bereiche über ein hohes Mass an *Autonomie* bzw. Eigenverantwortung verfügen. Die Orientierung an Ergebnissen ermöglicht grössere Handlungs- und Entscheidungsspielräume als die detaillierte Vorgabe von Weisungen und Verhaltensvorschriften. Darüber hinaus werden Marktpreise von den Profit-Center-Leiterinnen und -Leitern gegenüber anderen Verrechnungsgrössen als *fair* empfunden, weil sie als „objektivierte" Grösse als weniger manipulierbar gelten. So hängt der Marktpreis nicht vom Informationsvorsprung einzelner Teilbereichsleiterinnen oder -leiter ab.

Daraus liesse sich schliessen, dass die Profit Center Organisation bezüglich der Motivationsanforderung die ideale Organisationsform darstellt, weil sowohl *extrinsische* als auch *intrinsische* Motivation zugleich verwirklicht werden können. Voraussetzung wäre jedoch, dass die Autonomie der einzelnen Profit Centers so hoch ist, dass echte marktliche Mechanismen zur Steuerung zwischen den Profit Centers zum Einsatz kommen.

Dies wirft allerdings die Frage auf, welche *organisatorischen* Vorteile sich dann noch vom Verbleib der Profit Centers in einem Unternehmensverbund versprochen werden, wenn sie untereinander wie eigenständige Unternehmen agieren. Wir haben bereits im Kapitel 2 gezeigt, dass es Unternehmen deshalb gibt, weil dort – anders als auf Märkten – gemeinsame komplementäre *Pool-Ressourcen* entwickelt und genutzt werden. Sie können nicht von einem einzelnen Organisationsmitglied geschaffen werden, sondern entstehen erst aus der Zusammenarbeit mehrerer Organisationsmitglieder verschiedener Unternehmensbereiche. Gemeinsame Pool-Ressourcen sind nicht-handelbar und können auch nicht genau in Verträgen spezifiziert werden. Dies ist der eigentliche Grund dafür, warum nicht alle Aktivitäten auf Märkten oder durch Preise abgewickelt werden können.

Daraus folgt für die Profit Center Organisation ein *Konfliktfeld*:

- *Einerseits* sollen die Profit Centers wie selbständige Unternehmen agieren. Jeder Transfer zwischen den Profit Centers muss durch Marktpreise regelbar und mit der

Leistung externer Anbieter vergleichbar sein. Dazu benötigen die Profit Centers *hohe Autonomie*, damit sie einen eigenständigen Periodenerfolg ausweisen können. Dieser ist Voraussetzung, um ihren Beitrag zum Gesamtgewinn des Unternehmens feststellen und entsprechende monetäre Anreize gewähren zu können.

- *Andererseits* sollen *Synergieeffekte* für das Gesamtunternehmen durch gemeinsame, komplementäre *Pool-Ressourcen* realisiert werden. Interner marktlicher Wettbewerb führt aber dazu, dass die Profit Centers wenig Interesse an einer Kooperation mit anderen Bereichen haben, wenn ihnen ihr Leistungsbeitrag nicht genau zugerechnet werden kann. Sie haben einen Anreiz, sich nur auf ihren eigenen Bereichserfolg zu konzentrieren – auch wenn dies zu Lasten des Erfolgs der Gesamtunternehmung geht. In der Regel wird deshalb die Autonomie bzw. Selbstbestimmung der Profit Centers eingeschränkt, um über die einzelnen Profit Centers hinweg die Zusammenarbeit zu fördern. Damit sind dem Einsatz marktlicher Mechanismen zur Steuerung der Profit Centers Grenzen gesetzt.

Wir wollen in den nächsten beiden Abschnitten dieses Konfliktfeld der Profit Center Organisation näher beleuchten: zum einen als Konflikt zwischen der Koordination durch Verrechnungspreise und Motivation (Abschnitt 3.2), zum anderen als Konflikt zwischen Wissenstransfer und Motivation (Abschnitt 3.3).

3.2 Der Konflikt zwischen Koordination durch Verrechnungspreise und Motivation

In diesem Abschnitt diskutieren wir das Verhältnis zwischen der Koordination durch Verrechnungspreise und Motivation. Das oben dargestellte Konfliktfeld hat deutlich gemacht, dass es ein Spannungsverhältnis zwischen dem Einsatz marktlicher Koordinationsmechanismen und der Realisation von Synergieeffekten, insbesondere der Entwicklung und Nutzung von gemeinsamen Pool-Ressourcen, gibt. Zur Milderung dieses Spannungsverhältnisses werden in der Profit Center Organisation vermehrt andere Steuerungsmechanismen zur *Koordination* verwendet, namentlich innerbetriebliche *Verrechnungspreise*.

Verrechnungspreise haben die Funktion, den Ausweis eines Bereichserfolgs auch dann zu ermöglichen, wenn die Eigenverantwortung der Profit Centers aufgrund von Leistungsverflechtungen, Interdependenzen oder zugunsten der Förderung einer bereichsübergreifenden Zusammenarbeit reduziert wird. In diesen Fällen können die Profit Centers nicht eigenständig alle erfolgskritischen Faktoren ihres Bereiches beeinflussen, weil sie nicht für alle Stufen des Wertschöpfungsprozesses eines Produktes oder einer Leistung zuständig sind. Durch den Rückgriff auf innerbetriebliche Verrechnungspreise sollen deshalb *fiktive interne Märkte* realisiert werden (Frese 1998).

Dies bedeutet, dass die Kunden-Lieferanten-Beziehungen zwischen Profit Centers nur simuliert werden. Die Transaktionspartner können nicht wirklich frei entscheiden, ob sie intern beziehen oder kooperieren möchten. Deshalb verhandeln die Einheiten auch nicht wie externe Marktpartner miteinander, sondern verwenden andere Formen der Bewertung von Lieferungen und Leistungen, die wir im folgenden darstellen: Wir untersuchen die beiden bekanntesten Formen der Verrechnungspreisgestaltung, kostenorientierte und verhandlungsorientierte Verrechnungspreise, auf ihre Motivations- und Koordinationswirkungen.

Kostenorientierte Verrechnungspreise und ihre Motivations- und Koordinationswirkungen

Die Basis für kostenorientierte Verrechnungspreise stellen die wertmässigen Kosten bei der Erstellung einer internen Leistung dar. Diese sind i.d.R. leicht feststellbar, weil die notwendigen Kostenziffern aus dem Rechnungswesen abgeleitet werden können. Die im Unternehmen tatsächlich anfallenden Kosten können auf diese Weise abgebildet werden. Allerdings kann der beziehende Bereich nicht die Kostenstruktur des zuliefernden Bereichs beeinflussen. Die nachfolgende Tabelle 6-1 gibt einen kurzen Überblick über die wesentlichsten Merkmale von drei verschiedenen Verrechnungspreistypen, nämlich auf der Basis von Vollkosten und Grenzkosten sowie die sogenannte „Cost-Plus"-Methode.

Kostenorientierte Verrechnungspreise haben aus zwei Gründen sowohl *geringe extrinsische* als auch *intrinsische Motivationswirkungen*:

1. Können, wie bei der Vollkostenrechnung, alle anfallenden Kosten den beziehenden Bereichen weiterverrechnet werden, bestehen keine effizienzfördernden Anreize. Diese wären aber für eine Steigerung der *extrinsischen* Motivation wichtig.
2. Kostenorientierte Verrechnungspreise sind mit einer gewissen Autonomieillusion behaftet: Da kein Marktpreis existiert, wird ein fiktiver interner Markt geschaffen, der von den Profit-Center-Leiterinnen und -Leitern jedoch häufig nicht als fair empfunden wird, insbesondere wenn sie das Gefühl haben, von einem ineffizient wirtschaftenden Bereich beziehen zu müssen. Ihre *intrinsische* Motivation sinkt. Darüber hinaus wird ihre intrinsische Motivation beeinträchtigt, weil die Entscheidungsautonomie der Profit Centers abnimmt.

Tabelle 6-1: Kostenorientierte Verrechnungspreisarten

Vollkosten	Grenzkosten	Cost-Plus-Methode
• bilden (im Durchschnitt) die gesamten *Ist-Kosten* des leistenden Bereichs ab • Problem I: Schlüsselung der Fix- und Gemeinkosten • Problem II: Kein Rationalisierungsdruck • Probleme I und II können durch den Einsatz von *Plan- oder Grenzkosten* gemildert werden. • praxisrelevant	• GK = zusätzliche Kosten für jede zusätzliche Mengeneinheit • Maximierung des Gesamtgewinns, wenn VP = GK • Problem: VP, d.h. GK müssen zentral festgelegt werden. Es besteht fast keine Entscheidungsautonomie für die Teilbereiche • kaum praxisrelevant	• Vollkosten mit variablem, i.d.R. prozentualem *Gewinnaufschlag* (Marktpreisfiktion) • Liefernder Bereich erhält einen Gewinn zugeschrieben • Problem I und II ist wie bei den Vollkosten • Problem III: Anreiz für liefernde Bereiche, Kosten hoch anzusetzen (Gefahr der Autonomieillusion) • in der Praxis sehr beliebt

Kostenorientierte Verrechnungspreise haben darüber hinaus eine *eingeschränkte Koordinationswirkung*. Es erfolgt eine starke Einmischung durch die zentrale Planung, weil die Kosten- und Erlöskurven der beteiligten Bereiche aufeinander abgestimmt werden müssen, um korrekte Plangrössen ermitteln zu können. Damit werden die ursprünglich beabsichtigten Koordinationswirkungen der Verrechnungspreise erheblich reduziert, weil doch wieder auf andere zentrale Koordinationsmechanismen des Instanzensystems zurückgegriffen werden muss. Der Abstimmungsaufwand zwischen den Teilbereichen steigt erheblich, weil allgemein akzeptierte Standards erst entwikkelt werden müssen: Nach welchen Kriterien sollen anfallende Kosten überhaupt geschlüsselt werden? In diesem Fall verlieren Verrechnungspreise ihre Indikatorfunktion für die Profitabilität ihrer Bereiche. Die Folge davon ist, dass kostenorientierte Verrechnungspreise hauptsächlich bei langfristigen internen Leistungsbeziehungen zum Einsatz kommen und dann aber wenig flexibel sind.

Verhandlungsorientierte Verrechnungspreise und ihre Motivations- und Koordinationswirkungen

Grundidee der verhandlungsorientierten Verrechnungspreisgestaltung ist es, durch direkte Verhandlungen der beteiligten Bereiche eines Unternehmens ein „Service- oder Product-Level-Agreement“ zu erzielen. Es handelt sich dabei um eine Vereinbarung, welche Produkte und Leistungen zu welchem Preis erbracht werden sollen. Dahinter steht der Gedanke, einen Ausgleich zwischen Grenzkosten und Grenznutzen zu erzielen, um den Gewinn des Gesamtunternehmens zu maximieren.

Die intrinsischen *Motivationswirkungen* können *nicht eindeutig* beurteilt werden. Sie sind aus zwei Gründen ungewiss:

1. Verhandlungsorientierte Verrechnungspreise können *motivationsfördernd* wirken. Selbständige Verhandlungen zwischen den Teilbereichen erhöhen die Autonomie. Darüber hinaus kann die Mitwirkungsmöglichkeit zu einer höheren Akzeptanz der Ergebnisse führen, was sich positiv auf die *intrinsische* Motivation auswirken kann.

2. Ein Transferzwang kann zu einer Monopolsituation führen und den Verhandlungsspielraum einseitig einengen. Sind beispielsweise im Zuge der jährlichen Budgetplanungen bereits Grössenordnungen für mögliche interne Lieferungen festgelegt worden, so besteht eine Verpflichtung, beim eigenen internen Zulieferer zu beziehen. Nutzt der stärkere Verhandlungspartner seine Verhandlungsmacht aus, wird der ausgehandelte Verrechnungspreis von der anderen Bereichsleitung als unfair empfunden. In diesem Fall sinkt deren *intrinsische Motivation*. Eine empirische Untersuchung hat sogar ergeben, dass Profit-Center-Leiterinnen und -Leiter bevorzugt mit externen Marktpartnern verhandeln, weil dort vergleichbare und in Verträgen spezifizierbare Preise zum Einsatz kommen, während die unternehmensinternen Verhandlungsrunden oft als sehr zäh und ungerecht empfunden werden (vgl. Kreuter 1997).

Auch die *extrinsische* Motivationswirkung kann nicht abschliessend beurteilt werden, weil ungewiss ist, ob ein intern ausgehandelter Verrechnungspreis für die Profit-Center-Leiterinnen und -Leiter die gleiche effizienzfördernde Anreizwirkung wie ein externer Marktpreis haben kann. Diese wären aber für eine Steigerung der extrinsischen Motivation wichtig.

Ebenso bleiben die *Koordinationswirkungen* verhandlungsorientierter Verrechnungspreise *ungewiss* und können auch nicht abschliessend beurteilt werden. Wird den beteiligten Bereichen freigestellt, wie sie zu ihren Verrechnungspreisen kommen, so entfällt der Aufwand, Verrechnungspreise zentral festlegen zu müssen. In diesem Fall haben Verrechnungspreise eine koordinationsstiftende Wirkung. Andererseits besteht die Gefahr, dass sich die verhandelnden Bereiche auf Kosten Dritter einigen könnten. Sie legen einen für sie bestmöglichen Verrechnungspreis fest, der jedoch aus Sicht des Gesamtunternehmens nicht optimal ist. In diesem Fall müssten andere Koordinationsmechanismen zum Ausgleich herangezogen werden. Dabei handelt es sich i.d.R. um eine Einmischung durch die Unternehmensleitung. Hinzu kommt, dass die Verhandlungen häufig sehr zeitintensiv sind.

Zusammenfassend lässt sich das Spannungsfeld zwischen der Koordination durch Verrechnungspreise und Motivation wie folgt darstellen: Sowohl kostenorientierte als auch verhandlungsorientierte Verrechnungspreise schränken die Autonomie der Profit Centers ein. Dies deshalb, weil statt marktlicher Mechanismen fiktive interne Märkte zum Einsatz kommen, die zumeist nur eine Autonomieillusion erzeugen und häufig um zentrale Koordinationsmechanismen des Instanzensystems ergänzt werden müssen. Empfinden die Profit-Center-Leiterinnen und -Leiter die durch diese Verrechnungspreisarten herangezogenen Bewertungsgrössen als unfair, sinkt ihre intrinsische Motivation.

3.3 Der Konflikt zwischen Wissenstransfer und Motivation

In diesem Abschnitt diskutieren wir den Konflikt, der aus der Gewährung externer Anreizeffekte (extrinsische Motivation) und der Organisation des Wissenstransfers resultiert. *Einerseits* ist der Transfer von insbesondere implizitem Wissen zwischen den Organisationsmitgliedern und zwischen den verschiedenen organisatorischen Bereichen Voraussetzung, um gemeinsame, komplementäre Pool-Ressourcen entwikkeln zu können. Wird *andererseits* das Profit Center lediglich anhand seines erwirtschafteten Bereichserfolgs gemessen, so entsteht daraus der Anreiz, Entscheidungen selbst dann durchzusetzen, wenn dies zu Lasten anderer Bereiche geht oder sogar mit problematischen Konsequenzen für das Gesamtunternehmen zu rechnen ist (vgl. Frese 1998). Je autonomer die Profit Centers organisiert sind und je mehr externe Anreizeffekte gewährt werden, desto höher ist das Risiko der Entstehung von Bereichsegoismen. Dies verhindert die Entwicklung von gemeinsamem organisatorischem Wissen als wichtigste komplementäre Pool-Ressource. Dieses kann weder durch den Steuerungsmechanismus „interne Märkte“ noch durch die traditionellen Koordinationsmechanismen „Befehl und Weisungen“ übertragen werden.

Wir nehmen an dieser Stelle noch einmal unsere Argumentation aus dem Kapitel 2 auf, in dem wir Motivation und Wissen als wichtigste strategische wettbewerbsrelevante Ressourcen dargestellt haben. Dazu verknüpfen wir intrinsische und extrinsische Motivation mit dem Transfer von implizitem oder explizitem Wissen. Wird die Unterscheidung „intrinsische und extrinsische Motivation“ mit der Unterscheidung „Transfer von implizitem oder explizitem Wissen” kombiniert, so ergibt sich das Vierfelderschema in Tabelle 6-2 (zur detaillierten Unterscheidung von explizitem und implizitem Wissen vgl. Kapitel 2). Es zeigt, dass die Anforderungen an Motivation und Wissenstransfer zu je verschiedenen Ausprägungen von organisatorischen Einheiten führen.

Tabelle 6-2: Organisatorische Einheiten in Abhängigkeit von Anforderungen an Motivation und Wissenstransfer

		Transfer von Wissen: **implizit**	Transfer von Wissen: **explizit**
Motivation	**intrinsisch**	**2** Wissensbasierte Produktions-Teams Gruppenorganisation von Likert	**3** Wissenproduzierende Teams, z.B. Task Forces, Qualitätszirkel
	extrinsisch	**4** Einzelkämpfer	**1** Profit Centers

Quadrant 1: Dieser Quadrant umfasst Organisationsformen wie *Profit Centers*, aber auch spin-offs oder rechtlich selbständige Holdinggesellschaften. Wie erläutert, soll bei Profit Centers bevorzugt der Koordinationsmechanismus (Verrechnungs-)Preis zum Einsatz gebracht werden, um eine effiziente extrinsische Motivation bei den Profit-Center-Leiterinnen und -Leitern zu entfalten. Dies setzt allerdings voraus, dass der Wissensaustausch *zwischen* den einzelnen Profit Centers über interne Verträge erfolgt, in denen Preise und Leistungen festgelegt werden. Die ausgetauschten Komponenten oder Module müssen genau spezifiziert werden: *Entweder* ist das zwischen den dezentralisierten Einheiten zu übertragende Wissen explizit. *Oder* das Wissen ist in handelbare Produktkomponenten oder Module inkorporiert, welche mit Hilfe von Instruktionen zusammengefügt bzw. benutzt werden können. Man braucht ihren Funktionsmechanismus ebensowenig zu kennen, wie man die Technik eines Autos kennen muss, um es zu fahren. In beiden Fällen lassen sich Preis und Leistung vertraglich vereinbaren. *Intrinsische* Motivation ist unnötig, weil die wechselseitigen Ansprüche klar geregelt und die Leistungen zurechenbar und als Bereichserfolg ausweisbar sind.

Muss implizites Wissen übertragen werden, dann ist der Wettbewerb zwischen den Profit Centers jedoch eher ein Hindernis. Sanktionen lassen sich nicht anwenden, weil im Falle von Teamarbeit Mitarbeiter, die implizites Wissen zurückhalten, nicht identifiziert werden können. Freiwillig wird jedoch keine selbständige Einheit ihren Wettbewerbsvorteil aufgeben, solange sie anhand ihrer erwirtschafteten Bereichsergebnisse bewertet wird. Die in Quadrant 1 geschilderte Organisationsform ist also nur dann effizient, wenn es um die Übertragung von explizitem Wissen oder um den Austausch selbständiger Leistungseinheiten zwischen organisatorischen Einheiten geht. Nur dann ist der Koordinationsmechanismus Preis zwischen den Einheiten wirkungsvoll, und es braucht keine intrinsische Motivation. In diesem Fall kann jedoch in der Beziehung zwischen den dezentralisierten Einheiten kein Beitrag zu einem nachhaltigen Wettbewerbsvorteil geleistet werden, weil die Imitierung durch die vertragliche Explizierung erleichtert worden ist.

Quadrant 2 steht für *„wissensbasierte Produktionsteams"* und die *„Gruppenorganisation von Likert"*. Bei wissensbasierten Produktionsteams handelt es sich um Teams, in denen die verschiedenen Mitglieder nicht nur ihr explizites, sondern auch ihr implizites Wissen integrieren, damit ein einzigartiges und schwer imitierbares Produkt auf den Markt kommt.

Beispiele sind die Produktion eines erstklassigen Weins, das Erstellen einer komplexen technischen Anlage oder die Entwicklung einer komplexen Software-Lösung. In diesen Fällen handelt es sich um Produkte oder Dienstleistungen, in denen das implizite Wissen von verschiedenen Spezialisten inkorporiert ist.

Das Wissen der Weinspezialisten bleibt implizit, auch wenn die Flasche Wein auf dem Tisch steht. Man kann es auch nicht durch „reverse engineering" explizieren. Das ist ein Grund, warum guter Wein so teuer ist. „Reverse engineering" ist die Zerlegung eines Produktes mit dem Ziel, das zugrunde liegende Fertigungswissen zu erlangen. Das ist bei implizitem Wissen nicht möglich. Das implizite Spezialistenwissen ist weder einzeln noch im Verbund handelbar, sondern kann nur als integraler Bestandteil des Produktes oder der Dienstleistung verkauft werden. Die Integration und zugleich die Komplementarität von Teams macht ihre Erfolgsbedingung aus. Diese Erkenntnis lässt sich auch auf das Unternehmen als Ganzes ausweiten und entspricht damit den Prinzipien der Gruppenorganisation von Likert. Durch die Vermaschung arbeiten die Mitglieder verschiedener Bereiche im direkten „face-to-face"-Kontakt miteinander zusammen und haben so die Möglichkeit, ihr implizites Wissen miteinander auszutauschen und zu integrieren.

Nicht einmal die Spezialisten selbst können angeben, welches implizite Wissen zum Beispiel für die Weinproduktion nötig ist. Noch weniger wissen sie, welchen Anteil jeder oder jede von ihnen beigetragen hat. Sie leisten einen Beitrag, um eine gemeinsame Pool-Ressource aufzubauen. Deswegen kann man das mit der Flasche Wein bezahlte implizite Wissen auch nicht jedem an seiner Produktion Beteiligten anteilsmässig zurechnen. Innerhalb des Teams ist eine Messung des Beitrags Einzelner nicht möglich, was bei opportunistischen Präferenzen Anreize zum Trittbrettfahren gibt. Um Trittbrettfahrerverhalten zu vermeiden, ist deshalb *intrinsische* Motivation nötig. Glücklicherweise sind die Arbeitsbedingungen vieler Spezialisten in Teams der intrinsischen Motivation förderlich. Es sind dies insbesondere gemeinsame Entscheidungsfindung und Problemlösung, Übertragung von Eigenverantwortung, ganzheitliche Aufgabenzuschnitte, Teamgeist, gemeinsame Normen und qualitatives Feedback durch die Kollegen. Likert hat diese Prinzipien als partizipatives Führungssystem zusammengefasst. Es bildet die Grundlage, um eine überlappende Gruppenstruktur zu realisieren.

Obwohl in den geschilderten Fällen intrinsische Motivation unentbehrlich ist, kann *extrinsische* Motivation eine Rolle spielen, nämlich bei der Entscheidung, in einem bestimmten Team mitzuarbeiten oder in eine bestimmte Firma einzutreten. So stellen in vielen Unternehmen der sogenannten „new economy“ die Auszahlung von Stock Options für viele Mitarbeiterinnen und Mitarbeiter eine interessante Alternativen gegenüber einem traditionell entlohnenden Unternehmen dar (vgl. hierzu auch die Entlohnungspolitik bei ING Barings, die im Kapitel 9 diskutiert wird). Schon March/Simon (1976) haben auf den bedeutsamen Unterschied zwischen „motivation to participate” und „motivation to produce” hingewiesen.

Quadrant 3 betrachtet Organisationsformen, bei denen implizites in (teilweise) explizites Wissen umgewandelt wird, zur Umwandlung aber intrinsische Motivation erforderlich ist. *Qualitätszirkel* mit freiwilliger Teilnahme oder *Task Forces* sind ein Beispiel dafür. Die Teilnehmer und Teilnehmerinnen eines Qualitätszirkels oder einer Task Force bringen ihre (oft nur implizit vorhandenen) Wissensbestände über aktuelle Probleme ein. Sie versuchen in der Gruppenarbeit Verbesserungsvorschläge zu explizieren und an die Linienmanager weiterzugeben. Im Unterschied zu dem Wein-Produktions-Team aus Quadrant 2 wird dabei firmenspezifisches explizites Wissen produziert. Die Teammitglieder beschäftigen sich dabei keineswegs mit hochfliegenden Konzepten, sondern mit Tagesfragen. Gleichwohl ist intrinsische Motivation nötig, damit implizites Wissen fliesst. Weil das Einbringen von implizitem Wissen nicht angeordnet werden kann, tagen Qualitätszirkel auch üblicherweise freiwillig. In dieser Hinsicht gleicht die Wissensproduktion in Quadrant 3 der in Quadrant 2. Unterschiedlich ist jedoch, dass der Output eines Qualitätszirkels oder einer Task Force explizit ist. Dieses explizite Wissen kann jedoch nur kontextbezogen verwendet werden.

Kasten 6-1:

Qualitätszirkel bei VW

Besonders bekannt geworden sind die Qualitätszirkel in der Automobilindustrie. Beispielsweise gab es bei VW in Wolfsburg einen Qualitätszirkel, der sich das Thema gestellt hatte: „Wie reduzieren wir die Nacharbeit beim VW-Golf-Dach?“. Je sechs bis neun der Fach- und Bandarbeiterinnen und –arbeiter der betroffenen Fertigungsabschnitte bildeten ein Team, das von einem in Moderationstechniken ausgebildeten Meister geleitet wurde. Die Teams trafen sich jede Woche zu einem festen Zeitpunkt während der Arbeitszeit. Zu Beginn des ersten Treffens erläuterte ein Mitglied der Unternehmensleitung persönlich Sinn und Zweck dieser Aktion. In den weiteren Sitzungen begannen die Teammitglieder mit der Suche nach Problemlösungen. Mögliche Fehlerursachen wurden anhand eines Schemas den einzelnen Abschnitten des Fertigungsablaufs zugeordnet. Die Teammitglieder überlegten, an welchen Stellen des Produktionsablauf sie aufgrund ihrer eigenen Erfahrung in der Lage sein würden, selbst einzugreifen oder eigenständig Abhilfe schaffen zu können. In der Abschlusssitzung wurde gemeinsam ein Ergebnisposter erstellt. Mangelnde Werkzeugreinigung, Mängel in der Führung von Nutzabfall und Schrott sowie die schlechte Beleuchtung zwischen zwei Pressen wurden als die Hauptursachen herausgearbeitet. Gemeinsam entschieden sie, welche Lösungsmöglichkeiten sie ihren Vorgesetzten empfehlen wollten.

Quelle: Gottschall, D. (1988): Das Team lebt, in: Manager Magazin, Heft 12, S. 244-258.

Die Verbesserungsvorschläge der Teammitglieder des VW Qualitätszirkels sind explizit. Implizit bleibt weiterhin das meiste Wissen über den Produktionsprozess. Das im Qualitätszirkel erarbeitete Wissen entfaltet dadurch seinen Wert erst durch VW-spezifisches Kontextwissen. Deshalb sind die Verbesserungsvorschläge nur für VW nützlich. Es ist nicht handelbares Wissen, weil es dafür keinen Markt gibt. Damit unterscheidet sich dieses Wissen von dem expliziten Wissen, welches zwischen Profit Centers (vgl. Quadrant 1) transferiert wird. Im Unterschied zu Quadrant 1 kann das hier erarbeitete betriebsspezifisch explizite Wissen nicht über (Verrechnungs-)Preise entlohnt werden. Es kann allenfalls mit einer Gruppenprämie gewürdigt werden.

Daraus folgt, dass innerhalb und ausserhalb von Qualitätszirkeln oder Task Forces ein unterschiedliches Ausmass an intrinsischer Motivation erforderlich ist. *Innerhalb* der Teams kann das Einbringen von implizitem Wissen nur intrinsisch motiviert werden, weil sonst Drückebergerei entstünde. Die notwendige intrinsische Motivation wird üblicherweise mit Teamgeist, Esprit de Corps oder Wir-Gefühl beschrieben. Nach *aussen*, d.h. in bezug auf den Beitrag des Teams zum gesamten Unternehmen, braucht es ebenfalls intrinsische Motivation, in diesem Zusammenhang oft „Identifikation mit dem Unternehmensziel" genannt. Allerdings können Gruppenprämien eingesetzt werden, wenn der Anteil des explizierbaren Wissens hoch ist. Jedoch ist Vorsicht geboten: Auch Gruppenprämien können einen Verdrängungs-Effekt erzeugen. Die Folge wäre, dass der sogenannte „Gruppenegoismus" auftritt, d.h. dass Wissen zurückgehalten wird, sofern es nicht bezahlt wird. Klüger ist es deshalb, Gruppenprämien als symbolische Anerkennung auszugestalten, d.h. auf Feedback - anstelle von Fremdsteuerung - zu setzen.

Quadrant 4 beschäftigt sich mit Situationen, in denen implizites Wissen extrinsisch motiviert übertragen wird. Es ist die Situation von *Einzelkämpfern*, zum Beispiel einer Star-Verkäuferin einer Versicherung. Zwar kann auch hier die Menge des an die Kunden übertragenen impliziten Wissens nicht direkt gemessen werden, wohl aber der Erfolg. Dieser lässt sich der Star-Verkäuferin genau zuordnen. Der Erfolg kann durch die Übertragung von Eigentumsrechten oder Geld honoriert werden. Die Einzelkämpfer können von Mitarbeiterinnen und Mitarbeitern unterstützt werden. Soll das Wissen des Einzelkämpfers ihm alleine zurechenbar bleiben, darf er jedoch nicht auf Vorleistungen in Form von implizitem Wissen der ihm zuarbeitenden Team-Mitglieder angewiesen sein. Einzelkämpfer können allerdings leicht das Unternehmen verlassen und ihr implizites Wissen der Konkurrenz zur Verfügung stellen, wie es das Beispiel der ING Barings Bank in Kapitel 9 zeigt. Unternehmen versuchen sich dagegen zu schützen, indem sie diesen Einzelkämpfern überdurchschnittliche Löhne bezahlen. Bei ausschliesslich extrinsisch Motivierten fordert dies zu Erpressungen geradezu heraus.

4. Zusammenfassung

Dieses Kapitel hat die Zusammenhänge zwischen Motivation und Organisationsstruktur gezeigt. Während der Taylorismus ausschliesslich auf extrinsische Anreize abstellt, setzt die Gruppenorganisation von Likert ausschliesslich eine intrinsische Motivation der Organisationsmitglieder voraus. Beide Motivationsarten sind jedoch wichtig. Deshalb erscheint vielen die Profit Center Organisation als die ideale Organisationsform, weil sie die Ausbalancierung extrinsischer und intrinsischer Motivation leisten will. Voraussetzung ist, dass die Autonomie der einzelnen Profit Centers so hoch ist, dass „echte“ marktliche Mechanismen zur Steuerung zwischen den Profit Centers zum Einsatz kommen.

Bei genauerer Betrachtung erweist sich die Profit Center Organisation jedoch als eine konfliktbeladene Organisationsform: Je mehr marktliche Mechanismen zum Einsatz kommen, desto schwieriger ist es, gemeinsame, komplementäre Pool-Ressourcen über die einzelnen Profit Centers hinweg zu realisieren. Interner marktlicher Wettbewerb zwingt die Profit Centers dazu, ihr Wissen explizit zu machen, damit es kontrahierbar wird. In diesem Fall begründet dieses Wissen allerdings keinen nachhaltigen Wettbewerbsvorteil mehr, weil es durch die Explizierung leichter imitierbar geworden ist.

Die Generierung nachhaltiger Wettbewerbsvorteile setzt schwer imitierbare Kernkompetenzen voraus, die vorzugsweise auf nicht kontrahierbaren, intangiblen, gemeinsamen Pool-Ressourcen beruhen. Dafür gibt es keinen Markt. Deshalb kann die Realisierung von Kernkompetenzen nur durch nicht-marktliche Mechanismen erreicht werden. Damit sind der Autonomie der Profit Centers und der Gewährung extrinsischer Anreize immer dort Grenzen gesetzt, wo die Zusammenarbeit zwischen den Profit Centers erforderlich ist, um Kernkompetenzen zu generieren, die erst in ihrer gesamten Konfiguration zu einer schwer imitierbaren Ressource werden. Das bedeutet, dass der Preismechanismus innerhalb der Profit Center Organisation immer durch nicht-marktliche Mechanismen, vor allem durch intrinsische Motivation, ergänzt werden muss. Intrinsische Motivation ist unverzichtbar, wenn implizites Wissen generiert und transferiert werden muss.

Keinesfalls sollten diese Überlegungen aber als Votum für eine möglichst umfassende Integration bzw. Zentralisierung der einzelnen organisatorischen Teilbereiche verstanden werden. Kein Unternehmen besteht ausschliesslich aus Kernkompetenzen, sondern verfügt i.d.R. immer auch über Bereiche der betrieblichen Wertschöpfungskette, deren Wissen in handelbare Produktkomponenten und Module inkorporiert oder mit der Leistung externer Anbieter verglichen werden kann. In diesen Fällen erzieht das „Denken in Produkten und den dafür erzielbaren Preisen“ die verschiedenen organisatorischen Bereiche dazu, Leistung und Gegenleistung genau zu spezifizieren. Dies kann den Dialog über die Qualität interner Produkte und Leistungen fördern.

Im Ergebnis geht es deshalb beim Motivationsmanagement in der Profit Center Organisation darum, das Spannungsverhältnis zwischen marktlichen und nicht-marktlichen Mechanismen so auszubalancieren, dass die Grössen- und Verbundvorteile grosser Unternehmenseinheiten, wie „economies of scale“, Marktmacht und gemeinsame Kernkompetenzen mit den Vorteilen kleiner Einheiten, wie Flexibilität, Abbau von Bürokratie und Marktnähe kombiniert werden können, um nachhaltig bessere Fähigkeiten als die Konkurrenten zu entwickeln.

5. Literaturhinweise

Die wissenschaftliche Betriebsführung wurde begründet von:

Taylor, F. W. (1911): The Principles of Scientific Management, New York (Deutsche Ausgabe: Die Grundsätze wissenschaftlicher Betriebsführung, München, 1913).

Einen kritischen Überblick über die Grundprinzipien des Taylorismus gibt:

Kieser, A. (1999): Management und Taylorismus, in: Kieser, A. (Hrsg.): Organisationstheorien, 3. Aufl., Stuttgart/Berlin.

Zu den bekanntesten Vertretern der Human-Ressourcen-Ansätze gehören:

Argyris, C. (1964): Integrating the Individual and the Organization, New York.

Herzberg, F./Mausner, B./Snyderman, B.B. (1959): The Motivation to Work, New York.

Maslow, A. (1954): Motivation and Personality, New York.

McGregor, D. (1960): The human Side of Enterprise, New York.

Die überlappende Gruppenorganisation stammt von:

Likert, R. (1961): New Patterns of Management, New York (Deutsche Ausgabe: Neue Ansätze der Unternehmensführung, Bern, 1972).

Likert, R. (1967): The Human Organization: Its Management and Value, New York (Deutsche Ausgabe: Die integrierte Führungs- und Organisationsstruktur, Frankfurt a.M., 1975).

Eine Übersicht und Zusammenfassung der Human-Ressourcen-Ansätze und der Gruppenorganisation von Likert gibt es bei:

Schreyögg, G. (1999): Organisation. Grundlagen moderner Organisationsgestaltung, 2. Aufl., Wiesbaden.

Die Umsetzung von Marktprinzipien im Unternehmen sowie Prinzipien der Profit Center Organisation werden ausführlich diskutiert bei:

Frese, E (1995): Profit Center: Motivation durch internen Marktdruck, in: Reichwald, R./ Wildemann, H. (Hrsg.): Kreative Unternehmen. Spitzenleistungen durch Produkt- und Prozessinnovationen.

Frese, E. (1998): Grundlagen der Organisation. Konzept, Prinzipien, Strukturen, 7. Aufl., Wiesbaden.

Die Verrechnungspreisgestaltung aus rechentechnischer Sicht diskutieren:

Coenenberg, A.G. (1992): Kostenrechnung und Kostenanalyse, Landsberg/Lech.
Ewert, R./Wagenhofer, A. (1995): Interne Unternehmensrechnung, 2. Aufl., Berlin.

Die Verrechnungspreisgestaltung aus organisatorischer Sicht diskutiert:

Kreuter, A. (1997): Verrechnungspreise in Profit Center Organisationen, München/Mering.

Siebtes Kapitel

ANTOINETTE WEIBEL UND SANDRA ROTA

Fairness als Motivationsfaktor

KAPITELZUSAMMENFASSUNG

Menschen messen in ihrem Beruf der absoluten Höhe ihres Einkommens oft eine geringere Bedeutung zu als der Einhaltung von Fairness-Normen. Dabei spielt die Ergebnis-Fairness wie die prozedurale Fairness eine Rolle. Diese Aspekte werden in der Gerechtigkeitsforschung untersucht.

Dargestellt wird, was unter Gerechtigkeit und Fairness im Unternehmen verstanden wird. Wir zeigen Auswirkungen von empfundener Gerechtigkeit und Fairness auf die Einstellung und das Verhalten der Mitarbeiter. Dabei gehen wir auf den Zusammenhang von Fairness und „Organizational Citizenship Behavior“ ein. Deutlich wird: Empfundene Fairness beeinflusst die intrinsische Motivation.

In der juristischen Gerechtigkeitsforschung ist schon lange bekannt, dass Menschen auf Ungerechtigkeit reagieren. Ein praktisches Beispiel für die heftigen Auswirkungen eines als ungerecht empfundenen Urteils waren die Rassenunruhen in Los Angeles im April 1992. Drei Beamte der Polizei wurden damals freigesprochen. Sie waren angeklagt, anlässlich eines Verkehrsdeliktes den Schwarzen Rodney King auf brutale Art und Weise verprügelt zu haben. Der Vorgang wurde von einem Amateurvideofilmer aufgenommen und weltweit ausgestrahlt. Der Freispruch löste grosse Unruhen aus, in deren Verlauf 54 Menschen getötet und über 2000 verletzt wurden sowie ein Sachschaden von über 900 Mio. US-Dollar entstand. Was war geschehen? In den Augen vieler war das Urteil seinem *Inhalt* nach ungerecht gewesen. Entscheidend war jedoch auch, dass der *Prozess an sich* als unfair erschien. Man hatte das Verfahren in eine (hauptsächlich weisse) Vorstadtgemeinde verlegt. Zudem wurde die Jury als polizistenfreundlich und konservativ eingestuft.

Mittlerweile hat auch die Managementforschung erkannt, dass in Unternehmen Gerechtigkeit eine grosse Rolle spielt. Viele bereits in der juristischen Gerechtigkeitsforschung ermittelte Zusammenhänge sind erfolgreich auf Unternehmen angewandt worden, und einige Zusammenhänge konnten neu aufgedeckt werden. Zunehmend wird klar, welchen grossen Einfluss Fairness auf die Motivation der Mitarbeiter hat. Empfundene Fairness ändert Einstellungen und damit die Richtungsweise und den Motor des Handelns.

1. Verteilungs- und Verfahrensfairness

Die Frage: „Was ist gerecht?“ hat zu allen Zeiten Anlass zur Diskussion gegeben. In der Gerechtigkeitsforschung können zwei verschiedene Zugänge zu diesem Thema unterschieden werden. Zum *einen* wird gefragt, wann ein Urteil bzw. eine Entscheidung als inhaltlich gerecht empfunden wird. So wird in der unternehmensspezifischen Gerechtigkeitsforschung in diesem Zusammenhang untersucht, wann die Ergebnisse der Verteilung unterschiedlicher Güter, insbesondere von Lohn, als fair empfunden werden. Dabei konzentriert man sich auf die *Verteilungsgerechtigkeit.* Zum *anderen* wird das Verfahren betrachtet, wie zu einem Urteil bzw. Ergebnis gelangt wird. In Unternehmen werden Aspekte der *Verfahrensgerechtigkeit* beispielsweise bei der Personalauswahl, der Entgeltfindung, dem Umgang mit Beschwerden, der Zielsetzung, der Leistungsbewertung und bei Kündigungen relevant.

Die Forschung zur *Verteilungsgerechtigkeit* oder zur *inhaltlichen Fairness* wird von der Idee dominiert, dass nicht die absolute Höhe des Lohnes dafür entscheidend ist, ob man eine Verteilung als gerecht empfindet. Vielmehr beurteilt man sie in erster Linie im Vergleich zu seinen Referenzpersonen. Konkret vergleicht eine Mitarbeiterin ihr Beitrag/Ergebnis-Verhältnis mit dem Beitrag/Ergebnis-Verhältnis anderer Personen. Sie empfindet etwa 5'000 Franken Monatslohn als Neueinsteigerin als gerecht, wenn andere Neueinsteiger ungefähr gleichviel verdienen. Allerdings sind die Vergleiche, die die Mitarbeiterin in der Praxis anstellt, um einiges komplizierter, da sehr viele Beiträge wie Erziehung, Alter und Anstrengung miteinbezogen und viele mögliche Ergebnisse wie Prestige der Arbeit, Verantwortung und Aufstiegsmöglichkeiten betrachtet werden können. Die Forschung zur Verteilungsgerechtigkeit wird massgeblich von der Theorie der Verteilungsgerechtigkeit („equity theory") nach Adams geprägt, deren Grundidee im Kasten 7-1 zusammengefasst ist.

Kasten 7-1:

Theorie der Verteilungsgerechtigkeit („equity theory") nach Adams

Nach Adams gibt es keine objektive Verteilungsgerechtigkeit. Vielmehr vergleicht jede Person ihr Beitrags/Ergebnis-Verhältnis mit dem anderer Personen.

Stellt die Mitarbeiterin eine Ungleichheit fest, versucht sie diese zu reduzieren. Dabei stehen ihr verschiedene Möglichkeiten offen:

- Veränderung der Ergebnisse: Die Mitarbeiterin fordert eine Lohnerhöhung.
- Veränderung der Leistungsbeiträge: Sie reduziert ihren Arbeitseinsatz.
- Wahl einer anderen Vergleichsperson: Statt sich wie bisher mit Herrn Maier zu vergleichen, wählt die Mitarbeiterin als neue Referenzperson Herrn Müller.
- Verlassen des „Feldes": Die Mitarbeiterin kündigt oder kümmert sich um eine Versetzung.

Quelle: Adams, J. S. (1965): Inequity in Social Exchange, in: Berkowitz, L. (Hrsg.): Advances in Experimental Social Psychology 2, New York, S. 267-299.

Studien zur *Verfahrensgerechtigkeit* beschäftigen sich mit Fragen, die mit der Fairness, Adäquanz und sozialen Akzeptanz der *Ergebnisfindung* zusammenhängen. Bei der Beurteilung der Verfahrensgerechtigkeit können zum einen *formale Aspekte* betrachtet werden. Die wichtigsten Kriterien sind in Kasten 7-2 dargestellt. Zum anderen werden auch *interpersonale Aspekte* der Anwendung von Verfahren betrachtet. Es geht darum, wie Verfahrensregeln des Unternehmens durch den Vorgesetzten umgesetzt werden. Als wichtige Prinzipien gelten hier etwa Ehrlichkeit, Höflichkeit, schnelles und ausführliches Feedback, Gleichbehandlung sowie glaubwürdige Kommunikation.

Kasten 7-2:

Formale Kriterien fairer Verfahren - Eine Fairness-Checkliste

Konsistenz: Jede/r soll über eine gewisse Zeit die gleichen Chancen haben.

Unvoreingenommenheit: Verfahren sollen nicht zur Befriedigung eigener Interessen eingesetzt werden.

Genauigkeit: Indem verschiedene Quellen in die Informationssuche miteinbezogen werden, soll Genauigkeit sichergestellt werden.

Korrekturmöglichkeit: Es sollten Möglichkeiten zur Revision von Entscheidungen vorhanden sein.

Repräsentativität: Es sollten möglichst alle berechtigten Interessen berücksichtigt werden.

Der amerikanische Computerproduktehersteller Hewlett Packard liefert ein bekannt gewordenes Beispiel für die Anwendung von Kriterien der inhaltlichen und prozeduralen Fairness. So steht in den Führungsgrundsätzen – dem legendären „HP-Way" –, dass Mitarbeiter mit Aufmerksamkeit und Respekt behandelt werden sollen. Dieser Grundsatz liegt auch dem ausgeklügelten Lohnsystem zugrunde.

Der persönliche Lohn eines Mitarbeiters setzt sich aus zwei Komponenten zusammen:

- Die Stellenbeschreibung dient der Bestimmung einer möglichen Lohnbandbreite, die sowohl durch den Marktwert als auch durch den internen Wert einer Tätigkeit definiert wird.
- Die Bestimmung des persönlichen Lohnes innerhalb der Salärgruppe erfolgt einerseits durch eine Leistungsbeurteilung, die gemeinsam mit dem Vorgesetzten erfolgt. Andererseits wird die Leistung eines Mitarbeiters mit der Leistung anderer Mitarbeiter in ähnlichen Positionen verglichen. Der Vergleich wird von einem „Ranking-Ausschuss" vorgenommen.

Durch den Vergleich von Mitarbeiterinnen und Mitarbeitern verschiedener Abteilungen soll *Verteilungsgerechtigkeit* sichergestellt werden. Die *Verfahrensgerechtigkeit* soll durch die Anwendung einer Reihe von Regeln gewährleistet werden, welche der im Kasten 7-2 dargestellten Checkliste entspricht.

- **Konsistenz** wird erreicht, indem das Salärsystem weltweit für das gesamte Unternehmen gilt.
- Indem der Vergleich durch einen Ranking-Ausschuss und nicht durch den direkten Vorgesetzten erfolgt, wird dem Kriterium der **Unvoreingenommenheit** Genüge getan.
- Ist der Mitarbeiter oder die Mitarbeiterin mit der Einschätzung unzufrieden, kann er sich bei einem weiteren Ausschuss beklagen. Ausserdem muss ihm der Vorgesetzte persönlich das Resultat mitteilen und begründen. Dadurch sind ausreichend **Korrekturmöglichkeiten** gegeben.
- Schliesslich erfolgt die Leistungsbewertung aufgrund der Mitarbeiterziele, die gemeinsam mit dem Vorgesetzten definiert wurden. Ein grosses Mass an Partizipation gewährleistet die **Repräsentativität** des Entscheids.

2. Fairness, Einstellung und Verhalten

Zahlreiche empirsche Studien belegen: Gerechtigkeit zählt (vgl. Alexander und Ruderman 1987; Folger und Konovsky 1989; Greenberg 1990). Fairness verändert die Einstellung der Mitarbeiter zum Unternehmen und zwischen Mitarbeitern. Sie verändert auch das beobachtbare Handeln.

2.1 Fairness verändert die Einstellung der Mitarbeiter

Gut untersucht ist der Einfluss von Fairness auf die *Einkommens- und Arbeitszufriedenheit*. Seit den 70er Jahren beschäftigen sich Forscher mit dieser Frage und kommen immer wieder zum Resultat, dass sich sowohl die *Verteilungs-* als auch die *Verfahrensgerechtigkeit* positiv auswirken. So konnten in einer Studie 52% der Einkommenszufriedenheit durch die erzielte Verteilungsgerechtigkeit und immerhin noch 14% durch die eingehaltene Verfahrensgerechtigkeit erklärt werden (McFarlin und Sweeney 1992). Die Einkommenszufriedenheit der Mitarbeiter wird somit hauptsächlich durch (Verteilungs-)Gerechtigkeitsaspekte beeinflusst.

Die *Verfahrensgerechtigkeit* erhöht gemäss empirischen Studien das *Vertrauen* des Mitarbeiters in seine Vorgesetzte und die *Firmenbindung*. Die empfundene Verfahrensgerechtigkeit ist im wesentlichen abhängig von den Partizipations- und Einsprachemöglichkeiten, wie dies in Kapitel 8 dieses Buches ausführlich dargestellt ist.

2.2 Fairness verändert das Verhalten der Mitarbeiter

Auswirkungen der *Verteilungsgerechtigkeit* auf Verhaltensänderungen sind ausreichend erforscht. Zusammenfassend kommen die verschiedenen Studien (vgl. z.B. Konrad und Pfeffer 1990) zum Resultat, dass eine fehlende Verteilungsgerechtigkeit zu folgenden Reaktionen führt: *Unterbezahlung* (relativ zu Vergleichspersonen) motiviert den betroffenen Mitarbeiter, seine *Leistung* zu reduzieren. *Überbezahlung* führt lediglich *kurzfristig* zu einer Leistungssteigerung. Dieses Ergebnis ist in Übereinstimmung mit dem in Kapitel 1 dargestellten Verdrängungseffekt.

Die Auswirkungen der *Verfahrensgerechtigkeit* auf das Leistungsverhalten sind weniger klar erforscht. Dennoch gibt es Studien, die einen positiven Effekt ausweisen. Die in Kasten 7-3 dargestellte Untersuchung von Kim und Mauborgne (1998) zeigt beispielsweise auf, dass Fairness für den Wissenstransfer entscheidend ist. Die Ergebnisse unterstützen damit die in Kapitel 2 ausführlich dargestellten Befunde zum Zusammenhang von intrinsischer Motivation und der Generierung der „Ressource Wissen“.

Kasten 7-3:

Verfahrensgerechtigkeit und Wissenstransfer

Kim und Mauborgne (1998) fragen: Wie erreichen wir, dass die Mitarbeiter und Manager unseres Unternehmens freiwillig und jenseits vorgeschriebener Leistungen ihr Wissen teilen?

Als wichtigste Voraussetzungen haben sie die prozedurale Fairness ermittelt. Nach ihren Befunden empfinden Mitarbeiter die Verfahren dann als fair, wenn

1. sie in die Entscheidungsfindung eingebunden sind,
2. getroffene Entscheidungen erläutert werden und
3. die Spielregeln klar definiert sind.

Quelle: Kim, W. C./Mauborgne, R. (1998): Procedural Justice, Strategic Decision Making, and the Knowledge Economy, in: Strategic Management Journal 19, S. 323-338.

Die beiden Autoren schildern die Bedeutung dieser Bedingungen an folgendem (Negativ-)Beispiel: Sie wurden eines Tages in ein Unternehmen gerufen, dessen Entwicklungsteam keine zeitgerechten Resultate lieferte. Dabei hatte man alles mögliche unternommen: Das Team war multifunktional zusammengesetzt, man wendete moderne Projektmanagementinstrumente an und es bestand ein ausgeklügeltes Entgeltsystem. Trotzdem herrschte Misstrauen, niemand fühlte sich verantwortlich und Ideen wurden eifersüchtig gehütet. Was war geschehen? Schon in einer frühen Projektphase wurde ein Prototyp, der durch die Marketing- und Produktionsverantwortlichen konzipiert worden war, von den zahlenmässig überlegenen Entwicklungsingenieuren ignoriert. Der Vorschlag der Ingenieure wurde daraufhin ausgearbeitet. Obwohl aus der Sicht des Marketing und der Produktion klar war, dass dieses Konzept in der Realisierung scheitern musste, zog man es vor, die „Ingenieure ins offene Messer laufen zu lassen“. Die ungenügende Einbindung verschiedener Mitarbeiter und die fehlende Erklärung, warum deren Vorschläge abgelehnt worden waren, hatten die Zusammenarbeit im Team nachhaltig gestört.

Die Auswirkungen der prozeduralen Fairness wurde in letzter Zeit auch ausgiebig von der Forschung zum sogenannten *Organizational Citizenship Behavior* (OCB) untersucht. Diese betrachtet Organisationsmitglieder als Bürgerinnen und Bürger einer Unternehmung, die sich wie Staatsbürger an die Spielregeln ihrer Gemeinschaft halten, sich solidarisch gegenüber ihren Kolleginnen und Kollegen verhalten und zu den gemeinsamen Pool-Ressourcen des Unternehmens (als den firmenspezifischen öffentlichen Gütern) beitragen. Deren Bedeutung wurde in Kapitel 2 ausführlich dargestellt.

Organizational Citizenship Behavior (OCB) bezeichnet das Verhalten von Mitarbeitern, die über ihre im Arbeitsvertrag oder in der Stellenbeschreibung festgelegten Pflichten hinausgehen. Es handelt sich um freiwillige Leistungsbeiträge – sogenanntes Extra-Rollen-Verhalten – welches von den Vorgesetzten nicht eingefordert und dessen Fehlen nicht sanktioniert werden kann. Es kann sich entweder auf die Unternehmung als Ganzes oder aber auf einzelne Mitarbeiter in ihrem engeren Umfeld beziehen. Konkret kann es sich (im Sinne einer beispielhaften Aufzählung) um folgende Verhaltensaspekte handeln:

Unternehmensbezogenes OCB

- Einbringen innovativer Vorschläge
- freiwilliges Übernehmen von (auch unangenehmen) Aufgaben
- Bereitschaft, Überstunden zu leisten, damit wichtige Fristen eingehalten werden können
- auch ausserhalb der Firma positiv über das Unternehmen sprechen

Mitarbeiterbezogenes OCB

- Kollegen, die mit ihrer Arbeit in Rückstand geraten sind, Hilfe anbieten
- neue Mitarbeiter in der Einarbeitungszeit unterstützen
- zu einem angenehmen Arbeitsklima beitragen

OCB ist in seiner Auswirkung auf das Leistungsverhalten aus zwei Gründen besonders interessant:

1. Arbeitsverträge sind aufgrund ihrer häufig hohen Komplexität und ihres zumeist langfristigen Charakters immer unvollständig. Arbeitnehmer verfügen somit immer über einen Spielraum, der weder durch die in der Stellenbeschreibung aufgeführten Pflichten noch durch Weisungen des Vorgesetzten abgedeckt wird. Jeder hat wohl schon einmal erlebt, wie ineffizient die Zusammenarbeit wird, wenn die Mitarbeiter 'Dienst nach Vorschrift' betreiben. OCB kann als die grundsätzliche Bereitschaft einer Mitarbeiterin verstanden werden, ihren Spielraum zum Wohle ihrer Kollegen oder der Organisation als Gesamtheit zu nützen. Dies ist umso wichtiger, je schlechter sich Arbeitsabläufe standardisieren lassen und je interdependenter die Aufgabenbereiche verschiedener Mitarbeiter untereinander sind, also beispielsweise bei komplexen Aufgaben, die in Teams bearbeitet werden. OCB dient somit als eine Art Schmiermittel für den reibungslosen Ablauf organisationaler Prozesse. Es ist eine der wichtigsten Quellen für die in Kapitel 2 behandelten gemeinsamen Pool-Ressourcen.

2. OCB kann durch individuelle Leistungsanreize nur sehr ungenügend belohnt werden. Die geschilderten unternehmens- und mitarbeiterbezogenen Aspekte von OCB sind nur schwer zu messen, weil es sich dabei um typische „multiple-task"-Probleme handelt (vgl. Kapitel 1). Es ist deshalb kaum möglich, diese in formalen Leistungsbeurteilungen zu erfassen und entsprechend zu belohnen. Besonders schwerwiegend ist dieses Problem bei Aufgaben, bei denen die Generierung und Übertragung von Wissen einen wichtigen Aspekt darstellt, weil niemand gezwungen werden kann, sein (implizites) Wissen preiszugeben (vgl. Kapitel 2). OCB beruht somit in starkem Masse auf intrinsischer Motivation.

Leider gibt es nur wenige Untersuchungen zum direkten Zusammenhang von OCB auf die Produktivität. Der Grund liegt darin, dass einerseits individuelle Erfolgsmasse in diesem Zusammenhang per Definition nicht geeignet sind und andererseits auch die Erfassung von Gruppenleistungen problematisch ist, solange sie auf der Grundlage von Vorgesetztenurteilen beruhen, deren Sensibilität für OCB-Aspekte durchaus unterschiedlich ist. Immerhin gibt es mehrere Untersuchungen (die allerdings zumeist auf Vorgesetztenurteile zurückgreifen), die einen positiven Zusammenhang zwischen OCB und Gruppen-bzw. Abteilungsleistung aufweisen (vgl. die zusammenfassende Darstellung in Bretz/Hertel/Moser 1998).

3. Schlussbemerkungen

Abschliessend soll noch auf zwei besonders für die praktische Umsetzung relevante Untersuchungsergebnisse hingewiesen werden. Zum einen hat sich gezeigt, dass OCB weniger durch die allgemein wahrgenommene Fairness der in einem Unternehmen angewandten Prozesse insgesamt gefördert wird. Vielmehr scheint die faire Behandlung durch den direkten Vorgesetzten ausschlaggebend zu sein. Anders ausgedrückt: Es reicht nicht aus, faire Grundsätze in Leitbildern oder Führungshandbüchern zu verankern, relevant ist die Umsetzung dieser Grundsätze durch die einzelnen Manager.

Zum zweiten reicht es nicht aus, faire Grundsätze nur anzuwenden. Sie müssen auch kommuniziert werden! Nur wenn den Mitarbeitern verständlich gemacht wird, aufgrund welcher Überlegungen Entscheide getroffen werden, und diese sich dazu äussern können, kann Fairness ihre positive Wirkung auf die Bereitschaft der Mitarbeiter zu Organizational Citizenship Behavior ausüben.

Die wichtigste Schlussfolgerung ist, dass durch Sicherstellen von Fairness eine grosse Wirkung mit relativ geringem Aufwand erzielt werden kann, wie es Tom Tyler, einer der führenden Forscher auf diesem Gebiet in bezug auf prozedurale Fairness ausdrückt:

„ ... die Investition in gerechte Verfahren gehört wohl zu den am wenigsten teuren Methoden zur Verbesserung der Verhaltensweisen, des Zusammenhaltes und der Pflichterfüllung in einer Organisation. Dies spricht sehr dafür, Verfahrensgerechtigkeit anzuwenden.“ (Lind und Tyler 1988, S. 201)

4. Literaturhinweise

Einen Überblick zur Fairnessforschung findet man bei:

Lind, E. A./Tyler, T. R. (1988): The Social Psychology of Procedural Justice, New York.

Liebig, S. (1997): Soziale Gerechtigkeitsforschung und Gerechtigkeit in Unternehmen, München/Mering.

Die konkrete Anwendung von Fairness im Human Ressourcen Management wird behandelt von:

Folger, R. (1998): Organizational Justice and Human Resource Management, Thousand Oaks/London/New Dehli.

Greenberg, J. (1996): The Quest for Justice on the Job, Thousand Oaks/London/New Dehli.

Die Bedeutung von Fairness für das Wissensmanagement beschreiben:

Kim, W. C./Mauborgne, R. (1998): Procedural Justice, Strategic Decision Making, and the Knowledge Economy, in: Strategic Management Journal 19, S. 323-338.

Empirische Studien zur Wirkung von Fairness auf die Einstellungen und das Verhalten von Mitarbeitern sind:

Alexander, S./Ruderman, M. (1987): The Role of Procedural and Distributive Justice in Organizational Behavior, in: Social Justice Research 1, S. 177-198.

Folger, R./Konovsky, M. A. (1989): Effects of Procedural and Distributive Justice on Reactions to Pay Raise Decisions, in: Academy of Management Journal 32, S. 115-130.

Greenberg, J. (1990): Organizational Justice: Yesterday, Today, and Tomorrow, in: Journal of Management 16, S. 399-432.

Konrad, A. M./Pfeffer, J. (1990): Do you Get What you Deserve? Factors Affecting the Relationship Between Productivity and Pay, in: Administrative Science Quarterly 35, S. 258-285.

McFarlin, D. B./Sweeney, P. D. (1992): Distributive and Procedural Justice as Predictors of Satisfaction with Personal and Organizational Outcomes, in: Academy of Management Journal 35, S. 626-637.

Empirische Befunde zum Zusammenhang zwischen prozeduraler Fairness und Organizational Citizenship Behavior werden dargestellt von:

Bretz, E./Hertel, G./Moser, K. (1998): Kooperation und Organizational Citizenship Behavior, in: Speiß, E./Nerdinger Friedemann, W. (Hrsg): Kooperation in Unternehmen, München/Mering.

Moorman, R. H. (1991): Relationship Between Organizational Justice and Organizational Citizenship Behaviors: Do Fairness Perceptions Influence Employee Citizenship?, in: Journal of Applied Psychology 76, S. 845-855.

Moorman, R. H./Blakely, G. L./Niehoff, B. P. (1998): Does Perceived Organizational Support Mediate the Relationship Between Procedural Justice and Organizational Citizenship Behavior?, in: Academy of Management Journal 41, S. 351-357.

Theoretische Grundlagen zum Zusammenhang zwischen prozeduraler Fairness und Organizational Citizenship Behavior finden sich bei:

Organ, D. W. (1990): The Motivational Basis of Organizational Citizenship Behavior, in: Research in Organizational Behavior 12, S. 43-72.

Tyler, T. R. (1989): The Psychology of Procedural Justice: A Test of the Group-Value Model, in: Journal of Personality and Social Psychology 57, S. 830-838.

Achtes Kapitel

MATTHIAS BENZ

Das Management des Ungeschriebenen – Wie Sie mit Partizipation und Kommunikation Arbeitsbeziehungen verbessern können

KAPITELZUSAMMENFASSUNG

In diesem Kapitel werden zwei Instrumente der Arbeitsgestaltung untersucht, mit denen Mitarbeiterinnen und Mitarbeiter motiviert werden können: Partizipation und Kommunikation. Anhand einer breit angelegten Umfrage wird gezeigt, dass eine partizipative und kommunikationsorientierte Mitarbeiterführung die Qualität von Arbeitsbeziehungen entscheidend verbessern kann. Sie steigert das Vertrauen und die Loyalität, welche Arbeitnehmer dem Unternehmen entgegenbringen. Sie führt zu einer stärkeren Bindung der Angestellten an die Firma und verbessert zudem das Arbeitsklima und die Arbeitszufriedenheit. Partizipation und Kommunikation sind besonders dort von Bedeutung, wo Arbeitsbeziehungen nur unvollständig geregelt werden können. Sie sind deshalb wichtige Bestandteile des ‚Managements des Ungeschriebenen'.

1. Das Problem: Warum sind Arbeitsverträge unvollständig?

Viele Motivationsprobleme in Unternehmungen würden sich nicht stellen, wenn Arbeitsbeziehungen über *vollständige Arbeitsverträge* geregelt wären. Solche Arbeitsverträge würden die Tätigkeit einer Mitarbeiterin oder eines Mitarbeiters unter allen vorstellbaren Bedingungen präzise vorschreiben. Die Firma erhielte dann genau die Arbeitsleistung, die sie vom Mitarbeiter erwartet, und der Arbeitnehmer einen exakt auf seine Leistung bemessenen Lohn.

In der Realität stellt man jedoch genau das Gegenteil fest: die Arbeitsverträge zwischen Firmen und ihren Mitarbeitern sind oft höchst unvollständig. Meist wird nur der grundlegende Rahmen des Arbeitsverhältnisses geregelt und viele Aspekte werden offengelassen. Liegt darin ein Widerspruch?

1.1 Der Grund für die Existenz von Firmen

Die Ökonomische Theorie der Firma sagt: nein. Der Grund dafür wird deutlich, wenn man sich veranschaulicht, wie in einer Wirtschaft ganz allgemein Arbeit gegen Geld getauscht wird (natürlich gelten dieselben Überlegungen auch für den Handel von Gütern; hier wird jedoch nur der Tausch von Arbeitsleistung betrachtet). Ökonomen nennen solche Tauschakte ‚Transaktionen'. Einige dieser Transaktionen finden innerhalb von Firmen statt – es handelt sich dann um eine gewöhnliche Arbeitsbeziehung. Andere Transaktionen werden jedoch ausserhalb der Unternehmung über Märkte abgewickelt: man stellt beispielsweise einen Handwerker an und bezahlt ihn für eine bestimmte Leistung. Ob ein Tausch von Arbeit gegen Geld auf einem Markt oder innerhalb einer Organisation stattfindet, hängt vor allem von der Art der Transaktion ab. Einfache Transaktionen lassen sich am effizientesten über Märkte abwickeln. So lohnt es sich für die Tauschparteien nicht, für einen einmaligen Handwerkerauftrag eine Firma zu gründen, da Preis und zugesicherte Leistung eindeutig festgelegt werden können. Für andere, komplexere Transaktionen sind jedoch Firmen besser geeignet. Dies ist vor allem der Fall, wenn die Transaktionen wiederholt stattfinden oder spezifische Investitionen nötig sind, welche bei einem Abbruch des Tauschverhältnisses verloren gingen. In Kapitel 2 wird ausführlich dargestellt, dass nicht-handelbare, gemeinsam erzeugte *Pool-Ressourcen* der eigentliche Grund für die Existenz von Unternehmen sind.

Gemeinsame Pool-Ressourcen zeichnen sich dadurch aus, dass die Beiträge der einzelnen Organisationsmitglieder zu ihrer Erstellung nicht eindeutig zugerechnet werden können. Aufgrund dieser Nicht-Zurechenbarkeit können die entsprechenden Aktivitäten auch nicht in eindeutige Verträge mit genau spezifizierten Leistungen und Gegenleistungen (Preisen) gefasst werden. Wäre dies möglich, so gäbe es keinen Grund, die entsprechenden Tätigkeiten *nicht* über den Markt zu beziehen, z.B. in Form eines Werkvertrages oder im Rahmen des Outsourcing. Die Stärke von Unternehmungen liegt demgegenüber darin, die Mitarbeiter auch dann zu einer Leistung motivieren zu können, wenn die Arbeitsleistung nicht eindeutig zurechenbar ist. Dies ist zu bedenken, wenn immer mehr versucht wird, durch Profit Centers und Verrechnungspreise künstliche Märkte in Unternehmen einzuführen. Wesentliche Wettbewerbsvorteile können dabei verloren gehen (vgl. Kapitel 6 dieses Buches).

1.2 Die Bedeutung impliziter Arbeitsverträge

Weil Arbeitsverträge in Firmen unvollständig sind, beruhen die Beziehungen zwischen Unternehmen und Angestellten zu einem grossen Teil auf *impliziten Arbeitsverträgen*. Gemeint sind damit alle Bestandteile einer Arbeitsbeziehung, die nicht formell im Arbeitsvertrag geregelt sind und damit nicht von einer aussenstehenden Partei (z. B. einem Arbeitsgericht) durchgesetzt werden können.

Implizite Arbeitsverträge spielen in Organisationen eine zentrale Rolle. In vielen Bereichen müssen sich Arbeitnehmer auf die Glaubwürdigkeit der Firma verlassen, weil sie ihre Ansprüche nicht vor einem Gericht einklagen können. Werden die versprochenen Lohnerhöhungen auch wirklich gewährt? Kann man der Verpflichtung der Firma zur Arbeitsplatzsicherheit Glauben schenken? Werden versprochene Weiterbildungen durchgeführt, und kann man der Beförderungspolitik der Firma vertrauen? Umgekehrt muss sich aber auch die Firma darauf verlassen können, dass die Arbeitnehmer implizite Arbeitsverträge nicht brechen und sich aus freien Stücken im Sinne der Firma verhalten.

Das Funktionieren und der Erfolg einer Unternehmung hängen deshalb zu einem guten Teil von der Qualität impliziter Arbeitsverträge ab. Das ‚Management des Ungeschriebenen' stellt sich als eine der wichtigsten Aufgaben in einer Firma. Wie kann man jedoch als Unternehmung die Qualität von impliziten Arbeitsbeziehungen verbessern? Dies ist eine entscheidende Frage von ‚Managing Motivation'.

Anordnungs- und Kontrollmechanismen sowie auch das Instrument der Leistungsentlohnung können nicht sicherstellen, dass sich Mitarbeiterinnen und Mitarbeiter an implizite Verträge halten (vgl. dazu ausführlich Kapitel 1 und 2). Im Gegenteil ist eine bestimmtes Ausmass an intrinsischer Arbeitsmotivation nötig, damit implizite Regelungen nicht dauernd gebrochen werden. In diesem Kapitel werden deshalb zwei andere Instrumente untersucht, mit denen Mitarbeiterinnen und Mitarbeiter motiviert werden können. Es wird gezeigt, dass Partizipation und Kommunikation die Qualität von impliziten Arbeitsverträgen in einer Firma entscheidend verbessern.

2. Die Lösung: Partizipation und Kommunikation als Motivatoren

2.1 Partizipation

Partizipation steht hier für den individuellen Einfluss der Arbeitnehmer auf Entscheidungen an ihrem Arbeitsplatz. Diese *individuelle* und *direkte* Partizipation muss klar von *kollektiven* und *indirekten* Formen der Partizipation wie etwa der gesetzlich vorgeschriebenen Mitbestimmung in Deutschland nach dem Betriebsverfassungsgesetz 1972 und dem Mitbestimmungsgesetz 1976 unterschieden werden. Sie setzt auf der Ebene des einzelnen Arbeitnehmers an und nicht auf der Ebene der Firmenleitung. Sie gibt der einzelnen Mitarbeiterin direkten Einfluss auf Entscheidungen und beruht nicht auf einer Vertretung durch Delegierte. In Kasten 8-1 werden unterschiedliche Formen der Mitsprache und Beteiligung von Arbeitnehmern unterschieden.

Kasten 8-1:

Unterschiedliche Formen der Mitsprache und Beteiligung von Arbeitnehmern

Individuelle, direkte Partizipation

- Einfluss auf Entscheidungen, die direkt den eigenen Arbeitsplatz betreffen.

Kollektive, indirekte Mitbestimmung

- Einsitz von Arbeitnehmervertretern im Verwaltungsrat oder im Betriebsrat der Unternehmung.
- z.B. gesetzlich vorgeschriebene Mitbestimmung in Deutschland.

Gewinnbeteiligung

- Auszahlung eines Teils des Firmengewinns an die Arbeitnehmer.

Arbeiterselbstverwaltung

- Die Arbeitnehmer entscheiden demokratisch und gleichberechtigt über Firmenangelegenheiten.

Individuelle Partizipation heisst, dass Mitarbeiterinnen und Mitarbeiter bei Entscheidungen einbezogen werden, die ihren eigenen Arbeitsplatz betreffen. Dies bedeutet beispielsweise Mitsprache über Organisation und Ziele der Arbeit, Weiterbildungsmassnahmen, Arbeitszeitpläne, Sicherheitsstandards oder Anschaffungen, z.B. von Software. Solche Partizipation kann verschiedene Formen annehmen. In vielen Firmen sind Partizipationsmöglichkeiten im regulären Arbeitsablauf integriert, ohne eine formelle Struktur zu haben. In anderen Unternehmungen werden formelle Strukturen geschaffen oder gar ein paralleler Ablauf ausserhalb der regulären Arbeitsorganisation vorgesehen. Solche institutionalisierten ‚involvement'-Programme sind beispielsweise Qualitätszirkel und autonome Werkgruppen. Sie sind in Kasten 8-2 näher erläutert.

Kasten 8-2:

Beispiele für die Partizipation von Mitarbeiterinnen und Mitarbeitern

Qualitätszirkel bestehen aus etwa zehn Mitarbeitern. Sie treffen sich einmal im Monat auf freiwilliger Basis, um selbstgewählte Themen aus ihrem Arbeitsbereich zu diskutieren. Das Ziel ist, Probleme zu identifizieren und Lösungsvorschläge zu entwickeln. Qualitätszirkel sind dabei frei in der Auswahl der Themen und der Art und Weise ihrer Bearbeitung. Der Entscheid über die Durchführung eines Vorschlages verbleibt hingegen meist auf der höheren Hierarchiestufe. Qualitätszirkel werden jedoch oft mit der Umsetzung und Kontrolle von Verbesserungen betraut.

Autonome Werkgruppen stellen im Gegensatz zu Qualitätszirkeln eine im regulären Arbeitsalltag verankerte Form der Partizipation dar. Einer kleinen Gruppe von Mitarbeitern wird die Herstellung eines (Teil-)Produktes oder einer Dienstleistung praktisch vollständig übertragen. Die Autonome Werkgruppe ist dann selbst dafür verantwortlich, wie sie ihre Aufgabe plant, durchführt und die Qualität der Produktion kontrolliert.

Quelle: Antoni, C. H. (1999): Konzepte der Mitarbeiterbeteiligung: Delegation und Partizipation, in: Hoyos, C./Frey, D. (Hrsg.): Arbeits- und Organisationspsychologie, Weinheim.

Partizipation, Motivation und Produktivität

Die Bedeutung von Partizipation für die Mitarbeiter-Motivation wird von der sozialpsychologischen Forschung betont. Zahlreiche Studien belegen ihre positiven Wirkungen. Partizipative Formen der Entscheidungsfindung – ob informell oder institutionalisiert – geben Arbeitnehmern ein gewisses Mass an Selbstbestimmung und Verantwortlichkeit. Sie zeigen, dass die Firma den Einsatz und das Engagement der Mitarbeiter würdigt und ernst nimmt. Dies kann die intrinsische Arbeitsmotivation fördern. Die Mitarbeiter werden sich aus eigenem Antrieb stärker im Sinne der Firma verhalten, auch wenn sie keine bindende Regelung dazu veranlasst. Partizipation führt so zu produktiveren impliziten Arbeitsbeziehungen.

Die Wirkung von Partizipationsprogrammen auf die Produktivität von Firmen wurde vor allem von Ökonomen und Betriebswirten in zahlreichen Studien untersucht. In einer Übersichtsanalyse haben David I. Levine und Andrea Tyson sämtliche bis 1990 erschienenen Arbeiten (insgesamt 43) ausgewertet. Sie fassen die Ergebnisse wie folgt zusammen: „Es findet sich in der Regel ein positiver, oft kleiner Effekt von Partizipation auf die Produktivität, manchmal keiner oder ein statistisch nicht signifikanter, und praktisch nie ein negativer Effekt." (Levine/Tyson 1990, S. 203). Die Auswirkungen von Partizipation auf die Produktivität von Firmen sind demnach weniger eindeutig als jene auf die Motivation von Mitarbeitern. Dennoch kann festgehalten werden: auch wenn Partizipation nicht immer wirken sollte, so scheint sie der Firmenproduktivität zumindest nicht zu schaden.

2.2 Kommunikation

Unter dem Begriff Kommunikation wird hier die institutionalisierte Kommunikation zwischen Management und Belegschaft verstanden. Dazu können verschiedene Einrichtungen gezählt werden:

- Eine umfassende ‚*open-door-policy*' ermöglicht es den Mitarbeitern, ihre Anliegen jederzeit den Vorgesetzten mitteilen zu können. Hierarchische Hürden, welche die Kommunikation behindern, können dabei überwunden werden.
- Zahlreiche Firmen organisieren heute *regelmässige Treffen* auf Unternehmens- und Abteilungsebene.
- Es können *Mitarbeiter-Ausschüsse* eingesetzt werden, die regelmässig mit dem Management diskutieren.
- Schliesslich stehen auch weitere Kommunikationsformen wie Unternehmenszeitungen und Intranet zur Verfügung.

Kommunikation und Motivation

Warum soll Kommunikation für das Management von Motivation wichtig sein? In den letzten Jahren hat die verhaltensorientierte Ökonomik diesbezüglich eindeutige Ergebnisse gefunden. Menschen verhalten sich kooperativer, wenn sie mit dem Gegenüber kommunizieren können. Dies gilt auch dann, wenn *keine bindenden Regelungen* bestehen, welche zu einem kooperativen Verhalten verpflichten würden. Ein Beispiel ist in Kasten 8-3 angegeben.

Kommunikation veranlasst Individuen zu freiwillig kooperativerem Verhalten. Sie ist deshalb eine wichtige Voraussetzung, um bloss implizit geregelte Arbeitsbeziehungen produktiv zu machen. Die amerikanische Sozialwissenschaftlerin Elinor Ostrom fasst dies so zusammen: „Das Austauschen gegenseitiger Verpflichtungen, der Aufbau von Vertrauen, die Kreation und Verstärkung von Normen und die Entwicklung einer Gruppenidentität scheinen die wichtigsten Prozesse zu sein, welche Kommunikation wirksam machen." (Ostrom 1998, S. 7)

Kasten 8-3:

Kommunikation führt zu kooperativem Verhalten

In einem Verhaltensexperiment an der Universität Zürich wurde den Teilnehmern je 13 Franken gegeben. Diese konnten frei darüber entscheiden, ob sie den Betrag für sich behalten oder aber einen beiliebigen Teil davon an eine zweite Person weitergeben wollten, die nichts erhalten hatte. Wenn unbekannt war, an wen der gespendete Betrag gehen würde, gaben die Teilnehmer im Schnitt nur 26% (ca. 3.25 Fr.) weiter. Wenn jedoch der Teilnehmer mit dem Empfänger vorgängig kommunizieren konnte, wurde im Schnitt 48% (ca. 6.50 Fr.) weitergegeben.

Quelle: Bohnet, I. (1997): Kooperation und Kommunikation. Eine ökonomische Analyse individueller Entscheidungen, Tübingen.

Menschen bewerten zudem Ergebnisse eines Prozesses als fairer, wenn sie ihre Meinung zu einer Sache äussern können. Sie sind dann eher bereit, für sie wenig vorteilhafte Ergebnisse zu akzeptieren. Dieser sozialpsychologische Befund über die ‚prozedurale Fairness' ist auch für Unternehmungen von Bedeutung. Ausgebaute Kommunikationsstrukturen sind ein Zeichen, dass eine Firma Wert auf die Fairness des Entscheidungsprozesses selbst legt. Im Gegenzug kann eine grössere Akzeptanz auch von unangenehmen Entscheidungen erwartet werden.

Prozedurale Fairness steht auch in engem Zusammenhang mit organisationalem Bürgersinn (‚Organizational Citizenship Behavior' oder ‚OCB'), wie in Kapitel 7 ausführlich dargestellt wird. Wenn Mitarbeiter fair behandelt werden, verhalten sie sich demnach eher als ‚Firmenbürger'; d.h. sie verstehen es bespielsweise als Selbstverständlichkeit, sich an Regeln zu halten, ihren Kollegen und Kolleginnen beizustehen, wenn diese Hilfe brauchen, oder Überstunden zu machen, wenn dies die Situation erfordert.

Die theoretischen Überlegungen dieses Abschnittes legen nahe, dass Partizipation und Kommunikation wichtig sind für das Management von Motivation. Es ist zu erwarten, dass sie die Qualität von impliziten Arbeitsbeziehungen verbessern. Lässt sich dies auch empirisch beobachten?

3. Eine konkrete Anwendung: Der Worker Representation and Participation Survey

Die theoretischen Überlegungen sollen im folgenden anhand einer amerikanischen Umfrage überprüft werden: dem Worker Representation and Participation Survey (WRPS). Der WRPS eignet sich gut für die vorliegende Fragestellung, weil die amerikanischen Arbeitsmarktverhältnisse viel Gewicht auf implizite Arbeitsverträge legen, wohingegen es wenig explizite Kündigungsschutzvorschriften gibt. Früher drückte sich das in der ‚hire and fire'-Regelung aus: der Arbeitgeber konnte praktisch nach freiem Ermessen Leute anstellen und wieder entlassen. Noch heute herrschen Flexibilität und schwach regulierte Arbeitsverhältnisse vor. Beispielsweise sind bezahlte Ferien oder Leistungen an die Sozialversicherung nicht staatlich vorgeschrieben, sondern liegen in der Hand der einzelnen Unternehmung.

Diese Verhältnisse sind nicht notwendigerweise positiv zu beurteilen. Gegenwärtig wird jedoch oft die These von der ‚Amerikanisierung' der Arbeitswelt vorgebracht. In der Tat werden Deregulierung und Flexibilisierung auch in Europa dazu führen, dass Arbeitsbeziehungen vermehrt auf implizite Regelungen werden abstellen müssen. Ein Blick nach Amerika erlaubt deshalb Folgerungen, die für die hiesigen Arbeitsmärkte in Zukunft wichtig werden können.

Der WRPS wurde 1994 vom renommierten amerikanischen National Bureau of Economic Research in Auftrag gegeben. Befragt wurden insgesamt 2408 Arbeitnehmer aus den USA, die in privaten Unternehmungen oder nicht gewinnorientierten Organisationen mit mindestens 25 Mitarbeitern beschäftigt waren und weder zu den Eigentümern der Firma noch zum oberen Management gehörten. Der WRPS stellt somit eine repräsentative Stichprobe von Arbeitnehmern aus zahlreichen Branchen, Berufen und Firmen dar. Dies erlaubt es, generalisierte Aussagen abzuleiten, welche über die einzelne Firma hinaus Geltung haben.

3.1 Ist die Qualität impliziter Arbeitsverträge messbar?

Wie kann man die Qualität impliziter Arbeitsverträge empirisch messen? Der WRPS hat den Vorteil, dass er verschiedene Masse für diese ‚weichen' und deshalb schwer erfassbaren Faktoren anbietet. So lässt sich *insgesamt* ein verlässliches Bild nachzeichnen. Für die Analyse wurden fünf Komponenten ausgewählt, die verschiedene Aspekte erfassen. Es handelt sich dabei um das Vertrauen in die Firma, die Loyalität zur Firma, die Firmenbindung, das Betriebsklima und die Arbeitszufriedenheit. Alle diese Komponenten sind dadurch charakterisiert, dass sie nicht einfach in einem

Arbeitsvertrag vorgeschrieben oder anderswie erzwungen werden können. Im Gegenteil können diese Bereiche nur implizit geregelt werden. Viel Vertrauen und Loyalität, eine hohe Firmenbindung sowie ein gutes Betriebsklima und zufriedene Arbeitnehmer sind ein gutes Mass dafür, dass die impliziten Arbeitsbeziehungen in einem Unternehmen funktionieren.

Die Variablen *Vertrauen*, *Loyalität* und *Firmenbindung* wurden in der Umfrage auf einer Skala von 1 (tief) bis 4 (hoch) erhoben. Der exakte Wortlaut der gestellten Fragen findet sich im Anhang zu diesem Kapitel. Die Variable *Firmenbindung* besagt, ob ein Arbeitnehmer die Firma zu verlassen gedenkt oder aber langfristig dort bleiben will. Die Variablen *Betriebsklima* und *Arbeitszufriedenheit* wurden nur auf einer dreistufigen Skala gemessen. Ein tiefer Wert von 1 steht für ein schlechtes Betriebsklima bzw. für eine niedrige Arbeitszufriedenheit, 2 für ein durchschnittliches Betriebsklima bzw. eine mittlere Arbeitszufriedenheit und 3 für ein gutes Betriebsklima bzw. hohe Arbeitszufriedenheit.

Die Umfrage stellt den amerikanischen Arbeitgebern kein schlechtes Zeugnis aus. Im allgemeinen halten die Arbeitnehmer die Arbeitsbeziehungen in ihrer Firma für gut. Im Durchschnitt haben die Antwortenden einiges Vertrauen in die Unternehmung (der Durchschnittswert beträgt 3.11 bei einem Maximum von 4). Dasselbe gilt für die Loyalität (3.36). Etwas tiefer liegt der Durchschnittswert bei der Firmenbindung (2.76). Das Betriebsklima wird im Mittel als durchschnittlich bis gut bewertet (2.67 bei einem Maximum von 3). Auch die Arbeitszufriedenheit der Antwortenden ist beträchtlich. Der durchschnittliche Arbeitnehmer gibt eine mittlere bis hohe Arbeitszufriedenheit an (2.43).

Selbstverständlich bestehen grosse Unterschiede zwischen den einzelnen befragten Arbeitnehmerinnen und Arbeitnehmern. Diese Differenzen bezüglich Vertrauen, Loyalität, Firmenbindung, Betriebsklima und Arbeitszufriedenheit werden in der Analyse mit den unterschiedlichen Partizipations- und Kommunikationsmöglichkeiten von Arbeitnehmern zu erklären versucht.

3.2 Partizipation und Kommunikation: Operationalisierung

Die Partizipationsmöglichkeiten werden mittels zweier Variablen operationalisiert. Die eine Variable *Partizipation* erfasst die bloss informell geregelten Mitsprachemöglichkeiten von Mitarbeiterinnen und Mitarbeitern. Die andere Variable *Invo-Programm* bildet institutionalisierte Partizipationsprogramme wie Qualitätszirkel und autonome Werkgruppen ab.

Die Variable *Partizipation* misst auf einer Skala von 4 (tief) bis 16 (hoch) die *subjektiv wahrgenommene* Mitsprache an Entscheidungen direkt am Arbeitsplatz. Abgefragt wurden dabei die Dimensionen Arbeitsorganisation, Weiterbildung, Arbeitszeitpläne, Lohnerhöhungen, Arbeitsziele, Ausrüstung oder Software, Sicherheitsstandards und Vergünstigungen für Arbeitnehmer. (Zur Konstruktion dieser Variable und den gestellten Fragen siehe ebenfalls den Anhang). Die Variable *Invo-Programm* (Involvement-Programm) stellt ein *objektives* Mass dar. Sie nimmt den Wert 1 an, wenn der befragte Arbeitnehmer an einem ,involvement program' wie Qualitätszirkeln, Total Quality Management oder autonomen Werkgruppen teilnimmt (sonst ist sie gleich 0).

Die Partizipationsmöglichkeiten der Arbeitnehmer sind im Mittel nicht sehr umfassend und variieren beträchtlich. Der durchschnittliche Arbeitnehmer gibt für die Variable *Partizipation* 10 Indexpunkte an, was genau in der Mitte zwischen sehr wenigen und sehr vielen Partizipationsmöglichkeiten liegt. Die Standardabweichung beträgt 3 Indexpunkte. Nur 31.5% der Befragten nehmen zudem an einem ,involvement'-Programm teil.

Die Kommunikationsmöglichkeiten werden mit der Variable *Kommunikation* gemessen. Sie stellt einen Index dar, der Werte von 0 bis 3 annehmen kann. Jede der folgenden Einrichtungen wird dabei mit einem Indexpunkt bewertet, wenn sie vorhanden ist: eine umfassende Open-Door-Policy; regelmässige Treffen zwischen Management und Belegschaft; sowie Arbeiterausschüsse, die regelmässig mit dem Management diskutieren. Die Kommunikationsstrukturen sind generell nur durchschnittlich ausgebaut (der mittlere Wert beträgt etwa 1.5 Indexpunkte) und unterscheiden sich stark zwischen den Firmen der Arbeitnehmer (die Standardabweichung ist etwa 1 Indexpunkt).

3.3 Empirische Analyse

Deskriptive Analyse

Die Auswirkungen von Partizipation und Kommunikation auf die Qualität impliziter Arbeitsverträge werden zuerst anhand einer Kreuztabelle dargestellt. Dies erlaubt eine anschauliche Übersicht über die Ergebnisse, bevor exaktere statistische Tests vorgestellt werden. Die Kreuztabelle zeigt, wie hoch die Prozentanteile der Antwortenden mit viel / wenig Partizipation bzw. viel / wenig Kommunikationsmöglichkeiten in den zwei oberen bzw. unteren Klassen der jeweiligen abhängigen Variablen sind. Als Beispiel sei das Feld rechts unten betrachtet, welches den Zusammenhang zwischen Betriebsklima und Kommunikationsmöglichkeiten aufzeigt. Die Prozentzahlen sind folgendermassen zu verstehen: Von den Antwortenden, die ein schlechtes Betriebsklima angeben, haben 61.4% nur wenige Kommunikationsmöglichkeiten, 38.6% dagegen viele. Bei den Antwortenden, die ein gutes Betriebsklima haben, sieht es umgekehrt aus. Hier haben nur 42.2% wenige, 57.8% dagegen viele Kommunikationsmöglichkeiten.

Die Resultate in Tabelle 8-1 zeigen, dass Partizipation und Kommunikation entscheidend zur Qualität impliziter Arbeitsverträge beitragen. Als Beispiel sei die Variable *Vertrauen* herausgegriffen. Wenn Arbeitnehmer viel Partizipation geniessen, haben sie mehr Vertrauen in die Firma. Unter denjenigen, die der Firma viel Vertrauen entgegenbringen, ist der Anteil von Arbeitnehmern mit viel Partizipation 60.2%, während jener der wenig partizipierenden nur 39.8% beträgt. Genau umgekehrt sieht das Bild bei den Arbeitnehmern aus, die ihrer Firma nicht vertrauen. Hier ist der Anteil der Angestellten mit wenig Partizipation 57.6%, während jene mit viel Partizipation nur 42.4% ausmachen. Dieser positive Effekt wird durch die Variable *Invo-Programm* bestätigt. Arbeitnehmer, die an einem ‚involvement'-Programm teilnehmen, machen einen grösseren Anteil in der Klasse ‚viel Vertrauen' aus als in jener mit ‚wenig Vertrauen'. Ein ähnlicher Effekt findet sich für die Variable *Kommunikation.* Wenn ausgebaute Kommunikationsstrukturen vorhanden sind, so ist die Wahrscheinlichkeit eineinhalb Mal höher, dass Arbeitnehmer viel Vertrauen in die Firma haben (der Anteil beträgt dann 60.8% gegenüber 39.2% bei nur wenigen Kommunikationsmöglichkeiten).

Diese Resultate bestätigen sich für alle fünf Variablen, mit denen die Qualität impliziter Arbeitsbeziehungen gemessen wird. Die deskriptive Analyse legt nahe: Partizipation und Kommunikation erhöhen die Loyalität zur Unternehmung, sie stärken die Bindung der Arbeitnehmer zur Firma und sie verbessern das Betriebsklima sowie die Arbeitszufriedenheit.

Tabelle 8-1: Die positiven Effekte von Partizipation und Kommunikation – Übersichtsdarstellung

		Partizipationsmöglichkeiten		‚Involvement'-Programm		Kommunikationsmöglichkeiten	
		wenige	viele	nein	ja	wenige	viele
Vertrauen	tief	57.6%	42.4%	80.5%	19.5%	68.1%	31.9%
	hoch	39.8%	60.2%	63.5%	36.5%	39.2%	60.8%
Loyalität	tief	63.3%	36.7%	81.1%	18.9%	65.6%	34.4%
	hoch	40.2 %	59.8%	66.4%	33.6%	45.0%	55.0%
Firmen-bindung	tief	54.1%	45.9%	77.4%	22.6%	58.3%	41.7%
	hoch	36.3%	63.7%	62.2%	37.8%	40.5%	59.5%
Arbeits-zufriedenheit	schlecht	57.8%	42.2%	75.9%	24.1%	56.5%	43.5%
	gut	36.2%	63.8%	65.0%	35.0%	43.7%	56.3%
Betriebs-klima	schlecht	57.0%	43.0%	77.6%	22.4%	61.4%	38.6%
	gut	38.3%	61.7%	64.7%	35.3%	42.2%	57.8%

Bemerkungen: Die angegebenen Prozentzahlen entsprechen den Anteilen aller Antwortenden aus den zwei unteren Klassen (z.B. Vertrauen = 1 oder 2) bzw. den zwei oberen Klassen (z.B. Vertrauen = 3 oder 4). Bei den Variablen Betriebsklima und Arbeitszufriedenheit ist die Auteilung anders; ein schlechtes Betriebsklima steht hier für Werte von 1 oder 2, ein gutes Betriebsklima für einen Wert von 3. Analog steht eine niedrige Arbeitszufriedenheit für Werte von 1 oder 2, eine hohe Arbeitszufriedenheit für einen Wert von 3. Wenig Partizipationsmöglichkeiten bedeutet, dass die Variable Partizipation einen Wert zwischen 4 und 9 annimmt, viel Partizipation steht für einen Wert zwischen 10 und 16. Wenig Kommunikationsmöglichkeiten heisst, dass die Variable Kommunikation Werte von 0 oder 1 annimmt, viel Kommunikation bezeichnet Werte von 2 oder 3.

Statistische Analyse

Um generalisierte Aussagen über die Wirkung von Partizipation und Kommunikation machen zu können, müssen zusätzliche statistische Tests durchgeführt werden. Die deskriptive Analyse vernachlässigt, dass verschiedene Faktoren gleichzeitig auf die Qualität impliziter Arbeitsbeziehungen einwirken. Beispielsweise könnte vermutet werden, dass in kleinen Firmen bessere Arbeitsbeziehungen herrschen oder dass sich diese je nach Tätigkeitsfeld des Mitarbeiters oder der Branche der Firma unterscheiden. Für solche zusätzlichen Einflussfaktoren muss kontrolliert werden, um die Unverzerrtheit der empirischen Resultate sicherzustellen. Erst wenn sich zeigt, dass die positiven Effekte von Partizipation und Kommunikation nicht von anderen Einflüssen überlagert werden, kann auf eine Allgemeingültigkeit der Resultate geschlossen werden.

Ein solcher statistischer Test kann mittels einer multiplen Regressionsanalyse durchgeführt werden. Dieses Verfahren erlaubt es, alle relevanten Faktoren gleichzeitig in eine Schätzgleichung aufzunehmen. Die Ergebnisse sind dann einfach interpretierbar. Der Effekt, der für eine einzelne Variable ermittelt wird, gilt *ceteris paribus*; d.h., dass die Einflüsse aller anderen Variablen bei der Berechnung konstant gehalten werden. Die Wirkung der einzelnen Variablen lässt sich so isolieren.

Die Resultate der durchgeführten multiplen Regressionen für die abhängigen Variablen *Vertrauen*, *Loyalität*, *Firmenbindung*, *Arbeitszufriedenheit* und *Betriebsklima* sind im Anhang zu diesem Kapitel ausführlich wiedergegeben (Tabellen 8-2 und 8-3). Dort wird ebenfalls das verwendete Schätzverfahren genauer erläutert und erklärt, wie die ermittelten Ergebnisse zu interpretieren sind. Die Resultate lassen sich wie folgt zusammenfassen:

Partizipation verbessert die Qualität impliziter Arbeitverträge

Die empirische Untersuchung belegt: die Partizipation von Mitarbeiterinnen und Mitarbeitern hat positive Auswirkungen auf verschiedene Aspekte von Arbeitsbeziehungen, die nicht einfach in einem Arbeitsvertrag vorgeschrieben oder anderswie erzwungen werden können.

Vertrauen:

Partizipation steigert das Vertrauen, das Mitarbeiter ihrer Unternehmung entgegenbringen. Für die Variable *Partizipation* wurde ein positiver Effekt ermittelt, der statistisch hochsignifikant ist und eine bedeutende Grösse aufweist. Angestellte mit den meisten Partizipationsmöglichkeiten haben mit einer um 20.6% höheren Wahrscheinlichkeit viel Vertrauen in ihre Firma als solche mit nur sehr wenigen Partizipationsmöglichkeiten. Dies wird von der zweiten verwendeten Variable *Invo-Progamm* bestätigt. Der Effekt der Teilnahme an einem ‚involvement'-Programm ist positiv und signifikant.

Loyalität:

Auch hier weisen die beiden Partizipationsvariablen einen positiven Effekt aus. Viele Partizipationsmöglichkeiten und die Einführung von Involvement-Programmen erhöhen die Wahrscheinlichkeit hochsignifikant und in bedeutendem Ausmass, dass Arbeitnehmer sich loyal zu ihrer Unternehmung fühlen. Die Effekte betragen hier + 34.9% für die Variable *Partizipation* bzw. + 13.0% für die Variable *Invo-Progamm.*

Firmenbindung:

Arbeitnehmer wollen umso eher langfristig bei ihrer Firma bleiben, je mehr sie an Entscheidungen partizipieren können. Viele Partizipationsmöglichkeiten führen dazu, dass sich Arbeitnehmer um 31.0% wahrscheinlicher zu jenen zählen, die ihre Firma nicht zu verlassen gedenken. Diese hochsignifikante positive Wirkung bestätigt sich allerdings für die zweite Variable *Invo-Programm* nicht. Der ermittelte Koeffizient ist zwar auch hier positiv, jedoch statistisch nicht signifikant.

Arbeitszufriedenheit:

Arbeitnehmer arbeiten lieber, wenn sie Einfluss auf Entscheidungen an ihrem Arbeitsplatz ausüben können. Dies zeigt der ermittelte Effekt der Variable *Partizipation* von + 32.9% (signifikant auf dem 99%-Niveau). Eine hohe Arbeitszufriedenheit wird auch durch ‚involvement'-Programme gefördert. Die Teilnehmer an einem solchen Programm geben mit 9.1% höherer Wahrscheinlichkeit an, gerne zur Arbeit zu gehen.

Betriebsklima:

Viele Partizipationsmöglichkeiten haben ein besseres Betriebsklima zur Folge. Sowohl die Variable *Partizipation* als auch die Variable *Invo-Programm* weisen einen signifikant positiven Effekt aus. Die Wahrscheinlichkeit, dass Arbeitnehmer in einem Umfeld arbeiten, in dem man sich gegenseitig anspornt und nicht entmutigt, steigt dabei beträchtlich (+ 25.7% bzw. + 8.1%).

Insgesamt zeichnen diese Resultate ein klares Bild. Partizipation ist ein wichtiger Bestandteil des ‚Management des Ungeschriebenen'. Sowohl informell gewährte Partizipationsmöglichkeiten wie auch institutionalisierte Partizipationsprogamme sind Formen der Arbeitsgestaltung, welche die Qualität von Arbeitsbeziehungen verbessern können.

Kommunikation verbessert die Qualität impliziter Arbeitsverträge

Die Kommunikationsstrukturen in einer Firma haben beträchtliche positive Auswirkungen auf jene Bereiche von Arbeitsbeziehungen, die nur implizit geregelt werden können.

Vertrauen:

Ausgebaute Kommunikationsstrukturen steigern in bedeutendem Ausmass das Vertrauen der Mitarbeiter in die Firma. Die Wahrscheinlichkeit, dass Arbeitnehmer vertrauen, ist dann um 32.9% höher, als wenn keine Strukturen bestehen, über die Arbeitnehmer mit dem Management kommunizieren können.

Loyalität:

Die Loyalität von Mitarbeitern zur Firma steigt mit dem Umfang der Kommunikationsmöglichkeiten in einer Firma. Für die Variable *Kommunikation* wurde hier ein sehr signifikanter positiver Effekt von + 25.4% ermittelt; d.h., dass sich in Firmen mit einer umfassenden open-door-policy, mit regelmässigen Treffen zwischen Management und Belegschaft sowie Management und Mitarbeiter-Ausschüssen ein Viertel mehr Mitarbeitende mit sehr viel Loyalität zur Firma finden als in solchen, die gar keine dieser Kommunikationsformen anwenden.

Firmenbindung:

Ausgebaute Kommunikationsstrukturen tragen zu einer hohen Firmenbindung bei. Wenn viele Möglichkeiten bestehen, dass das Management und die Belegschaft miteinander kommunizieren können, beeinflusst dies die Firmenbindung positiv und sehr signifikant. 24.7% mehr Mitarbeiter gedenken dann, langfristig bei ihrer Firma zu bleiben.

Arbeitszufriedenheit:

Der Einfluss von Kommunikation ist hier etwas weniger bedeutend, aber auch positiv. Die Änderung der Wahrscheinlichkeit, zu den Leuten mit hoher Arbeitszufriedenheit zu gehören, ist bei ausgebauten Kommunikationsmöglichkeiten + 9.8% (signifikant auf dem 90%-Niveau).

Betriebsklima:

Wenn umfassende Kommunikationsstrukturen in einer Firma vorhanden sind, steigt die Wahrscheinlichkeit beträchtlich, dass Arbeitnehmer in einem Umfeld arbeiten, in dem man sich gegenseitig anspornt und nicht entmutigt. 17.2% mehr Mitarbeitende geben dann ein gutes Betriebsklima an, im Vergleich zu einer Situation, in der das Management der Belegschaft kaum Möglichkeiten gibt, seine Anliegen zu kommunizieren.

Diese Resultate legen nahe: auch Kommunikation ist ein wichtiger Bestandteil des ‚Management des Ungeschriebenen‘. Implizite Arbeitsbeziehungen lassen sich verbessern, indem in einer Unternehmung umfassende Kommunikationsstrukturen geschaffen werden

4. Fazit

Welche Motivationsinstrumente können Firmen anwenden, wenn sich die Tätigkeiten der Arbeitnehmer nur unvollständig über Arbeitsverträge regeln lassen? In diesem Kapitel wurde gezeigt, dass sich Partizipation und Kommunikation als alternative Motivatoren anbieten. Die präsentierten Ergebnisse sind deshalb besonders beachtenswert, weil sie auf einer breit angelegten Umfrage beruhen. Sie erlauben es, die Erkenntnisse aus Fallstudien (siehe Kapitel 9 und 10) zu verallgemeinern. In der statistischen Analyse wird für zahlreiche Einflussfaktoren kontrolliert, welche bei Fallstudien nicht berücksichtigt werden können. Partizipation und Kommunikation können demnach die Qualität impliziter Arbeitsverträge *grundsätzlich* verbessern.

Zur Partizipation von Mitarbeitenden bestehen verschiedene konkrete Möglichkeiten. Sie reichen von der informellen Mitsprache bei Entscheidungen direkt am Arbeitsplatz (über Organisation, Mittel und Ziele der Arbeit) bis hin zu institutionalisierten ‚involvement‘-Programmen wie Qualitätszirkeln und autonomen Werkgruppen. Die Kommunikationsstrukturen in einer Unternehmung können mittels einer open-door-policy, regelmässigen Treffen zwischen Management und Belegschaft sowie institutionalisierten Gesprächen zwischen Management und Mitarbeiter-Auschüssen ausgebaut werden.

Partizipative und kommunikationsorientierte Mitarbeiterführung wirkt in Arbeitsbereichen positiv, die nur implizit regelbar sind, weil viele Tätigkeiten und Ergebnisse nicht in einem Arbeitsvertrag vorgeschrieben oder anderswie erzwungen werden können. Sie veranlasst Mitarbeiterinnen und Mitarbeiter zu Arbeitsengagement aus freien Stücken, weil sie das Vertrauen und die Loyalität steigert, welche Arbeitnehmer dem Unternehmen entgegenbringen. Sie führt zu einer stärkeren Bindung der Angestellten an die Firma und verbessert zudem das Arbeitsklima und die Arbeitszufriedenheit. Partizipation und Kommunikation sind deshalb wichtige Elemente von ‚Managing Motivation‘.

5. Literaturhinweise

Die Ökonomische Theorie der Firma wurde entwickelt von

Coase, R. (1937): The Nature of the Firm, in: Economica 4, S. 386-405.

Ihr bedeutendster Vertreter ist gegenwärtig:

Williamson, O. E. (1985): The Economic Institutions of Capitalism. Firms, Markets, Relational Contracting, New York.

Die Bedeutung impliziter Arbeitsverträge in Unternehmungen betont:

Rousseau, D. M. (1995): Psychological Contracts in Organizations: Understanding Written and Unwritten Agreements, Thousand Oaks/London/New Dehli.

Eine gute Übersicht über die Partizipation von Arbeitnehmern in den USA bzw. der BRD geben:

Levine, D. I. (1995): Reinventing the Workplace. How Business and Employees Can Both Win, Washington D.C.

Levine, D. I./Tyson, L. (1990): Participation, Productivity, and the Firm's Environment, in: Blinder, A. (Ed.): Paying for Productivity, A Look at the Evidence, Washington, S. 183-237.

FitzRoy, F. R./Kraft, K. (Hrsg.) (1987): Mitarbeiter-Beteiligung und Mitbestimmung in Unternehmen, Berlin.

Die Rolle von Partizipation für die intrinsische Motivation zeigen:

Deci, E. L./Ryan, R. M. (1985): Intrinsic Motivation and Self-Determination in Human Behavior, New York.

Schwartz, B. (1990): The Creation and Destruction of Value, in: American Psychologist 45, S. 7-15.

Die Forschung zur prozeduralen Fairness wurde massgeblich beeinflusst durch:

Tyler, T. R./Lind, A. E. (1988): The Social Psychology of Procedural Justice, New York/London.

Eine ausführliche Darstellung des Worker Representation and Participation Survey sowie erste Auswertungen der Auftraggeber finden sich in:

Freeman, R. B./Rogers, J. (1999): What Workers Want, Ithaca/London.

Der Datensatz ist zugänglich unter:

Freeman, R. B./Rogers, J. (1998): Worker Representation and Participation Survey – Waves 1 and 2: Data Description and Documentation. Cambridge, MA: National Bureau of Economic Research (http://www.nber.org).

6. Anhang

6.1 Fragebogen und Variablen

Im folgenden wird der genaue Wortlaut der Fragen angegeben, mit denen die verwendeten Variablen operationalisiert wurden.

Vertrauen: In general, how much do you trust your (company/organization) to keep its promises to you and other employees? Would you say you trust your (company/organization):

4 A lot / 3 Somewhat / 2 Only a little / 1 Not at all?

Loyalität: How much loyalty would you say you feel toward the (company/organization) you work for as a whole? —

4 a lot / 3 some / 2 only a little / 1 or no loyalty at all?

Firmenbindung: Which one of the following four statements best describes how you think of yourcurrent job? Is it:

4 a long-term job you will stay in? / 3 An opportunity for advancement in this same (company/organization)? / 2 Part of a career or profession that will probably take you to different companies? / 1 A job you will probably leave that is not part of a career?

Arbeitszufriedenheit: On an average day, what best describes your feeling about going to work? Would you say you usually:

3 Look forward to it / 2 Don't care one way or the other/mixed feelings / 1Wish you didn't have to go

Betriebsklima: At your workplace, would you say employees generally encourage each other to make an extra effort on the job, discourage each other from making an extra effort, or would you say they don't care how hard other employees work?

3 Encourage / 2 Don't care / 1 Discourage.

Partizipation:	How much direct involvement and influence do you have in *(verschiedene Dimensionen)*? 4 A lot of direct involvement and influence / 3 Some direct involvement and influence / 2 Only a little direct involvement and influence / 1 No direct involvement and influence?
	Die eine Hälfte der Stichprobe wurde über den Einfluss bei Entscheidungen bezüglich den vier Dimensionen *Arbeitsorganisation, Weiterbildung, Arbeitszeitpläne und Lohnerhöhungen* befragt, die zweite Hälfte über *Arbeitsziele, Ausrüstung oder Software, Sicherheitsstandards und Vergünstigungen für Arbeitnehmer*. Die Bewertung der einzelnen Dimensionen erfolgte dabei auf obiger Skala von 1 (kein direkter Einfluss) bis 4 (viel direkter Einfluss). Die Variable Partizipation fasst für jedes Individuum die vier Dimensionen auf einem Index zusammen. Für die Befragten ergibt sich so ein Minimum von 4 Indexpunkten (4 x 1 (kein direkter Einfluss)) und ein Maximum von 16 Indexpunkten (4 x 4 (viel direkter Einfluss)).
Invo-Programm:	Some companies are organizing workplace decision-making in new ways to get employees more involved — using things like self-directed work teams, total quality management, quality circles, or other employee involvement programs. Is anything like this now being done in your (company/organization)? 1 Yes / 0 No Are you personally involved in any of these programs at work? 1 Yes / 0 No.
Kommunikation:	Now let's talk about company policies regarding wages, benefits, and other things affecting employees as a group. Which of the following, if any, does your (company/ organization) have to deal with issues that affect employees as a group? Is/are there:
	Regular "town" meetings with employees, called by management? (1 Yes / 0 No); An open door policy for groups of employees to raise issues about policies with upper management? (1 Yes / 0 No); A committee of employees that discusses problems with management on a regular basis? (1 Yes / 0 No).

6.2 Ausführliche Darstellung der Schätzergebnisse

Die Resultate der durchgeführten multiplen Regressionen für die abhängigen Variablen *Vertrauen*, *Loyalität*, *Firmenbindung*, *Arbeitszufriedenheit* und *Betriebsklima* sind den folgenden Tabellen 8-2 und 8-3 aufgeführt. Das verwendete Schätzverfahren trägt dem Umstand Rechnung, dass die abhängigen Variablen nur Werte von 1, 2 und 3 (bzw. 4) annehmen können (sog. „Ordered-Probit-Schätzung"). In den Tabellen sind nur die Effekte der Variablen *Partizipation*, *Invo-Programm* und *Kommunikation* aufgeführt. Bei den Schätzungen wurde jedoch – wie im Text argumentiert – für eine Vielzahl anderer Einflussfaktoren kontrolliert. Sie umfassen: Firmencharakteristiken (Organisationsart, Firmengrösse, Gruppengrösse), Stellung im Betrieb (Vorgesetzter, unteres bzw. mittleres Management), persönliche Charakteristiken (Anstellungsdauer, Alter, Geschlecht, Anzahl Jobs, Stundenlohn), sieben Kontrollvariablen für den Ausbildungsgrad, neun Kontrollvariablen für die ausgeübte Tätigkeit sowie fünfzehn Kontrollvariablen für die Branche der Firma. Die kompletten Schätzungen werden aus Platzgründen nicht aufgeführt, können jedoch auf Anfrage beim Autor bezogen werden.

Interpretation der Resultate

In den Tabellen 8-2 und 8-3 werden für jede erklärende Variable jeweils zwei Werte ausgewiesen. In der linken Spalte ist der errechnete Schätzwert (Koeffizient) angegeben und der z-Wert des Koeffizienten, der über seine statistische Verlässlichkeit Auskunft gibt. Ein z-Wert von über 2 bedeutet eine Signifikanz auf dem 95%-Niveau, d.h., es kann mit 95-prozentiger Wahrscheinlichkeit ausgeschlossen werden, dass der ermittelte Zusammenhang nur zufällig ist. Beim verwendeten Schätzverfahren entziehen sich die angegebenen Koeffizienten einer intuitiven Interpretation. In der rechten Spalte sind deshalb zusätzlich die marginalen Effekte ausgewiesen. Sie zeigen an, um wieviel sich die Wahrscheinlichkeit ändert, in die jeweils höchste Klasse (z.B. *Vertrauen*=4) zu fallen, wenn sich eine Variable von ihrem Minimum zu ihrem Maximum ändert. Der marginale Effekt der Variable *Invo-Programm* auf das Vertrauen der Arbeitnehmer von 12.6% ist beispielsweise so zu interpretieren: wenn sich zwei Befragte A und B nur dahingehend unterscheiden, dass A an einem ‚involvement'-Programm teilnimmt (*Invo-Programm*=1) und B nicht (*Invo-Programm*=0), so steigt die Wahrscheinlichkeit um 12.6 %, dass A zu den Personen mit viel Vertrauen in seine Firma gehört.

Die Qualität der gesamten Schätzung wird mittels der Grösse χ^2 ausgedrückt. Dessen Wert ist für alle durchgeführten Schätzungen statistisch signifikant, d.h. dass die verwendeten Variablen in ihrer Gesamtheit statistisch verlässliche Erklärungskraft besitzen.

Tabelle 8-2: Die positiven Effekte von Partizipation und Kommunikation – Resultate von gewichteten Ordered-Probit-Schätzungen

	Vertrauen		Loyalität	
	Schätzung (z-Wert)	Änderung der Wahrscheinlichkeit, in höchste Vertrauensklasse zu fallen	Schätzung (z-Wert)	Änderung der Wahrscheinlichkeit, in höchste Loyalitätsklasse zu fallen
Partizipations-möglichkeiten (4=tief bis 16=hoch)	0.189** (3.02)	+ 20.6%	0.308** (4.62)	+ 34.9%
Teilnehmer an Invo-Programm (0=nein, 1=ja)	0.335** (3.39)	+ 12.6%	0.333** (3.14)	+ 13.0 %
Kommunikations-möglichkeiten (0=keine bis 3=viele)	0.309** (7.26)	+ 32.9%	0.217** (4.89)	+ 25.4%
Anzahl Beobachtungen	825		824	
χ^2 (ganze Schätzgleichung)	208.91**		187.87**	

** signifikant auf dem 99%-Niveau; * signifikant auf dem 95%-Niveau.

Tabelle 8-3: Resultate von gewichteten Ordered-Probit-Schätzungen: Fortsetzung

	Firmenbindung		Arbeitszufriedenheit	
	Schätzung (z-Wert)	Änderung der Wahrscheinlichkeit, hohe Firmenbindung zu haben	Schätzung (z-Wert)	Änderung der Wahrscheinlichkeit, hohe Arbeitszufriedenheit zu haben
Partizipations-möglichkeiten (4=tief bis 16=hoch)	0.285** (4.39)	+ 31.1%	0.312** (4.30)	+ 32.9%
Teilnehmer an Invo-Programm (0=nein, 1=ja)	0.106 (1.08)	+ 4.0%	0.258* (2.21)	+ 9.1 %
Kommunikations-möglichkeiten (0=keine bis 3=viele)	0.224** (5.21)	+ 24.7%	0.088(*) (1.81)	+ 9.8%
Anzahl Beobachtungen	813		821	
χ^2 (ganze Schätzgleichung)	246.86**		139.56**	

	Betriebsklima	
	Schätzung (z-Wert)	Änderung der Wahrscheinlichkeit, ein gutes Betriebklima anzugeben
Partizipations-möglichkeiten (4=tief bis 16=hoch)	0.262** (3.54)	+ 25.7%
Teilnehmer an Invo-Programm (0=nein, 1=ja)	0.254* (2.08)	+ 8.1%
Kommunikations-möglichkeiten (0=keine bis 3=viele)	0.173** (3.48)	+ 17.2%
Anzahl Beobachtungen	802	
χ^2 (ganze Schätzgleichung)	96.33**	

** signifikant auf dem 99%-Niveau; * signifikant auf dem 95%-Niveau; (*) signifikant auf dem 90%-Niveau.

Vierter Teil

Fallstudien

Neuntes Kapitel

JETTA FROST UND LEO BOOS

Managing Motivation im Bankensektor: die Fallstudie ING Barings

KAPITELZUSAMMENFASSUNG

In diesem Kapitel wird das Motivationsmanagement ING Barings Bank, einem Tochterunternehmen des holländischen Bank- und Versicherungskonzerns ING (International Netherland Group), vorgestellt. ING Barings hat erkannt, dass variable Leistungslöhne alleine nicht ausreichen, um Leistungen und Verweildauer ihrer Angestellten nachhaltig zu erhöhen. Deshalb haben sie ein reichhaltiges Repertoire an Motivationsinstrumenten entwickelt. Es umfasst acht Bereiche. Dahinter steckt die Grundidee, diese verschiedenen Bereiche so miteinander zu kombinieren, dass ein optimaler Ausgleich zwischen den Bedürfnissen der Mitarbeitenden und den Interessen von ING Barings erreicht werden kann.

Heutzutage gelten Mitarbeiterinnen und Mitarbeiter im Investmentbanking mit ihren überdurchschnittlichen Gehältern und Bonuszahlungen oft als Einkommens-maximierer. „Pay for Performance" müsste folgerichtig gerade im Investmentbanking das Mittel der Wahl sein, um die Mitarbeitenden erfolgreich zu einer höheren Leistung zu motivieren. Tatsächlich werden – insbesondere auf den angelsächsischen Finanzplätzen – Löhne mit einem hohen variablen Anteil ausgezahlt. Allerdings richtet sich dieser Anteil in der Regel kaum nach der tatsächlich erbrachten Leistung der einzelnen Mitarbeiterinnen und Mitarbeiter, sondern orientiert sich an den herrschenden Marktlöhnen. Trotzdem reicht dieser Lohn allein nicht aus, um die Leistungen der Investmentbanker und deren Verweildauer im Unternehmen nachhaltig zu erhöhen. Dies haben auch die Human Ressourcen Manager der im Investmentbereich tätigen Bank ING Barings, einem Tochterunternehmen des holländischen Bank- und Versicherungskonzerns ING (International Netherland Group), erkannt. Ihnen genügen (individuelle) Leistungselemente im Gehalt zur Motivation der Beschäftigten nicht. Stattdessen setzen sie ein umfangreiches Motivationsrepertoire ein, das neben den klassischen extrinsischen Anreizen wie Gehalt, Bonus und Aktienoptionen zahlreiche weitere Massnahmen umfasst, die starke Elemente zur Förderung der intrinsischen Motivation enthalten.

In den ersten beiden Abschnitten werden das Umfeld der Investmentbank-Branche und das Unternehmen ING Barings vorgestellt. Der dritte Abschnitt beschreibt die verschiedenen Bestandteile des Motivationsrepertoires von ING Barings.

1. Investmentbanking zu Beginn der 90er-Jahre: Goldgräber und Totengräber

Im Februar 1995 war die damals 233 Jahre alte Barings Bank finanziell ruiniert. Der 28-jährige Nick Leeson, Angestellter der Barings Niederlassung in Singapur, hatte riskante Transaktionen getätigt, die Barings Verluste in fast doppelter Höhe ihres Eigenkapitals einbrachten. Leeson, der in der Goldgräberstimmung zu Beginn der 90er Jahr zu Barings gestossen war, schaufelte mit seinen Aktionen das Totengrab der alten Barings. Dies war um so dramatischer, weil Barings nicht einfach eine private, britische Handelsbank unter vielen war, sondern als „the world's oldest and most respected London private bank" (Drucker 1999, S. 28) galt. Gross und reich wurde die Barings Bank bis 1890 in erster Linie durch die Übernahme von Handelsrisiken und die Beschaffung von Geld für die öffentliche Hand, vor allem in der Form von

Kriegsanleihen. Das führte den Duc de Richelieu zu der Aussage, es gäbe sechs Mächte in Europa: England, Frankreich, Preussen, Österreich, Russland und die Gebrüder Baring. Im März 1995 rettete der holländische Finanz- und Versicherungskonzern ING die Barings Bank vor dem Untergang. Er kaufte Barings für ein britisches Pfund und übernahm deren Schulden im Wert von 1,4 Milliarden Dollar.

1.1 Barings Brothers: Bankers und Brokers

Mehr als hundert Jahre zuvor war die Bank der Familie Baring schon einmal beinahe untergegangen (vgl. Fay 1996). Ned Baring, der damalige Chef der Bank, hatte in Argentinien Aktien einer Wasserwerkgesellschaft übernommen, die sich in London als unverkäuflich erwiesen. Es wurde befürchtet, dass durch den Fall der Barings Bank die ganze Londoner City in Mitleidenschaft gezogen würde. Deshalb sprangen 1890 sowohl die Bank von England als auch fast alle anderen in der City von London ansässigen Banken helfend ein und beteiligten sich mit 17 Millionen Pfund (heutiger Wert rund 1,5 Milliarden Dollar), um Barings aus der finanziellen Misere zu retten. Bereits 1896 war die Bank allerdings wieder im mehrheitlichen Besitze der Familie Baring.

Die erfolglosen Aktiengeschäfte des Jahres 1890 haben die Bank zwar nicht ruiniert, aber ihr Geschäftsverhalten verändert: Wie jemand, der einen Autounfall überlebt, nicht mehr auf die gleiche Art am Steuer sitzt, ist die Barings Bank nach 1890 Risiken systematisch ausgewichen und zum Inbegriff der konservativen Londoner Bank geworden. Dies ging so lange gut, wie die Finanzmärkte reguliert waren, jeder Marktteilnehmer die Kreise des anderen nicht störte und neue Konkurrenten keine Chance erhielten, dieses Kartell aufzubrechen.

Spätestens mit dem Big Bang der Londoner City von 1985 ging diese Phase zu Ende. Den vielen Absprachen zwischen den Banken, die wirksame Konkurrenz ausschlossen, wurde die rechtliche Basis entzogen. Die Londoner City wurde durch diese Reformen zu einem der drei grossen, internationalen Finanzplätze neben New York und Tokio. Wer im internationalen Finanzgeschäft dabei sein wollte, musste in London präsent sein. Dies führte dazu, dass alteingesessene, englische Brokerhäuser zu übersetzten Preisen von ausländischen Banken aufgekauft wurden.

Die Barings Bank versuchte zunächst, sich dieser neuen Entwicklung zu entziehen. Zudem war sie selbst gegen unfreundliche Übernahmeversuche gesichert, weil die Aktien im Besitz der Familienstiftung waren. Doch dann stellte sie ein Team ein, das sich auf die Analyse und Vermittlung von ostasiatischen Aktien spezialisiert hatte und nahm dadurch am Boom der Tokioter Aktienbörse teil. Sie gründeten Barings Securities. Diese Gründung bedeutete nicht nur eine rasante Steigerung der Gewinne der gesamten Barings Bank, sondern den Einzug eines neuen Selbstverständnisses in die alte

Barings. Die Broker der Barings Securities orientierten sich viel stärker am kurzfristigen, monetären Erfolg als die traditionellen Banker. Ihr Gehalt hatte einen hohen Bonusanteil. So verdiente 1986 der Chef der Barings Securities 2,5 Millionen Pfund, während der Chef von Barings, Peter Baring, „nur" auf rund 300'000 Pfund kam. Doch der Umfang des variablen Gehaltsanteils der Beschäftigten der Barings Securities war vom Boom der Börse in Tokio abhängig. Boomte die Börse, wurden den Angestellten hohe Prämien beziehungsweise Boni ausbezahlt. 1991 gingen die Börsenkurse jedoch zurück. Es entstand die Gefahr, dass die Boni ganz verschwinden würden. Unternehmen, die in dieser Branche keine Boni zahlen, setzen sich jedoch der Gefahr aus, ihre besten Leute an bereitwillig bonuszahlende Konkurrenten zu verlieren. Barings Securities suchte damals den Ausweg im Eigenhandel, indem sie mit eigenen Mitteln und damit auf eigene Rechnung und auf eigenes Risiko finanzielle Transaktionen durchführten. Die mangelnde Überwachung dieser risikoreichen Geschäfte läuteten das Ende der Barings Brothers als eigenständige Gesellschaft ein.

1.2 Was Banken tun

Banken sind Finanzintermediäre. Sie vermitteln zwischen dem Angebot an und der Nachfrage nach Finanzen und verbinden damit die Gegenwart mit der Zukunft. Banken dienen dadurch der Wirtschaft als Schmiermittel und fördern das wirtschaftliche Wachstum. Das Angebot und die Nachfrage nach Geldern können auch direkt ohne den Umweg über Banken zu einem Ausgleich gebracht werden. Dies geschieht am Aktien-, Obligationen-, Geld- und Währungsmarkt und durch den Handel von diversen davon abgeleiteten Papieren wie Futures, Optionen und Swaps.

1.3 Informationstechnologie verändert Banken

Der ehemalige Präsident der amerikanischen Citibank, Walter Wriston, fasste die Aufgabe der Banken so zusammen: „Banking is not about money; it is about information". Schnellerer und einfacherer Zugang zu Informationen, unterstützt durch moderne Informationstechnologien, veränderten das Bankgeschäft bereits stark. Bis Ende der achtziger Jahre machte das Zinsdifferenzengeschäft die Hauptstütze der Bankengewinne aus. In den letzten Jahren wurde der Unterschied zwischen den bezahlten und den erhaltenen Zinsen immer geringer und damit auch der Anteil dieser Geschäftsbereiche am Gesamtgewinn. Entscheidender Grund dafür sind der stetig schmelzende Informationsvorsprung der Banken und die verbesserten Informationen der Sparer, die nicht mehr bereit sind, ihre Gelder für ein geringes Entgelt zur Verfügung zu stellen.

Sie nützen ihre Informationen und weichen auf gewinnträchtigere Anlagemöglichkeiten aus.

Eine ähnliche Entwicklung ist bei den Schuldnern zu beobachten: Grosse Unternehmen wählen immer seltener Banken als Fremdkapitalgeber, sondern besorgen sich ihr benötigtes Kapital zunehmend direkt auf dem Kapital- und Geldmarkt. Diese sogenannte Disintermediation bedroht das traditionelle Bankgeschäft, eröffnet aber gleichzeitig neue Möglichkeiten im Investmentbanking. Genau in diesem Bereich ist ING Barings tätig. Investmentbanken unterstützen Unternehmen bei ihrer Suche nach Fremd- und Eigenkapital auf den Finanzmärkten. Sie übernehmen die emittierten Aktien und Obligationen und gehen die Verpflichtung ein, unverkaufte Papiere zu behalten. Für ihre Tätigkeit werden sie durch sogenannte Kommissionen entgolten. Zusätzlich beraten sie ihre Klienten im Zusammenhang mit Zusammenschlüssen und Akquisitionen. Diese Tätigkeit ist für Investmentbanken besonders ertragreich.

Investmentbanking sowie Vermögensverwaltung gelten heutzutage als besonders ertragreiche Geschäftsbereiche in Banken. Ihr Ausbau wird deshalb von vielen Banken forciert. Das hat zur Folge, dass die Nachfrage nach qualifizierten Investmentbank-Spezialisten in den grossen Finanzzentren wie London und New York das Angebot bei weitem übersteigt. Immer wieder werden deshalb nicht nur einzelne Mitarbeiter, sondern komplette Teams mit attraktiven Lohnangeboten von Konkurrenten abgeworben. Die Bereitschaft der Angestellten, die Bank zu wechseln, ist in dieser Branche sehr viel höher als im traditionellen Bankgeschäft. Die Verbundenheit zu ihren Arbeitgebern gilt unter Investmentbankern als gering.

Besonders eindrücklich konnte dies im Investmentbereich der Deutschen Bank beobachtet werden: Seit Herbst 1994 sind dort unter dem Label Deutsche Morgan Grenfell (DMG) die Investmentbankgeschäfte der Deutschen Bank zusammengefasst. In der Folge warb diese Bank allein zwischen Oktober 1994 und Mai 1996 200 Personen vom einfachen Investmentbanker bis zum arrivierten Senior Manager bei anderen Banken ab. Den Abgeworbenen wurden dabei teilweise die Gehälter verdoppelt und für die nächsten zwei Jahre garantiert. Beobachter der Bankbranche gehen davon aus, dass solche Abwerbeaktivitäten das Lohnniveau im Investmentbanking in London um rund 30 Prozent erhöht haben.

Andere Banken wie die UBS, die Dresdner Bank, Lehman Brothers, Salomon Smith Barney oder Schroders agierten ähnlich und haben damit ihren Teil zum Aufwärtstrend in der Lohnspirale beigetragen: Inzwischen können Top-Analysten ein Jahresgehalt von ein bis zwei Millionen Dollar, Top-Händler sogar ein paar Millionen Dollar mehr erwarten. Dennoch ist das Investmentbanking nach wie vor ein attraktives Geschäft mit hohen Gewinnmargen. Daher lohnt es sich nach wie vor, Investmentbanker abzuwerben. Diese können ihr angeeignetes Wissen in der Regel ohne grossen Wertverlust mitnehmen, wenn sie – alleine oder mit ihrem gesamten Team – ihren Arbeitgeber verlassen und zu einer anderen Bank wechseln. Der Wechsel solcher Teams in andere Banken ist deshalb relativ einfach möglich, weil Investmentbanking Beziehungsbanking ist. Die Teams kennen ihre Kunden, wissen über deren Pläne aus den gemeinsamen Besprechungen Bescheid und können diese Kenntnisse ohne Übertragungsverluste auch am neuen Arbeitsort gewinnbringend einsetzen.

2. Das Unternehmen ING Barings

ING Barings ist eines von 50 Unternehmen des holländischen ING Konzerns, der im Bank- und Versicherungsgeschäft tätig ist. Weltweit arbeiten für die ING rund 90'000 Personen in mehr als 60 Ländern.

Kasten 9-1:

ING – der sanfte Löwe

Unter dem Dach der ING sind über 50 rechtlich selbständige Gesellschaften vereinigt, die alle im Bereich der Finanz- und Versicherungsdienstleistungen tätig sind. Die ING setzt damit als einer der wenigen Konzerne den Allfinanzgedanken mit Erfolg in die Tat um. So konnte ING in den 90er Jahren nicht nur ein Grössenwachstum, sondern auch eine Steigerung der Nettoprofite und der Marktkapitalisierung verzeichnen. Den Schwerpunkt der geographischen Aktivitäten bilden die Benelux-Staaten und die „Emerging-Markets" in Osteuropa, Lateinamerika und Asien.

Die erfolgreiche Integration von Bank- und Versicherungsdienstleistungen führt die ING unter anderem auf ihre Übernahmestrategie zurück. Obwohl ein Löwe ihr Firmenemblem ziert, hat ING nie eine Politik der unfreundlichen Übernahmen verfolgt. Vielmehr folgen sie dem Motto: „Wähle eine Bank oder eine Versicherung aus, die gut geführt wird, beteilige Dich mit einem kleinen Anteil an den Aktien, gewinne Vertrauen und schlage dann eine Übernahme der Mehrheit der Aktien vor, lass nach erfolgter Akquisition das übernommene Unternehmen mit den eigenen und den Produkten der ING und seiner Identität im angestammten Markt tätig sein und realisiere dann Synergien von unten." In Gesprächen mit ING Führungskräften wurde immer wieder betont, dass sich diese Strategie damit stark von denen anderer internationaler Grossbanken unterscheidet, wie beispielsweise die Fusion der Schweizer Banken UBS mit dem Bankverein oder die kürzlich geplatzte Fusion zwischen der Deutschen und der Dresdner Bank zeigt. Das Belassen einer starken Identität der einzelnen ING Unternehmen führt nach Meinung des ING Managements zu einer vertrauensgeprägten Unternehmenskultur. Im deutschsprachigen Raum wurde der ING Konzern 1999 durch die Übernahme der BHF-Bank einer breiteren Öffentlichkeit bekannt.

Entwicklung des Nettoprofits der ING in Millionen EURO

1994	1995	1996	1997	1998
1,045	1,202	1,507	2,206	2,669

Entwicklung der Marktkapitalisierung der ING in Milliarden EURO

1994	1995	1996	1997	1998
10	17	22	32	49,2

Entwicklung der Anzahl Angestellte der ING (umgerechnet in Vollzeitangestellte)

1994	1995	1996	1997	1998
46'975	52'144	55'988	64'162	82'750

Der Bereich des Corporate & Investment Banking wird in der ING zum grossen Teil durch ING Barings repräsentiert. Der Teilkonzern ING Barings beschäftigt über 9'000 Personen in 49 Ländern. Abbildung 9-1 stellt das Organigramm der ING Barings dar. Die Angebotspalette umfasst alle Finanzdienstleistungen in diesem Bereich. Eine besondere starke Position hat ING Barings bei den „Emerging Markets" durch Präsenz in Ländern, die von anderen internationalen Banken nur unzureichend abgedeckt sind, z.B. Kolumbien oder Paraguay. Nach einem Verlust von 1,25 Milliarden US Dollar im Jahr 1998 ist der ING Barings 1999 der Turnaround gelungen. Es wurde ein Reingewinn von knapp 300 Millionen US Dollar erzielt.

Das Unternehmen ist in drei Frontdivisionen sowie den Bereich der Supportfunktionen gegliedert:

Die Division *Corporate and Institutional Finance* unterstützt Unternehmen und Institutionen bei Zusammenschlüssen und Akquisitionen. Sie bringt Firmen an den Kapital- bzw. Aktienmarkt, kauft aber auch Unternehmen auf, um sie nach einer Restrukturierung wieder zu verkaufen, und sie hilft bei der Finanzierung von internationalem Handel. Die Division *Equity Markets* ist hauptsächlich für Research-Aufgaben zuständig und liefert damit wichtige Informationen für die Corporate and Institutional Finance Division. Die Division *Financial Markets* betreibt Handel mit Währungen, Bonds, Aktien und Derivativen auf eigene und vor allem fremde Rechnung. Ihre Mitarbeiter sind auch für das Asset- und Liability Management von ING Barings und die ganze ING verantwortlich. In der Division General Banking werden vor allem in Ländern, in denen der moderne Zahlungsverkehr noch nicht entwickelt ist, verschiedenste Bankdienstleistungen angeboten. Zu den *Support Functions* zählen alle unterstützende, selbständig agierende Bereiche wie Informatik, Finanzen & Controlling, Rechtsdienst, Risikomanagement und das Personalmanagement.

Die Organisation von ING Barings (Stand 1. Quartal 2000)

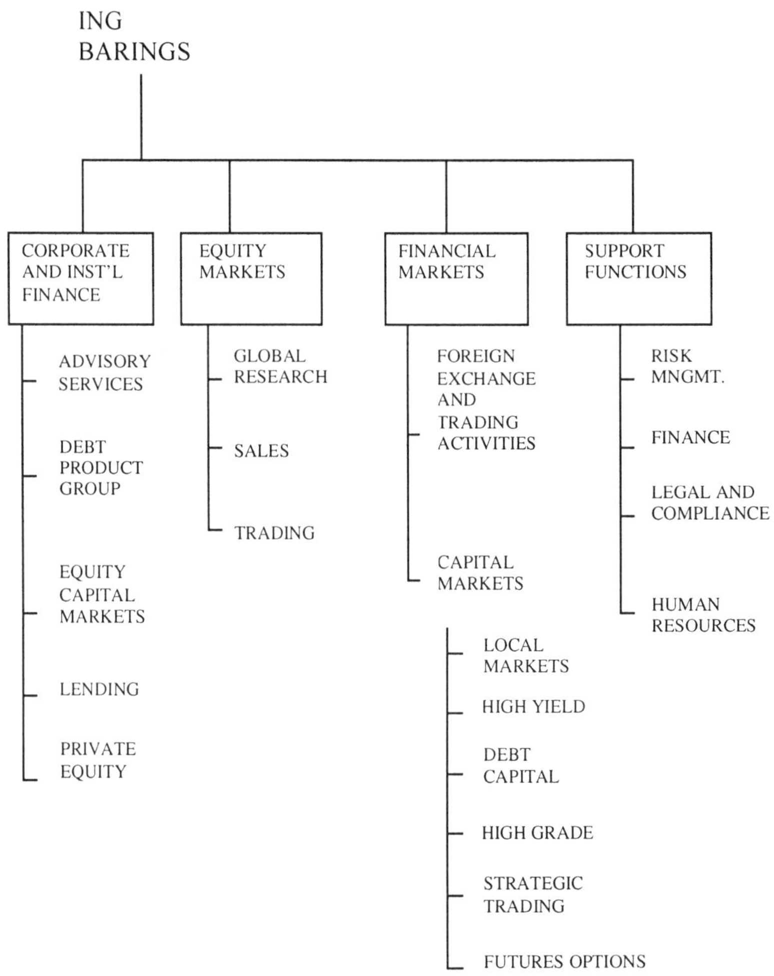

Abb. 9-1

3. Die Instrumente des Motivationsmanagements bei ING Barings

Wird die Fluktuationsrate als Massstab für Loyalität betrachtet, so haben Mitarbeiterinnen und Mitarbeiter von Investmentbanken wegen der hohen Fluktuation eine geringe Loyalität gegenüber ihrem Arbeitgeber. Im Investmentbanking gelten Fluktuationsraten von 20 Prozent durchaus als branchenüblich. Es kommt aber immer wieder vor, dass einzelne Büros innerhalb eines Jahres sogar über die Hälfte ihrer Angestellten an Konkurrenten verlieren. Dies bedeutet für die Bank einen erheblichen Verlust, denn gut funktionierende Kundenbeziehungen müssen erst mühsam wieder neu aufgebaut werden. Bei ING Barings hat man sich deshalb die Frage gestellt, welche Motivationsmassnahmen, ausser hohen Gehältern und attraktiven Bonussystemen, ergriffen werden können. Ziel war erstens, die Fluktuationsrate zu verringern und zweitens die Motivation zum Wissenstransfer zu erhöhen. Dadurch bleibt das Wissen auch dann im Unternehmen, wenn eine Mitarbeiterin oder ein Mitarbeiter wechselt.

Aufgrund von Gesprächen mit Beat Bucher, Global Head of Human Resources der ING Barings und Piet de Vries, Quality Manager bei der ING-Zentrale bei ING Barings sowie von Dokumentenanalysen stellen wir in den folgenden Abschnitten das Motivationsinstrumentarium vor.

Grundidee ist es, verschiedene Motivationsinstrumente so miteinander zu kombinieren, dass ein optimaler Ausgleich zwischen den Bedürfnissen der Mitarbeitenden und den Interessen von ING Barings erreicht werden kann. Zusammen mit seinem Team hat der Chef der Human Ressourcen Abteilung, Beat Bucher, dazu das Schema der „Interessenbilanz" entwickelt, das in der Abbildung 9-2 dargestellt ist. Es soll künftig dazu verwendet werden, die Wirkungen der verschiedenen bei ING Barings zum Einsatz kommenden Motivationsinstrumente den entsprechenden Bedürfnissen bzw. Interessen zuzuordnen. Selbstredend wird nicht jedes Motivationsinstrument alle aufgelisteten Interessen gleichermassen erfüllen können. Beat Bucher und sein Team haben es sich jedoch zum Ziel gesetzt, bei ING Barings ein umfassendes Motivationsrepertoire zu entwickeln und zu managen, das die Gesamtbreite der Interessenlagen abdecken kann.

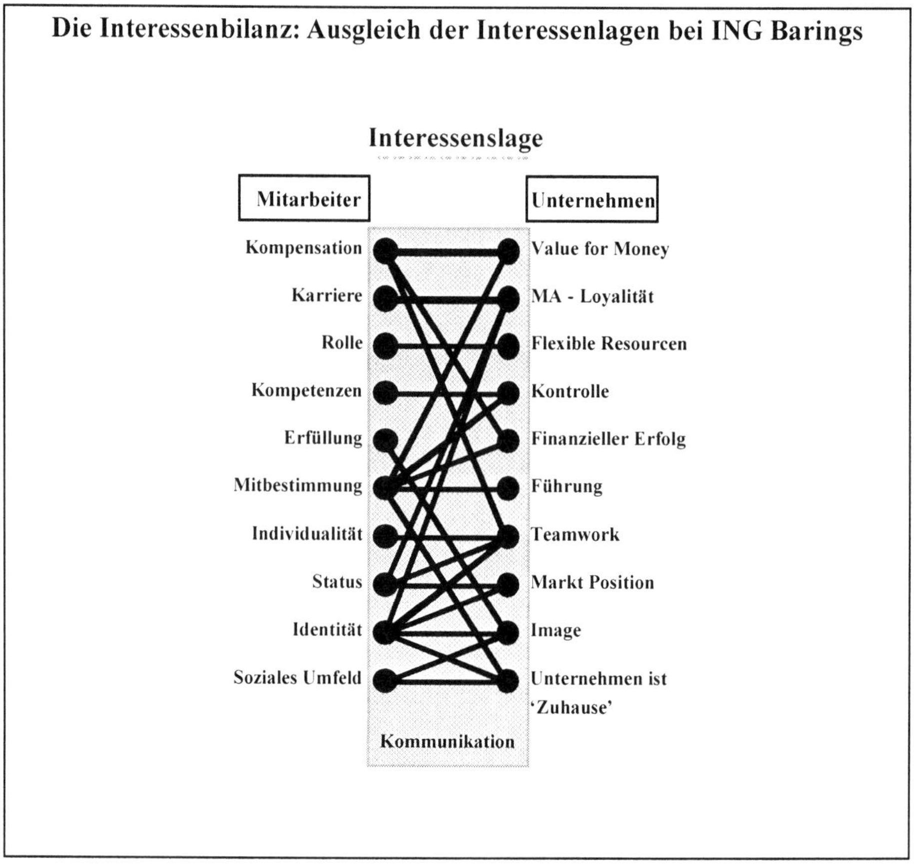

Abb. 9-2

Zur Zeit umfasst das Motivationsinstrumentarium bei der ING Barings acht Bereiche: (1) die Ausgestaltung des Gehalts, (2) das Evaluationssystem der SMART-Objectives, (3) die Ausgestaltung des Karriere- und Weiterbildungsangebots, (4) das interne Kommunikationswesen, (5) Diskussionsgruppen und Vorschlagswesen, (6) den Synergy Award und (7) den Spot Light Award sowie (8) die Community Investment Programme.

3.1 Erstes Motivationsinstrument: die Ausgestaltung des Gehalts

Die Höhe des Grundgehalts ist in der Regel bei den verschiedenen Investmentbanken sehr ähnlich, weil dieses sich nach dem Anforderungsprofil für den Aufgabenbereich richtet. Anders sieht es jedoch mit der Ausgestaltung weiterer Elemente des Gehalts aus. Bei ING Barings besteht das Gehalt aus drei Elementen: „Cash Compensation", langfristige monetäre Anreize sowie eine flexible Pensionskassenregelung.

3.1.1 „Cash Compensation"

Das Gehalt besteht zum einen aus dem *Basissalär*, einem fixen Einkommensbestandteil, dessen Höhe von der Position und Tätigkeit in der Bank abhängt. Zum anderen beinhaltet es eine *erfolgsabhängige Kompensation*, deren Höhe sich nach der von der Mitarbeiterin oder dem Mitarbeiter individuell erbrachten Leistung richten soll. Die leistungsabhängigen Lohnbestandteile können bei Handelseinheiten sowie bei weiteren Spezialisten im Frontbereich (z.B. Derivate Analysten) in erfolgreichen Jahren durchaus ein Zehnfaches des jährlichen Basissalärs ausmachen. Angestellte in den Support Functions können ihr Fixgehalt in der Regel durch Boni maximal verdoppeln.

Jedoch lässt sich in dieser Branche „pay for performance" zur Zeit scheinbar nur in eine Richtung durchsetzen: Hohe Gewinne lösen hohe Boni aus. Wird jedoch im nächsten Jahr ein schlechteres Ergebnis erzielt, wird der Zusammenhang von Gewinn und Boni von den Angestellten nicht mehr akzeptiert. Man kann es drehen und wenden, wie man will: Boni werden – zumindest auf den international grossen Finanzplätzen – immer häufiger als feste Einkommensbestandteile angesehen. Inzwischen garantieren einige Konkurrenzunternehmen bereits Erfolgsprämien auf mehrere Jahre hinaus (Boni nach dem *Retentionsschema*). Sie sind dann kaum noch von der individuell erbrachten Leistung der Angestellten abhängig. Bei einer Arbeitsmarktsituation, in der die Nachfrage das Angebot übersteigt, sind der freien Gestaltbarkeit der Prämienhöhe durch das Management enge Grenzen gesetzt. Beat Bucher hat dazu treffend bemerkt: „Bei erfolgreichen Geschäftsjahren gilt für die Angestellten das Unternehmensergebnis als Grundlage der Bonusberechnung, in weniger erfolgreichen Jahren gelten die herrschenden Marktlöhne".

3.1.2 Langfristig-orientierte monetäre Anreize

ING Barings versucht seine Angestellten mit sogenannten *Deferral-Programmen* für längere Zeit an das Unternehmen zu binden. Dies bedeutet, dass die finanziellen Hürden für den Ausstieg erhöht werden. So werden 30 Prozent der Summe der Erfolgsprämien, die den Betrag von 175'000 Dollar übersteigen, in Aktien umgewandelt. Sie haben insgesamt eine Frist von zehn Jahren. Allerdings erhalten die Angestellten 50%

der Aktien erst nach zwei Jahren, die restlichen 50% nach drei Jahren, sofern sie noch für das Unternehmen tätig sind. Sie haben dann noch ein Zeitfenster von sieben Jahren, in denen sie ihr Aktienpaket veräussern können. Zur Zeit ist der Arbeitsmarkt in den grossen Finanzzentren allerdings sehr ausgetrocknet. So können erfolgreiche Banker bei einem Arbeitsplatzwechsel davon ausgehen, dass ihr neuer Arbeitgeber die gesperrten Aktien für sie übernimmt und sie trotz Arbeitsplatzwechsel keine finanziellen Einbussen erdulden müssen. In diesem Fall erhöht sich die eigentlich beabsichtigte Verweildauer keineswegs, sondern führt ganz im Gegenteil sogar noch zu einer sich selbst verstärkenden Lohnspirale zugunsten der Bankspezialisten.

Des weiteren werden je nach Geschäftserfolg bei ING und bei ING Barings Aktienoptionen an Mitarbeiterinnen und Mitarbeiter auf der Leitungsebene sowie an sogenannte „High Potentials", d.h. an besonders hoch qualifizierte Spezialisten insbesondere im Frontgeschäft, abgegeben. Die Optionen haben eine Laufzeit von drei Jahren.

3.1.3 Flexible Pensionskassenregelung

Immer häufiger wird in Bankkreisen über die sogenannte „magic number" gefachsimpelt. Dabei handelt es sich um die Kombination von zu erreichendem Alter und angesparten Vermögen, bei der man es sich leisten kann, mit der bisherigen Arbeit aufzuhören. Deshalb ist bei ING Barings die flexible Ausgestaltung der Pensionskasse ein wichtiger Vorteil. Viele Bankangestellte verdienen bereits in jungen Jahren ein sehr hohes Gehalt. Ihr Ziel ist es im Alter von 40 bis 50 Jahren ein so hohes Vermögen angespart zu haben, dass sie es sich leisten können, aus dem Beruf auszusteigen oder eine zweite Karriere zu starten. Aus diesem Grund hat ING Barings in London eine Pensionskassenlösung gewählt, die durch freiwillige Zusatzeinzahlungen ermöglicht, das Unternehmen schon vor Erreichen des offiziellen Pensionsalter mit einer vollen Pension zu verlassen. Dadurch werden zum einen immer wieder attraktive Positionen für Nachwuchskräfte frei. Zum anderen erreicht ING Barings dadurch, dass sich ihre Angestellten in der Zeit, in der sie für das Unternehmen tätig sind, motiviert für die Realisierung der Unternehmensziele engagieren und nicht mit „Dienst nach Vorschrift" versuchen, jahrzehntelang ihre Positionen nur wegen der Erfüllung der Pensionskassenansprüche zu besetzen und damit strukturellen Änderungen abwehrend gegenüberstehen.

Insgesamt lässt sich festgestellen, dass ING Barings bei der Ausgestaltung des Gehalts und der Boni für ihre Spezialisten kaum noch Gestaltungsspielräume hat. Die Gewährung monetärer Anreize ist eng mit den in der Investmentbankbranche herrschenden Marktlöhnen gekoppelt. Insbesondere wenn Bonuszahlungen immer öfter als feste Einkommensbestandteile durchgesetzt werden können, ist es fraglich, ob ING Barings mit diesem Motivationsinstrument ihre Angestellten tatsächlich zu einer höheren Leistung motivieren kann.

3.2 Zweites Motivationsinstrument: die SMART-Objectives

Die individuell erbrachten Leistungen der Mitarbeiterinnen und Mitarbeiter sollen bei ING Barings mit Hilfe der sogenannten SMART-Objectives ermittelt werden, die in Kasten 9-2 dargestellt sind. Sie sollen die Grundlage für die Höhe der leistungsabhängigen Bonuszahlungen bilden. Allerdings möchte das ING Barings Management verhindern, dass für die zu leistenden Bonuszahlungen eine „bestimmte Formel, die zu einer maximalen Prämie führt" verwendet wird, betont Beat Bucher, der Chef der Human Ressourcen Abteilung. Wenn dies tatsächlich der Fall wäre, dann würde das Evaluationssystem der SMART-Objectives in erster Linie der Rückkoppelung der erbrachten Leistungen an die Angestellten und erst in zweiter Linie der Bestimmung ihres leistungsabhängigen Gehalts dienen.

Die Zielerwartungen sollen gemeinsam vom Vorgesetzten und der jeweiligen Mitarbeiterin oder dem Mitarbeiter erarbeitet und vereinbart werden. Die Mitarbeiterinnen und Mitarbeiter erhalten bestimmte Themenvorgaben, zu denen sie eigenständig Ziele formulieren sollen, die dann miteinander vereinbart werden. Ein solches Ziel kann beispielsweise lauten, dass ein Händler 20 Millionen US-Dollar Umsatz in seinem Bereich erwirtschaften soll, eine Niederlassungsleiterin in ihrem Verantwortungsbereich eine Fluktuationsrate von höchstens 15% erreichen will oder ein Vorgesetzter sich vornimmt, für seine Untergebenen insgesamt 60 Weiterbildungs-Seminartage zu realisieren. Am Jahresende soll in einem Mitarbeitergespräch gemeinsam der Grad der tatsächlichen Zielerreichung festgestellt werden.

Kasten 9-2:

SMART-Objectives

Die S-M-A-R-T-Kriterien hängen alle von einander ab und stehen für:

S = *specific*, d.h. die individuellen Zielvereinbarungen, die von den einzelnen Mitarbeiterinnen und Mitarbeitern zu erbringen sind,

M = *measurable*, d.h., die zu erbringenden Leistungen müssen an konkreten, operationalisierbaren Kriterien, z.B. Umsatz, Anzahl von Transaktionen, Anzahl von Verbesserungsvorschlägen zur Kostensenkung, messbar sein,

A = *achieveable*, d.h., der mit den Angestellten vereinbarte Leistungsbeitrag muss in einer bestimmten Periode im Rahmen der branchenüblichen Stellenbeschreibungen auch tatsächlich erreichbar sein,

R = *relevant*, d.h., die Zielvereinbarungen müssen funktionsspezifisch von den einzelnen Mitarbeiterinnen und Mitarbeitern realisiert werden können und dürfen nicht von äusseren, gar nicht beeinflussbaren Faktoren determiniert werden,

T = *time-bound*, d.h. der Zeitrahmen, innerhalb dessen die formulierten Ziele erreicht werden sollen.

Ziele, die schwierig quantitativ zu messen sind, werden im Rahmen einer *360 Grad-Arbeitsbeurteilung*, respektive einer *270 Grad-Beurteilung* für das Topmanagement, bewertet. Ziel dieser Beurteilungen ist es, zusätzliche Elemente der Zusammenarbeit sowie die Qualität der geleisteten Arbeit herauszuschälen, die nicht in Zahlen zu fassen sind. 360 Grad bedeutet, dass jeweils die betreffende Person selbst, ihre Vorgesetzten, Kolleginnen und Kollegen auf der gleichen Hierarchiestufe (sogenannte „peers"), die eigenen Untergebenen sowie externe und interne Kunden, die der Beurteilte zusammen mit seinem Vorgesetzten auswählt, in die Arbeitsbeurteilung einbezogen sind. Dazu wird ein schriftlicher Fragebogen verwendet, der einen standardisierten und einen offenen Fragenteil beinhaltet. Nach der Auswertung der verschiedenen Beurteilungen erfolgt eine Lücken-Analyse („gap-analysis"), mit der Differenzen zwischen der Selbsteinschätzung und den Einschätzungen der anderen Beurteilenden aufgedeckt werden sollen. Dieses Vorgehen soll ermöglichen, gemeinsam mit den Vorgesetzten Massnahmen für Veränderungen und persönliche Zielsetzungen zu vereinbaren. Die 360 Grad-Beurteilung wird in der Regel einmal jährlich, bei Managementfunktionen, wenn es Markt- und Strukturveränderungen erforderlich machen, auch zweimal jährlich durchgeführt.

Im Ergebnis weist das Evaluationssystem der SMART-Objectives grosse Gemeinsamkeit mit den Zielanforderungen für „Management by Objectives" (MbO: Führen durch Zielvereinbarungen) auf. Danach soll eine ergebnisorientierte Leistungsbeurteilung der Mitarbeiterinnen und Mitarbeiter erfolgen. Wird diese mit externen (monetären) Anreizen gekoppelt, hat sie eine extrinsische Motivationswirkung (kontrollierender Aspekt). Voraussetzung ist jedoch, dass die Leistungsanforderungen klar definiert sind und die erbrachte Leistung auch wirklich eindeutig zugerechnet und kontrolliert werden kann. Dies ist jedoch bei ING Barings häufig nicht der Fall. Damit setzt sich die Bank der Gefahr des sogenannten „multiple tasking"- Problems aus, das in Kapitel 1 erläutert wurde. Werden ihre Angestellten anhand der durch die SMART-Objectives evaluierten Ziele leistungsabhängig entlohnt und sind diese Ziele unterschiedlich gut messbar, dann werden sich die extrinsisch motivierten Angestellten auf die Erfüllung der gut messbaren Ziele konzentrieren und die anderen schlecht messbaren Aktivitäten vernachlässigen, wie etwa freiwilliger Wissensaustausch. Dies mag der Grund dafür sein, warum Beat Bucher davon spricht, die SMART-Objectives nicht im Sinne einer Formel anwenden, sondern den Vorgesetzten einen eigenständigen Beurteilungsspielraum gestatten zu wollen. In diesem Fall muss das ING Barings Management jedoch darauf achten, dass bei der Leistungsbeurteilung die Kriterien der Fairness und Transparenz gegenüber den Angestellten eingehalten werden (zu den Prinzipien der Fairness vgl. Kapitel 7). Mit dem Instrument der 360 bzw. 270 Grad-Beurteilungen scheint die ING Barings hier auf gutem Wege zu sein. So werden die Leistungen der ING Barings Mitarbeiterinnen und Mitarbeiter von verschiedenen Gruppierungen beurteilt und die Ergebnisse gründlich besprochen. Besonders hervorgehoben wurde von Beat Bucher die Feedback-Funktion des anschliessenden Gesprächs mit den Vorgesetzten, weil es den Mitarbeitenden Rückschlüsse in Bezug auf ihre erbrachte Leistung ermöglicht. In diesem Fall wirkt der informierende Aspekt der extrinsischen Motivation. Das bedeutet, dass die Mitarbeiterinnen und Mitarbeiter aufgrund der Information, die sie durch die Rückkoppelung erhalten, ihre eigene Leistung besser einschätzen und beurteilen können. Gelingt es ING Barings darüber hinaus solche Arbeitsbedingungen zu schaffen, dass ihre Angestellten bereit sind, an den Zielbildungsprozessen mitzuwirken und sich selber ihre Ziele zu setzten, so könnte dadurch deren intrinsische Motivation gefördert werden.

3.3 Drittes Motivationsinstrument: die Ausgestaltung des Karriere- und Weiterbildungsangebots

Bei ING Barings wird die Ausgestaltung eines reichhaltigen Karriere- und Weiterbildungsangebots als ein wichtiges Motivationsinstrument erachtet. Es zielt im Schwerpunkt darauf ab, die Verweildauer der Angestellten zu erhöhen und sich für potentielle Nachwuchskräfte als attraktiver Arbeitgeber positionieren zu können.

Karriereplanung liegt zu einem grossen Teil in der Eigenverantwortung der Mitarbeiterinnen und Mitarbeiter. ING Barings bezeichnet es als „two way process": Sie unterstützen ihre Angestellten bei ihrer fachlichen Weiterbildung, nicht mit einem generellen Trainee-Programm, sondern mit individuell vereinbarten Massnahmen, wie beispielsweise dem Besuch von Fachkursen oder der Möglichkeit eines Auslandsaufenthaltes in einer anderen ING Barings Niederlassung. Sie erwarten aber im Gegenzug, dass die Mitarbeiterinnen und Mitarbeiter von sich aus formulieren, welche Ziele sie mit ihrer Arbeit erreichen wollen und welche Unterstützung sie dabei von ING Barings wünschen.

Vor zwei Jahren wurde die ING Business School im Schloss Marquette in den Niederlanden gegründet. Ihre Hauptaufgabe besteht in der Weiterqualifizierung von ING Führungskräften und der Übernahme einer Netzwerkfunktion zum Wissensaustausch sowie dem Bilden von Lernforen für die weltweit verstreuten ING Mitarbeiterinnen und Mitarbeiter. Über die Teilnahme an solchen Programmen wird gemeinsam mit den Vorgesetzten beraten.

Zur Karriereplanung gehören auch die Beförderungsregelungen bei ING Barings. Es gibt ein Rangmodell mit fünf Stufen: Senior Management Director (ca. 25 Personen), Managing Director (ca. 300 Personen), Director (ca. 700 Personen), Vice President (ca. 1300 Personen) und Associate (ca. 2000 Personen). Die Beförderung in einen höheren Rang ist nicht zwingend mit einem finanziellen Vorteil verbunden. Für die Ausgestaltung des Gehalts gilt bei ING Barings das Prinzip der Stellenwertigkeit, d.h. Löhne werden nur bei ebenfalls höherer Funktion angepasst. Trotzdem gilt bei ING Barings die Beförderung in eine höhere Position als ein wichtiger Motivationsfaktor. Die Beförderung in eine höhere Position hat zunächst einmal eine extrinsische Motivationswirkung. Empfindet jedoch die Mitarbeiterin die Beförderung als Bestätigung und Wertschätzung gegenüber ihrer erbrachten Leistung, kann dadurch ihr Selbstwertgefühl unterstützt werden und ihre intrinsische Motivation steigt.

Einen wichtigen Stellenwert in der Weiterqualifizierung ihrer Angestellten nimmt bei ING Barings die *Projektarbeit* ein. Hier sollen schon jüngere Mitarbeiterinnen und Mitarbeiter die Möglichkeit erhalten, „on the job" anspruchsvolle und komplexe Aufgabenstellungen bearbeiten und Erfahrungen in unterschiedlichsten Geschäftsbereichen sammeln zu können. So wird von Nachwuchskräften immer wieder betont, dass ING Barings ihnen bereits zu einem frühen Zeitpunkt in international zusammengesetzten Teams die Chance gibt, Verantwortung übernehmen und Entscheidungsprozesse beeinflussen zu dürfen, ohne sich jahrelang durch die Stufen der Hierarchie emporarbeiten zu müssen. Komplexe, anspruchsvolle Projektarbeit mit einem hohen Entscheidungsspielraum fördert die intrinsische Motivation, weil das Kompetenzerleben und die Selbstbestimmung gestärkt wird.

3.4 Viertes Motivationsinstrument: das interne Kommunikationswesen

Interne Kommunikation wird in der „Interessenbilanz" als Basis für ein erfolgreiches Motivationsmanagement bei ING Barings angesehen. So hat es sich die Unternehmensleitung zur Aufgabe gemacht, regelmässig über den Geschäftsgang bis zur untersten Hierarchiestufe zu informieren. Nach der Übernahme der ING Barings durch den ING Konzern war das gesamte Topmanagement monatelang weltweit auf „Roadshows" in den Niederlassungen unterwegs, um mit den Mitarbeiterinnen und Mitarbeitern den neuen strategischen Kurs zu diskutieren.

Um diesen Dialog aufrecht zu erhalten wurde ein umfangreiches *„Daily Newsweb"* initiiert. Starten die Angestellten am Morgen ihre Computer auf, so erscheinen als erstes immer die aktuellsten ING Barings-Nachrichten auf dem Bildschirm: die Schlagzeilen des Tages, die neuesten externen und internen Pressemitteilungen, erfolgreiche Transaktionen und Geschäftsabschlüsse mit einem Kommentar vom CEO, Lancierungsinitiativen über Organisationsänderungen sowie einen Bericht, welche Schlüsselpositionen zu vergeben sind und welche Spezialisten neu akquiriert werden konnten. Die Führungskräfte des Managements und des Operating Committee sind darüber hinaus verpflichtet, elektronisch auf dem Newsweb ihre Agenda für die nächsten zwei Wochen zu veröffentlichen, damit die Mitarbeiterinnen und Mitarbeiter wissen, wann sie wo wen erreichen können. Damit sollen die Angestellten ermutigt werden, bei Fragen und Problemen unbürokratisch und schnell den Kontakt zur Führung zu finden.

Einmal im Monat findet zu einem festen Zeitpunkt das sogenannte *„Management Information Meeting"* statt. Dabei handelt es sich um eine weltweite Videokonferenz, an der rund 1850 Direktionsmitglieder aus über 50 Ländern teilnehmen. Diejenigen, die aus Gründen der Zeitverschiebung nicht daran teilnehmen können, erhalten am darauffolgenden Tag eine Videoaufnahme. Ebenfalls erscheint eine Zusammenfassung auf dem Newsweb. Auf dieser Videokonferenz spricht der CEO zum aktuellen Geschäftsgang und beantwortet dazu Fragen. Darüber hinaus werden jedesmal ein bis zwei Spezialthemen behandelt, zu denen die entsprechenden Experten zu einem Statement eingeladen werden. Solche Spezialthemen können beispielsweise die Einführung einer neuen Bonuspolitik oder die Diskussion um ein neues Managementkonzept sein.

Es lässt sich feststellen, dass die Mitarbeiterinnen und Mitarbeiter von ING Barings diese beiden Massnahmen zur Unterstützung einer offenen, transparenten Informationspolitik zu schätzen scheinen. Insbesondere konnte beobachtet werden, dass vermehrt Vorschläge, Anfragen und Ideen von der „Basis" an die Führung gerichtet wurden. Zugleich will die Unternehmensleitung damit sicherstellen, dass ihre Führungskräfte keine Machtpositionen aufgrund von Informationsvorsprüngen aufbauen, sondern sich dem Dialog mit ihren Untergebenen stellen und diese in ihre Entscheidungsfindung mit einbeziehen. Dies entspricht auch den Ergebnissen experimenteller Untersuchungen, die zeigen, dass Kommunikation die intrinsische Motivation zur Kooperation steigert (vgl. Bohnet 1996).

3.5 Fünftes Motivationsinstrument: Diskussionsgruppen und internes Vorschlagswesen

Ein per Intranet ausgebautes Vorschlagswesen und Diskussionsgruppen sollen den Mitarbeiterinnen und Mitarbeitern von ING Barings ausserhalb ihres Arbeitsbereichs in der Linienorganisation die Möglichkeit bieten, Vorschläge zu den verschiedensten Themen zu entwickeln und so kontinuierliche Verbesserungen im Unternehmen aktiv mit zu gestalten.

Mit dem sogenannten *Cost Challenge*, dem Vorschlagswesen via Intranet, können Vorschläge von Einzelnen oder Gruppen eingebracht werden, wie im Unternehmen Kosten gesenkt werden können. Die Ideen zur Einsparung von Kosten werden über die Webpage "Return to Profit" eingegeben. Das Cost Management Committee teilt dann die Vorschläge den Verantwortlichen zur Prüfung und eventuellen Umsetzung zu. Wer Vorschläge macht, erhält keine Prämien. Die Unternehmensleitung will damit verhindern, dass gute Ideen nur noch dann entwickelt werden, wenn es dafür eine Belohnung gibt. Die Entwicklung von Vorschlägen und Ideen sind und sollen bei ING Barings Ausdruck des professionellen Selbstverständnisses der Mitarbeitenden sein.

Die *Diskussionsgruppen* sind zeitlich befristet und bestehen als Sekundärstruktur zusätzlich zur eigentlichen Linienorganisation, ähnlich wie Qualitätszirkel. Anfang 1999 gab es bei ING Barings in rund fünfzehn Niederlassungen Diskussionsgruppen. Die Teilnahme ist freiwillig. Eingeladen werden die Teilnehmer durch die Personalabteilung, den Vorgesetzten oder dem CEO persönlich. Sie stammen aus den unterschiedlichsten Abteilungen des Unternehmens, um verschiedene Sichtweisen berücksichtigen zu können und einer Betriebsblindheit vorzubeugen. In unseren Gesprächen wurde immer wieder betont, dass diese Einladungen so gut wie immer angenommen werden. Dies wird darauf zurückgeführt, dass die ING Barings Angestellten durchweg ein grosses Interesse daran hätten, ihre Meinungen äussern zu können. Entscheidend für den Erfolg der Diskussionsgruppen sei allerdings, dass das Management nicht nur als Diskussionspartner zur Verfügung steht, sondern die dort entwickelten Vorschläge auch schnell umsetze. Dadurch würden die Diskussionsgruppen hohe Glaubwürdigkeit erhalten. Immer wieder werden die Diskussionsgruppen auch genutzt, um Querdenkern ein Forum zu geben, ihre unkonventionellen Ideen zu präsentieren.

Die Personalabteilung oder die Kommunikationsabteilung geben in der Regel in Abstimmung mit der Geschäftsleitung die zu behandelnden Themen vor. Die vorherige Lektüre von Artikeln zum Thema und das Aufstellen von Thesen sollen die Diskussion anregen.

So wurde beispielsweise eine Diskussionsgruppe initiiert, weil das oberste Management einer grossen Bank-Niederlassung etwas gegen das schlechte Betriebsklima und die mangelhafte Zusammenarbeit zwischen den Angestellten unternehmen wollte. Innerhalb von zwei Wochen tagten acht Diskussionsgruppen. Der Personalchef und der Kommunikationschef von ING Barings fungierten als vermittelnde Moderatoren. Die Vorschläge der Gruppenmitglieder wurden in jeder Sitzung protokolliert und via CEO an das Management Committee weitergeleitet. Dieses hatte den Auftrag, die Vorschläge zu prüfen und möglichst rasch sinnvoll umzusetzen. Bereits vier Wochen nach dem ersten Treffen der Diskussionsgruppe wurde als Resultat der Gespräche ein individuelles Coaching für das Top-Management der Niederlassung eingeführt.

Im Ergebnis wird durch die Diskussionsgruppen bei ING Barings der Austausch von Wissen gefördert, um gemeinsame Pool-Ressourcen erzeugen zu können. Im geschilderten Beispiel ging es darum, die kollegiale Zusammenarbeit zu fördern und eine vertrauensvolle Unternehmenskultur zu stärken. Bei Pool-Ressourcen lässt sich der Beitrag des einzelnen Teammitglieds nicht genau zurechnen. Deshalb kann innerhalb dieser Gruppen das Einbringen von (oft nur implizit vorhandenen) Wissensbeständen der Gruppenmitglieder nur intrinsisch motiviert werden. Bei ING Barings ist dies der Fall, solange sich die Mitarbeiterinnen und Mitarbeiter freiwillig in diesen Gruppen engagieren können und bereit sind, über die Veränderung von Zielen nachzudenken. Das setzt allerdings voraus, dass ihre Leistungen nicht nur nach quantitativen Zielvorgaben entlohnt werden, weil unter diesen Bedingungen schwer messbare Pool-Ressourcen nicht erzeugt werden können.

3.6 Sechstes Motivationsinstrument: der Synergy Award

ING Barings ist eines der rechtlich selbständigen Tochterunternehmen des ING Konzerns. Alle dort vertretenen Gesellschaften sind im Bank- und Versicherungsbereich tätig. Das bedeutet einerseits, dass unterschiedliche Gesellschaften wie beispielsweise die Postbank in den Niederlanden oder ING Direct in Kanada mit ganz ähnlichen Fragestellungen konfrontiert sein können. Andererseits kommt es aber auch immer wieder vor, dass verschiedene ING Tochterunternehmen unabhängig voneinander in einem Land, wie beispielsweise Polen, ohne Kontakte untereinander ihre Geschäfte abwickeln. Dies entspricht zwar dem Grundsatz dezentraler Einheiten mit einer hohen Entscheidungsautonomie, wie wir es in Kapitel 8 als Idealtypus der Profit Center Organisation dargestellt haben. Die Unternehmensleitung befürchtet jedoch, dass eine zu hohe Eigenständigkeit ihrer Geschäftsbereiche dazu führt, dass zwischen ihnen zu wenig kooperiert und zusammengearbeitet wird.

Aus diesem Grund hat der ING Vorstand 1996 beschlossen, den ING Synergy Award zu entwickeln, der einmal pro Jahr verliehen wird. Ziel dieses Awards ist es, eine „Plattform zur Förderung der Zusammenarbeit zwischen den einzelnen Geschäftsbereichen zu schaffen“. Dies bedeutet, dass Verbundeffekte bzw. Synergievorteile erkannt, bekannt und realisiert werden sollen. Die Unternehmensleitung hat es sich zum Ziel gesetzt, dass jedes am Wettbewerb eingereichte Projekt zu einer tatsächlichen Verbesserung des Gesamtergebnisses der ING führen soll.

Im Prinzip kann jedes Arbeitsteam in der ING sein Projekt einreichen, wenn es die drei Teilnahmevoraussetzungen erfüllt:

- Erstens muss das Projekt mit einer integrierten Finanzdienstleistung zu tun haben.
- Zweitens müssen mindestens zwei verschiedene Geschäftsbereiche von ING involviert sein.
- Drittens müssen nachweisbare Ergebnisverbesserungen vorliegen.

Grundlage zur Beurteilung der eingereichten Projekte ist das sogenannte ING Synergy Model, dessen Grundzüge im nachfolgenden Kasten 9-3 zusammengefasst sind.

Kasten 9-3:

Das „ING Synergy Model"

Das „ING Synergy Model" folgt dem Grundsatz, dass jedes am Wettbewerb eingereichte Projekt zu einer tatsächlichen Verbesserung des Gesamtergebnisses für die ING führen soll.

Das Modell ist, wie es die Abbildung deutlich macht, in die beiden Kriteriengruppen Resultate und Möglichkeiten gegliedert, die ihrerseits je vier Kriterien umfassen.

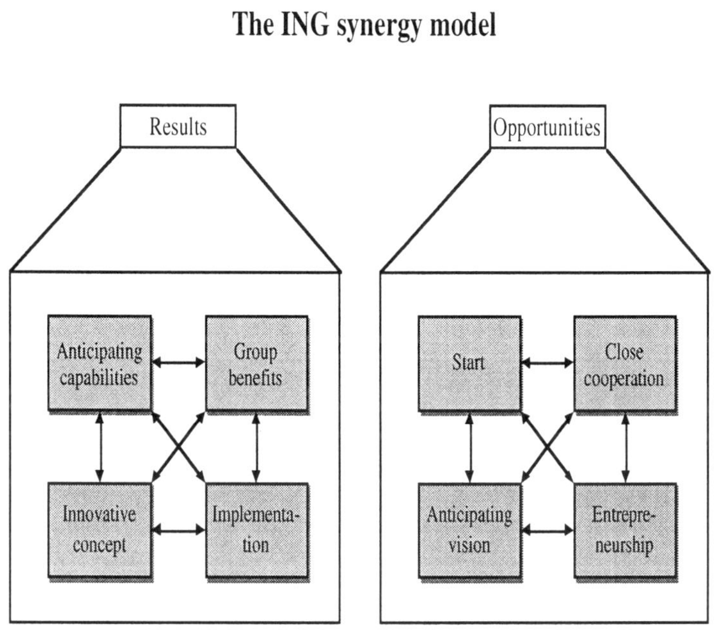

Die vier Kriterien für die Resultate sind:

Antizipierende Fähigkeiten: Dazu gehören die Fähigkeiten, zukünftige Entwicklungen und Marktchancen zu erkennen und zu nutzen, beispielsweise durch konkrete Massnahmen, wie Kundenerwartungen besser eingeschätzt werden können, durch welche Merkmale vertiefte Kenntnis der Marktgegebenheiten erworben werden konnten oder von welchen Erfahrungen andere Teams künftig profitieren könnten.

Innovative Konzepte: Die Synergieprojekte sollen innovative Ideen hervorbringen, die zu neuartigen Konzepten weiterentwickelt werden, wie entweder Kundenbedürfnisse besser befriedigt oder wie neue Produkt-Markt-Kombinationen erreicht werden können. Das kann beispielsweise in neu und effizienter gestalteten Prozessen resultieren. Ein anderes Mass für den Neuigkeitswert von Konzepten ist, für seine Ideen öffentliche Aufmerksamkeit zu erringen.

Massnahmen zur Implementation: Die Synergieprojekte sollen nicht nur konkret fassbare Zielsetzungen aufweisen, sondern zugleich organisatorische Voraussetzungen für deren Umsetzung schaffen, beispielsweise indem vorhandene Produktionskapazität überprüft und erweitert werden, die betroffenen Angestellten sachgerecht informiert und einbezogen wird, Ziele an neue Entwicklungen angepasst werden oder bei Schwierigkeiten die Unterstützung durch das Topmanagement organisiert wird.

Zusätzlicher Gewinn für die ING: Das oberste Ziel eines jeden Synergieprojektes ist es, einen zusätzlichen Gewinn für die ING realisieren und auch nachweisen zu können. Das setzt voraus, dass die antizipierenden Fähigkeiten, die innovativen Konzepte und die Massnahmen gut aufeinander abgestimmt werden. Es wird aber auch geprüft, ob während der Dauer des Projektes ein reger Austausch von Wissen, Fähigkeiten und Erfahrungen stattfand und ob das Projekt das Image der ING oder die Arbeitszufriedenheit ihrer Angestellten verbessert hat.

Die Kriterien für die Möglichkeiten sind:

Der Start eines Synergie-Projektes: Zu Beginn des Projektes muss abgeklärt werden, ob alle involvierten Geschäftseinheiten auch tatsächlich einen Beitrag zum Erfolg leisten können, beispielsweise indem festgehalten wird, für welchen Input die verschiedenen Bereiche zuständig sind und in welchem Ausmass das Topmanagement bereit ist, sich zu engagieren.

Antizipierende Vision: Die in einem Synergieprojekt erarbeiteten Erfolgskriterien sollen auch anderen ING Geschäftsbereichen zum Erfolg verhelfen. Ziel eines Synergieprojektes ist es immer zugleich auch darüber nachzudenken, wie das dort entwickelte Wissen auch in anderen Geschäftsbereichen eingesetzt werden kann.

Unternehmerisches Denken: Die Projektmitglieder sollen eigenverantwortlich für die Beschaffung der notwendigen Ressourcen aus der ING sein. Ausserdem sollen sie in der Lage sein, kreative Antworten auf unerwartete Projektentwicklungen zu geben, die erst im Laufe der Zeit auftauchen.

Enge Kooperation: Die Zusammenarbeit der beteiligten Geschäftseinheiten soll durch die Bereitschaft geprägt sein, über kulturelle Differenzen innerhalb der Gruppe hinweg voneinander zu lernen und sein Wissen und seine Netzwerkbeziehungen mit den anderen Teammitgliedern zu teilen. Das bedeutet beispielsweise die Bildung multidisziplinärer Projektteams oder die Wahrnehmung von Mentoring-Aufgaben durch das Topmanagement.

Einmal im Jahr wird der Synergy Award als Wanderpokal an das Siegerteam verliehen. Jedes Teammitglied erhält eine Miniatur-Ausgabe des Pokals für seinen Schreibtisch und darf diese behalten. Geldpreise gibt es nicht. Es hat sich aber in den letzten Jahren eingebürgert, dem Siegerteam eine besondere Überraschung zu bieten, die nicht einfach erhältlich ist und die eine Wertschätzung dem Team gegenüber ausdrückt.

Als beispielsweise ein Projektteam der niederländischen Postbank und der kanadischen Bank Direct den Award gewonnen hatte, gelang es der Wettbewerbsjury die Universität von Montreal zu veranlassen, über dieses Projekt eine professionelle Fallstudie zu verfassen, wie sie in der universitären Managementausbildung renommierter MBA-Kurse zum Einsatz kommt.

In diesem Jahr wird die Preisverleihung im Rahmen der internationalen ING Managementkonferenz stattfinden. Die prämierten Teams werden durch die unternehmensinterne Zeitschrift der ING bekannt gemacht. Alle am Wettbewerb zugelassenen

Projekte und deren Mitglieder werden in den ING-eigenen Publikationen vorgestellt und sollen dort Basis für weitere Diskussionen und Anregungen sein.

In der letzten Wettwerbsperiode 1998/99 kamen 24 Projekte in die engere Wahl für den Synergy Award. Erstes Beurteilungskriterium war die Verbindung des Projektes mit den Kriterien des im Kasten 9-3 dargestellten ING Synergy Models. Anschliessend wurden die eingereichten Projekte, die den Minimalanforderungen entsprachen, von fünfköpfigen Audit-Teams beurteilt. Diese Teams setzten sich vor allem aus jungen Mitarbeiterinnen und Mitarbeitern der ING zusammen, insgesamt etwa dreihundert Personen. Es gilt als interne Auszeichnung, diese Aufgabe wahrzunehmen zu dürfen. Den Schlussentscheid über die Vergabe des Preises fällte eine Jury aus Topmanagern unter des CEO der ING. Die beiden Siegerprojekte die Periode 1998/99 werden kurz vorgestellt.

Kasten 9-4:

Synergy-Award: Siegerprojekte der Periode 1998/99

Im *Euro Navigator-Projekt* ging es darum, Finanzprodukte, Dienst- und Beratungsleistungen so für Firmenkunden zu kombinieren, dass sich diese europaweit direkt elektronisch ins nationale Zahlungssystem einklinken können. Damit soll der internationale Zahlungsverkehr dieser Kunden erleichtert und die Stellung der ING als europäischem Finanzdienstleister gestärkt werden. Für dieses Projekt wurde eine neue Einheit, die ING International Cash Management, gegründet. Zu diesem Team gehören neben ING Barings Mitarbeitern auch Mitglieder aus vier anderen ING Gesellschaften, die sich alle vollumfänglich dieser Aufgabenstellung widmeten und inzwischen als Cash Management Berater anderen Gesellschaften bei der Einführung dieses Systems zur Seite stehen.

Inzwischen ist Polen für die ING nach den Benelux-Staaten zum zweitwichtigsten Markt avanciert. Ziel des *ING Poland Platform-Projektes* war es deshalb, Strategien und Geschäftsaktivitäten der acht in Polen vertretenen ING Gesellschaften, unter anderen auch der ING Barings, zu koordinieren, um Doppelspurigkeiten zu vermeiden und landesspezifische Erfahrungen besser nutzen zu können. Im Ergebnis wurde das Plattform-Modell organisatorisch in die Konzernstruktur verankert, d.h., jeden Monat treffen sich Vertreter der acht Gesellschaften unter rotierender Leitung eines der jeweiligen Geschäftsführer, um Geschäftsaktivitäten aufeinander abzustimmen. So haben beispielsweise Mitarbeiterinnen und Mitarbeiter verschiedener ING Barings Einheiten die Bank Slaski im Firmenkundengeschäft bei der Durchführung aufwendiger Transaktionen unterstützt und damit sichergestellt, dass sie diese Aufträge erfolgreich abschliessen konnte.

Es lässt sich feststellen, dass der Synergy Award eine Belohnung ist, die von der ING Unternehmensleitung als symbolische Anerkennung verliehen wird. Im Vordergrund des Awards steht nicht die Gruppenprämie, sondern die Würdigung und das Feedback über die erreichte Leistung. In diesem Fall wirkt der informierende Aspekt der Belohnung und verstärkt die internale Kontrollüberzeugung, d.h. das Team rechnet das erbrachte Ergebnis seiner eigenen Anstrengung zu. Dadurch wird die intrinsische Motivation der Teammitglieder gefördert. Uns wurde berichtet, dass häufig erst der Synergy Award die Teams dazu veranlasst, ihre Projektarbeit kritisch zu reflektieren. So wurde beobachtet, dass Teams immer wieder intensiv miteinander darüber diskutierten, ob die Anwendung der Synergie-Kriterien nicht eine qualitative Verbesserung ihrer Arbeit bedeuten würde. Viele Teams berichteten, dass sie erst durch das Verfassen der Anträge für den Wettbewerb darauf gekommen wären, wie sie viele ihrer Projekt-Ideen noch präziser ausarbeiten könnten. In diesen Fällen kann der Synergy Award dazu beitragen, dass unvertraute und als schwierig empfundene Aufgaben überhaupt erst in Angriff genommen werden.

Darüber hinaus fördern diese Diskussionen die Kommunikation und den Erfahrungsaustausch innerhalb der Teams. Dies ist – ebenso wie bei den Diskussionsgruppen, die im Abschnitt 3.5 geschildert wurden – Voraussetzung, um implizites Wissen untereinander austauschen zu können und einen Beitrag für die Erzeugung von Pool-Ressourcen zu leisten. Für die Zusammenarbeit der geschäftsbereichsübergreifenden Teams folgt daraus, dass es so gut wie nicht möglich ist, anhand ihrer erreichten Resultate festzustellen, welches Teammitglied welchen Anteil daran hat.

Für das Motivationsmanagement bei der ING bedeutet dies: Die ING Unternehmensleitung muss darauf achten, dass die Vorgesetzten der einzelnen Teammitglieder nicht versuchen, den Beitrag der jeweiligen Teammitglieder zum Projektziel durch individuell ausgerichtete monetäre Anreize zu fördern. Dass diese Gefahr bestehen könnte, darauf deutet die direkte Verbindung zwischen „Teamwork“ und „Kompensation des Mitarbeiters“ in der Interessenbilanz hin, die in Abbildung 9-2 visualisiert ist. Man könnte daraus schliessen, die Bereitschaft, sich in einem Team zu engagieren, könnte durch monetäre Anreize (extrinsische Motivation) gefördert werden. In den ersten beiden Kapitel wurde ausführlich begründet, warum dies nicht möglich ist: Die einzelnen Teammitglieder hätten einen Anreiz, als Trittbrettfahrer von den Ergebnissen zu profitieren, ohne etwas zu deren Erstellung beizutragen. Es bestände die Gefahr des „multi-tasking“- und des „fuzzy-tasking“-Problems (zur Definition dieser beiden Probleme vgl. Kapitel 1).

Weil in gut funktionierenden Teams die Leistungsbeiträge der Teammitglieder über mess- und kontrollierbare Faktoren herausgehen, ist es für ING wichtig, Bedingungen zu schaffen, welche die intrinsische Motivation ihrer Angestellten fördern. Dazu können diese in diesem Abschnitt geschilderten Projektgruppen beitragen, wenn sie folgende Arbeitsbedingungen aufweisen: ganzheitliche Aufgabenzuschnitte mit der Übertragung von Eigenverantwortung gemeinsame Entscheidungsfindung und Problemlösung, sowie gemeinsame Normen und ein starker Teamgeist.

3.7 Siebtes Motivationsinstrument: der Spot Light Award

Eine ähnliche Zielsetzung verfolgt auch das Konzept des Spot Light Award, der künftig in der ING Barings einmal im Monat verliehen werden soll. Auch hier soll die Zusammenarbeit zwischen mehreren, vor allen geografisch entfernten Geschäftsbereichen prämiert werden. Im Unterschied zur langfristig angelegten Zusammenarbeit der im Rahmen des Synergy Award prämierten Projekte, soll der Fokus beim Spot Light Award auf zeitlich befristeten Projekten, den sogenannten Transaktionen, liegen. Transaktionen können Aufgabenbereiche eines Börsengangs für einen Klienten oder die Abwicklung eines „takeovers" umfassen, beispielsweise wenn ein mexikanische Zementunternehmen in Indonesien eine Fabrik erwerben möchte. Dies erfordert einen grossen Arbeitseinsatz der lokalen Niederlassungen und eine professionelle Unterstützung durch eine der Niederlassungen in einem der grossen Finanzzentren, um die Transaktion erfolgreich abwickeln zu können.

Die Führungskräfte der ING Barings sind aufgerufen, jeden Monat aus ihrem Verantwortungsbereich Vorschläge erfolgreich durchgeführter Transaktionen einzureichen. Das Management Committee soll daraus eine auswählen, bei der besonders eindrücklich die Zusammenarbeit des virtuellen Teams über die verschiedensten Einheiten hinweg gelungen ist. Der Unternehmensleitung ist es wichtig, dass es sich bei dem Spot Light Award um eine Anerkennung von hohem symbolischen Wert handeln soll. Das Siegerteam wird keinen Geldpreis oder eine andere Prämie erhalten. Stattdessen darf der Kunde, für den das Siegerteam die Transaktion durchgeführt hat, einer gemeinnützigen Institution nach Wahl eine Spende von 5000 Britischen Pfund zukommen lassen.

3.8 Achtes Motivationsinstrument: die „Community Investment Programme"

Die „Community Investment Programme" werden in Zusammenarbeit mit der „East London Partnership" durchgeführt und koordinieren freiwillige Sozialarbeit von ING Barings Mitarbeiterinnen und Mitarbeiter. Der Hauptsitz der ING Barings liegt in der Londoner City, in unmittelbarer Nähe zum East End, einer der ärmsten Wohngegenden Grossbritanniens. Täglich sehen damit die ING Barings Mitarbeiterinnen und Mitarbeiter den Kontrast zwischen dem erfolgreichen Investementbanking in der City und dem Leben der sozial Benachteiligten in ihrer direkten Nachbarschaft. „Bei vielen Barings Mitarbeiterinnen und Mitarbeiter besteht die Einsicht, dass sie auf der Sonnenseite des Lebens stehen, überdurchschnittlich gut verdienen und deshalb etwas für andere, welche nicht dieses Glück haben und gleichzeitig etwas für ihren persönlichen Ausgleich tun wollen" berichtet Beat Bucher, der Chef der Human Ressourcen Abteilung. Zudem hat er die Erfahrung gemacht, dass Mitarbeiterinnen und Mitarbeiter, welche sich an den Community Investment Programmen beteiligen, besser motiviert sind und eine höhere Arbeitsmoral haben.

Zur Zeit stellen über 100 Barings Mitarbeiterinnen und Mitarbeiter inkl. des CEO ihre beruflichen Erfahrungen zur Verfügung und helfen beispielsweise einem Kinderheim das Finanzmanagement zu organisieren, einer Hilfsorganisation für Obdachlose einen Businessplan auszuarbeiten oder für ein Theater finanzielle Mittel aufzutreiben. Im vergangenen Jahr sponserte ING Barings beispielsweise eine Kunstauktion für die Renovation eines lokalen Theaters in Hackney, der sozial schwächsten Gegend in London. Sie bezahlte Getränke und Essen, stellte den Raum zur Verfügung, half die Einladungen zu verfassen, benutzte ihre Geschäftsbeziehungen, um für den Anlass zu werben und lud ihre Angestellten zur Teilnahme ein. Der Erlös der Auktion betrug über 52'000 Britische Pfund. Darüber hinaus wirken Barings Mitarbeiterinnen und Mitarbeiter beim Erteilen von Nachhilfestunden in Schulen mit, um den Kindern später eine Ausbildung zu ermöglichen und unterstützen die Schulleitungen bei ihren Aufgaben.

Die Beobachtungen von Beat Bucher lassen vermuten, dass die Community Investment Programme vielen ING Barings Mitarbeiterinnen und Mitarbeitern ein besonderes Kompetenzerlebnis zu vermitteln vermögen. Die Tatsache, sich gemeinsam und freiwillig für einen karitativen Zweck zu engagieren, führt zu einer Selbstverpflichtung, die intrinsisch motiviert ist und von den Beteiligten auf ihren Job bei ING Barings übertragen wird. Jedoch gilt es auch weiterhin darauf zu achten, dass die Angestellten sich wirklich aus eigenem Antrieb engagieren und sich nicht verpflichtet fühlen, aus Imagegründen an diesem Programm teilzunehmen oder gar belohnt werden, wenn sie dies tun. Sie würden sich dann in ihrem freiwilligen Engagement eingeschränkt fühlen. In diesem Fall besteht die Gefahr, dass ein Verdrängungseffekt auftritt und ihre intrinsische Motivation sinkt.

4. Motivationsmanagement und der Kampf um Talente

In der Investmentbankbranche werden zur Zeit hohe Gehälter und hohe Boni bezahlt. Dies gilt auch für die ING Barings Bank. Würde sie als Arbeitgeberin in bezug auf die Gehälter und Bonuszahlungen nicht mit den direkten Konkurrenten innerhalb der Branche mithalten, hätte sie erhebliche Schwierigkeiten, qualifiziertes Personal gewinnen zu können. Dennoch musste das Management von ING Barings erkennen, dass es nicht genügt, branchenübliche hohe Gehälter und Boni zu bezahlen, um sich vor dem Verlust grosser Teile der Angestellten zu schützen. So musste die Bank 1998 in den beiden wichtigsten Niederlassungen London und New York eine Fluktuationsrate von 25 bzw. von 50 Prozent hinnehmen.

Aufgrund dieser Erfahrungen begann das Management von ING Barings darüber nachzudenken, wie bisherige und neue Angestellte zum Verbleib im Unternehmen motiviert werden könnten. Zusammen mit dem Human Ressourcen Team wurde ein Motivationsrepertoire entwickelt, dessen wichtigste Instrumente wir im Abschnitt 3 vorgestellt haben. Es beeindruckt die Vielfalt dieser Massnahmen: Von der flexiblen Pensionskassenregelung bis hin zum Engagement in den „Community Investment" Programmen versucht ING Barings mit einem breitgefächerten Repertoire an Motivationsinstrumenten die Bedürfnisse der Mitarbeitenden mit den Interessen des Unternehmens in Einklang zu bringen. Oberstes Ziel für ING Barings bleibt es, *erstens* die Fluktuationsrate zu verringern und die Loyalität kompetenter Mitarbeiterinnen und Mitarbeiter zu festigen sowie *zweitens* die Motivation zum Wissenstransfer zu erhöhen.

Welche Erkenntnisse lassen sich daraus für ein gezieltes „Managing Motivation" gewinnen? Das Fallbeispiel ING Barings zeigt und beweist: Massnahmen zur Förderung der extrinsischen und zur Förderung der intrinsische Motivation gehören zusammen. Sie können nicht isoliert und als sich ausschliessende Alternativen zur Anwendung kommen. Extrinsische und intrinsische Motivation sind voneinander abhängig und treten in der Regel gemeinsam auf. Deshalb möchte ING Barings mit ihrem Motivationsinstrumentarium beide Motivationstypen begünstigen. Es gibt aber noch einiges zu tun, um die erhofften Ergebnisse zu erzielen.

Nach wie vor nimmt bei ING Barings die Gewährung extrinsischer Anreize einen prominenten Platz ein. Die Ausgestaltung des Gehalts mit seinen verschiedenen Elementen sowie ein ausdifferenziertes Karriereangebot sind demzufolge in der Interessenbilanz – siehe Abbildung 9-2 – auch ganz oben angesiedelt. Ob damit allerdings tatsächlich der von ING Barings erwünschte leistungsfördernde Effekt bei den Mitarbeiterinnen und Mitarbeitern ausgelöst werden kann, ist fraglich. Leistungslöhne wirken nur, wenn der Lohn tatsächlich eng mit der individuell erbrachten Leistung verknüpft werden kann. Hohes Entgelt und hohe Bonuszahlungen werden – wie dargestellt – jedoch bereits durch die Marktbedingungen vorgegeben. Damit verlieren diese Anreize allerdings ihre Sogkraft, wenn Bewerberinnen und Mitarbeiter sie als selbstverständliche Voraussetzung für den Job betrachten. Der Einsatz dieses extrinsischen Motivationsinstrumentariums scheint von einem Unternehmen der Investmentbankbranche immer weniger eigenständig beeinflusst werden zu können.

Deshalb wird für ING Barings die Gestaltung von Arbeitsbedingungen, welche die intrinsische Motivation ihrer Angestellten stärken, zukünftig zweifellos bedeutender. Hier hat ING Baring mit ihrem Instrumentarium bereits eine höchst interessante und solide Grundlage entwickelt, wie beispielsweise das interne Kommunikationswesen, Diskussionsgruppen oder Projektarbeit im Rahmen des Synergy Awards beweisen. Es handelt sich dabei im wesentlichen um Massnahmen, welche die Zusammenarbeit und den Wissensaustausch zwischen den Mitarbeitenden fördern.

Allerdings darf sich das Motivationsmanagement von ING Barings nun nicht darauf beschränken, die Mitarbeiterinnen und Mitarbeiter durch eine möglichst interessante Tätigkeit intrinsisch und gleichzeitig durch das Versprechen eines Bonus extrinsisch zu motivieren. In Kapitel 1 wurde begründet, dass intrinsische und extrinsische Motivation nicht additiv wirken, sondern unter bestimmten Bedingungen einen negativen Zusammenhang aufweisen. Es kann ein Verdrängungseffekt auftreten, d.h., ein extrinsischer Anreiz bewirkt, dass die intrinsische Arbeitsmotivation unterhöhlt bzw. verdrängt wird. So wird ING Barings sorgfältig überprüfen müssen, inwiefern beispielsweise die Wirkungen des „Synergy Awards" durch einen an der individuell erbrachten Leistung ausgerichteten Lohn behindert werden könnten. Wer gibt schon gerne sein Wissen preis, wenn dadurch Kolleginnen und Kollegen den Erfolg kopieren können und die Möglichkeit besteht, dass die eigene Lohntüte weniger prall gefüllt ist? Wer ist bereit, sich freiwillig in Diskussionsgruppen zu engagieren, wenn dadurch weniger Zeit für die Erreichung der quantitativen Zielvorgaben (SMART-Objectives) bleibt? Hier lauern die Gefahren des „multiple-tasking"- und des „fuzzy-tasking"-Problems. Dass extrinsische Motivation die Freude an der Arbeit verdrängt oder gar die Bereitschaft, mit den Kolleginnen und Kollegen Wissen zu teilen, drastisch reduzieren könnte, scheint aber bisher weder bei ING Barings noch sonst in der Investmentbankbranche ein Thema gewesen zu sein. In der Ausbalancierung des optimalen Verhältnisses zwischen extrinsischer und intrinsischer steckt noch Arbeit.

Deshalb gilt auch für ING Barings: *„Managing Motivation"* bedeutet die adäquate Gewichtung von Motivationsmassnahmen, um die zur Erfüllung der Unternehmensziele geeignete Motivation bei den Angestellten zu ermöglichen: Zum *einen* ist intrinsische Arbeitsmotivation notwendig, um implizite Wissensbestände auszutauschen und damit einen Beitrag zur Erzeugung von gemeinsamen Pool-Ressourcen zu leisten sowie sich an der Lösung komplexer, weniger klar quantifizierbarer Zielsetzungen zu beteiligen. Sie ist insbesondere dann wichtig, wenn die Leistung eines Einzelnen nicht quantifizierbar erfasst werden kann. Zum *anderen* können externe Anreize dazu beitragen, das Reservoir an Leistungsbereitschaft und Leistungsfähigkeit der Mitarbeiter überhaupt erst zu erschliessen. So bedeutet denn auch bei ING Barings eine Beförderung oder die Gruppenprämie des „Spot Light Awards" eine Bestätigung und Wertschätzung gegenüber der erbrachten Leistung.

Im Ergebnis zeigt das Motivationsinstrumentarium von ING Barings aber deutlich, dass sie sich nicht darauf einlassen wollen, den Kampf um besonders talentierte Mitarbeiter ausschliesslich über das Gehalt zu führen. Neue wie bisherige Mitarbeiter, die sich vor allem für die monetäre Dimension ihres Arbeitsplatzes interessieren und über entsprechende Fähigkeiten verfügen, haben zur Zeit ganz andere Herausforderungen: Wer Risiko, Abenteuer und das grosse Geld sucht, fühlt sich inzwischen von der „New Economy" viel stärker angezogen als von den Investmentbanken, wie eine Statistik des Economist belegt (The Economist, 25. März 2000, S. 88). Internet- und „Start-up"-Firmen sind heutzutage durch eine Goldgräberstimmung geprägt wie es zu Beginn der neunziger Jahre die Investmentbanken waren. Dagegen käme eine einzelne Bank, wenn sie nur auf monetäre Anreize setzten würde, nicht an. Zudem sprechen auch die Erfahrungen der alten Barings - mit Goldgräbern in den eigenen Reihen, die leicht zu Totengräbern werden können - gegen die ausschliessliche Betonung des Gehalts als Motivationsinstrument. Vielleicht wird es ING Barings mit ihrem ausdifferenzierten Motivationsinstrumentarium und ihrem grossen Engagement in den „Emerging Markets" gelingen, ebenso abwechslungsreiche, jedoch mit einem deutlich geringeren Risiko behaftete Arbeitsplätze zu bieten, die eine Alternative zu denen der „dotcom"-Firmen sind.

Noch können wir keine abschliessende Würdigung geben, aber es scheint sehr aussichtsreich, dass ING Barings ein erfolgreiches „Managing Motivation" gelingen wird und sie ihr Ziel, die Bedürfnisse der Mitarbeitenden und die Interessen des Unternehmens in Einklang zu bringen, mit ihrem umfangreichen Spektrum an Massnahmen erreichen werden.

5. Literaturhinweise

Die wechselvolle Geschichte der Barings Bank wird ausführlich geschildert von:

Fay, S. (1996): The Collapse of Barings, New York/London.

Siehe hierzu auch bei:

Drucker, P. (1999): Innovate or Die, in: The Economist, 25. September 1999, S. 27-34.

Experimentelle Untersuchungen zur Kooperation und Kommunikation wurden durchgeführt von:

Bohnet, I. (1996): Kooperation und Kommunikation. Eine Analyse individueller Entscheidungen, Tübingen.

Zehntes Kapitel

RALPH TRITTMANN, DIRK STELZER,
ANDREAS HIERHOLZER UND WERNER MELLIS

Managing Motivation bei der Softwareentwicklung – Eine Fallstudie in der SAP AG

KAPITELZUSAMMENFASSUNG

Die menschliche Arbeitsleistung ist der wesentliche Produktionsfaktor im Rahmen der Softwareentwicklung. Daher bestimmt die Arbeitsmotivation der Mitarbeiter die Produktivität von Softwareunternehmen in erheblichem Masse.

Auf der Basis einer Fallstudie bei der SAP AG wird der Zusammenhang zwischen der Mitarbeitermotivation und dem Erfolg von Vorhaben zur Verbesserung der Softwareentwicklung beschrieben. Dabei wird die Motivstruktur der Mitarbeiter dargestellt, die zeigt, dass eine starke intrinsische Motivation vorherrscht. Die Untersuchung ergibt, dass die erfolgreichen Verbesserungsvorhaben so gestaltet sind, dass sie für eine intrinsische Motivation förderlich sind.

1. Einleitung

Die Bedeutung von Software für das wirtschaftliche Wachstum von Unternehmen und Volkswirtschaften nimmt stetig zu. Ein durchschnittlicher PKW enthält ca. 80.000, ein leistungsfähiger Fernseher bis zu 150.000 Zeilen Softwarecode. Heinrich v. Pierer, der Vorstandsvorsitzende der Siemens AG, schätzt, dass rund die Hälfte des Umsatzes dieses Unternehmens mit Produkten getätigt wird, deren Wettbewerbsfähigkeit entscheidend von der darin enthaltenen Software abhängt. Der Anteil der Softwarebranche am Bruttosozialprodukt ist in den vergangenen Jahren konstant gestiegen. Auch für die Zukunft werden Wachstumsraten prognostiziert, die deutlich über dem Durchschnitt anderer Branchen liegen. Aktuelle Entwicklungen, z. B. im Electronic Commerce, deuten darauf hin, dass der Stellenwert von Software in Zukunft noch zunehmen wird.

Die menschliche Arbeitsleistung ist der wesentliche Produktionsfaktor im Rahmen der Softwareentwicklung. Die Arbeitsmotivation der Mitarbeiter bestimmt die Produktivität von Softwareunternehmen in erheblichem Masse. Die Entwicklung von Software vollzieht sich in einem äusserst dynamischen Umfeld. Dies ist unter anderem auf den technischen Fortschritt und die sich rasch verändernden Kundenanforderungen zurückzuführen. Unternehmen, die in diesem Umfeld agieren, müssen Wert auf permanente Produktinnovationen und kontinuierliche Verbesserungen der Entwicklungsprozesse legen. Beides ist nur mit hochmotivierten Mitarbeitern möglich. Es liegt nahe, dass der Motivation der Mitarbeiter in Softwareunternehmen hohe Bedeutung beigemessen wird. Erstaunlicherweise ist die Arbeitsmotivation in der Softwareentwicklung bisher nur in wenigen empirischen Arbeiten detaillierter untersucht worden

In den Jahren 1997 und 1998 haben wir Vorhaben zur Verbesserung der Softwareentwicklung bei einem der weltgrössten Anbieter von betriebswirtschaftlicher Anwendungssoftware, der SAP AG in Walldorf bei Heidelberg untersucht. Empirische Untersuchungen in anderen Unternehmen zeigen, dass die Veränderung der Softwareentwicklung eine komplexe, zeitaufwendige und schwierige Aufgabe ist. Unsere ersten Erfahrungen mit der Softwareentwicklung bei der SAP deuteten jedoch in eine grundlegend andere Richtung. Verbesserungen schienen in diesem Unternehmen nicht schwierig oder ungewöhnlich zu sein. SAP-Mitarbeiter initiierten und implementierten Verbesserungen wann immer sie Elemente der Softwareentwicklung als ineffizient wahrnahmen oder Verbesserungsmöglichkeiten erkannten. Die Verbesserung der Softwareentwicklung in der SAP schien aus zahlreichen inkrementellen Veränderungen zu bestehen, die über das gesamte Unternehmen verteilt waren.

Im folgenden wird der Zusammenhang zwischen der Motivation der Mitarbeiter und dem Erfolg von Vorhaben zur Verbesserung der Softwareentwicklung bei der SAP näher beleuchtet. Der Begriff „Softwareentwicklung" umfasst alle Entwicklungs- und Managementaktivitäten, die ausgeführt werden müssen, um ein Softwareprodukt und damit verbundene Serviceleistungen zu erzeugen. Veränderungen der Softwareentwicklung umfassen somit alle Veränderungen von Entwicklungs- oder Managementaufgaben der Softwareentwicklung.

Grundsätzlich lassen sich zwei verschiedene Modelle zur Verbesserung der Softwareentwicklung unterscheiden:

Das erste Modell ist das „bürokratische Verbesserungsmodell". Es ist dadurch gekennzeichnet, dass Vorhaben zur Verbesserung der Softwareentwicklung nach definierten und dokumentierten Regeln ablaufen und dass die Einhaltung dieser Regeln kontrolliert wird. Dabei werden die Mitarbeiter mit Hilfe expliziter Anreize zu zielkonformem Verhalten motiviert. Dieses Modell wird idealtypisch z. B. in der ISO 9000-Normenfamilie oder im Capability Maturity Model beschrieben.

Das zweite Modell ist das „organische Verbesserungsmodell". Es zeichnet sich dadurch aus, dass es keine expliziten Regeln zur Verbesserung der Softwareentwicklung gibt. Verbesserungsvorhaben werden von einzelnen Mitarbeitern initiiert, ohne dass diese Mitarbeiter dazu explizit beauftragt oder dafür belohnt werden. Die Vorhaben entwickeln sich im Kontext der jeweiligen Organisation organisch. Das bedeutet, dass sie kontinuierlich den jeweiligen Bedingungen angepasst werden. Ziele und eingesetzte Ressourcen können sich im Zeitablauf verändern und die beteiligten Mitarbeiter können wechseln. Die von uns beobachteten Verbesserungsvorhaben in der SAP entsprachen zum grossen Teil dem organischen Verbesserungsmodell.

Bürokratische Verbesserungsvorhaben erhalten ihre Struktur aus den festgelegten Regeln. Der Erfolg dieser Vorhaben ist zum einen von der Angemessenheit der Regeln und zum anderen von dem Ausmass abhängig, in dem diese Regeln eingehalten werden. Organischen Verbesserungsvorhaben fehlen solche Regeln. Ihre Struktur wird wesentlich von den beteiligten Mitarbeitern geprägt.

Diesem Beitrag liegt die These zugrunde, dass der Erfolg „organischer Verbesserungsvorhaben" entscheidend davon abhängt, ob die Gestaltung der Vorhaben im Einklang mit der Motivstruktur der Mitarbeiter steht. Im folgenden wollen wir diese These anhand der bei der SAP erhobenen Daten illustrieren. Mitarbeitermotivation spielt zwar auch im bürokratischen Verbesserungsmodell eine wichtige Rolle, allerdings dürfte ihre Bedeutung im organischen Modell wegen des Fehlens expliziter Regeln noch weitaus grösser sein.

Im folgenden Abschnitt beschreiben wir die Motive, deren Befriedigung zur Arbeitsmotivation der Mitarbeiter bei der SAP beiträgt. Die Gesamtheit dieser Motive bezeichnen wir als „Motivstruktur" der Mitarbeiter. Im Anschluss beschreiben wir die von uns untersuchten Vorhaben zur Verbesserung der Softwareentwicklung und unterteilen diese in erfolgreiche und weniger erfolgreiche Vorhaben. Im vierten Abschnitt werden wir zeigen, dass die Gestaltung der erfolgreichen Verbesserungsvorhaben im Einklang mit der Motivstruktur der Mitarbeiter steht, wogegen die Gestaltung der weniger erfolgreichen Verbesserungsvorhaben im Widerspruch zur ermittelten Motivstruktur steht. Im 5. Abschnitt werden Schlussfolgerungen gezogen.

2. Motivstruktur der Mitarbeiter in der SAP AG

2.1 Untersuchungsmethodik

Das Ziel der diesem Beitrag zugrundeliegenden Untersuchung bestand darin, ein besseres Verständnis über Verbesserungen der Softwareentwicklung in der SAP zu gewinnen. Der aktuelle Erkenntnisstand über Verbesserungen der Softwareentwicklung legte dabei eine explorative Ausrichtung der Untersuchung nahe. Als Untersuchungsform wurde die für die Exploration besonders geeignete Fallstudie gewählt.

Der aussergewöhnliche wirtschaftliche Erfolg der SAP liess dieses Unternehmen als besonders interessante Untersuchungsumgebung erscheinen. So hat sich die 1972 gegründete SAP mit einem durchschnittlichen jährlichen Umsatzwachstum von 44 Prozent zum Weltmarktführer auf dem Gebiet betriebswirtschaftlicher Anwendungssoftware entwickelt. Die Entwicklung ihres Hauptprodukts SAP R/3 findet in erster Linie in Walldorf statt, dem Sitz der Unternehmensleitung. Die R/3-Entwicklung ist in verschiedene Entwicklungsbereiche gegliedert, die ihrerseits in mehrere Entwicklungsabteilungen aufgeteilt sind. Die Grösse der SAP erforderte eine Beschränkung der Untersuchungen auf den „Entwicklungsbereich Logistik" des Unternehmens, dem zum Zeitpunkt der Fallstudie ca. 800 Mitarbeiter angehörten. Die SAP verfügt über ein nach ISO 9001 zertifiziertes Qualitätsmanagementsystem, dessen Geltungsbereich die weltweite SAP-Entwicklung sowie die Service- und Supportleistungen der SAP AG Deutschland umfasst.

Kasten 10-1:

Fakten zur SAP AG

- Gegründet 1972
- Firmensitz: Walldorf bei Heidelberg, Deutschland
- Weltmarktführer auf dem Gebiet betriebswirtschaftlicher Anwendungssoftware
- Wichtigstes Produkt: SAP R/3, integrierte betriebswirtschaftliche Anwendungssoftware (über 20.000 Installationen weltweit)
- Umsatz im Geschäftsjahr 1999: 5,11 Mrd. EUR
- Durchschnittliches jährliches Umsatzwachstum: 44 Prozent
- Anzahl der Mitarbeiter zum Jahresende 1999: ca. 21.700 weltweit

Die Erhebung der Motivationsfaktoren wurde im Rahmen einer umfassenderen Untersuchung mittels Interviews durchgeführt. (Wir verwenden die Begriffe Motive und Motivationsfaktoren synonym.) Nach einer Erläuterung des Untersuchungsziels wurden 13 SAP-Mitarbeiter befragt, was Ihnen im Zusammenhang mit Ihrer Tätigkeit wichtig sei. Zur Erläuterung der Frage wurden beispielhaft mögliche Antwortkategorien wie Anerkennung, Bezahlung, Entscheidungsfreiheit oder Aufstiegsmöglichkeiten genannt. Bei den interviewten Personen handelte es sich um fünf Softwareentwickler und jeweils zwei Mitarbeiter aus den vier Managementbereichen der SAP (Development Manager, Product Manager, Program Directors und Quality Manager). Durch diese Aufteilung wurde ein Querschnitt durch die verschiedenen Aufgabenbereiche innerhalb des Entwicklungsbereichs Logistik gewährleistet.

Um die Validität der Aussagen zu erhöhen, wurden die Befragten im Anschluss an das Interview mit den Aussagen der zuvor befragten Mitarbeiter konfrontiert, soweit sie sich nicht bereits unmittelbar zu den entsprechenden Themenkreisen geäussert hatten. Gegensätzliche Sichtweisen ergaben sich nur im Hinblick auf die Entlohnung.

Die Einzelaussagen der befragten Personen wurden mit Hilfe eines Affinitätsdiagramms gruppiert und als Motive bzw. Motivationsfaktoren der befragten Mitarbeiter interpretiert. Die gebildeten Gruppenüberschriften wurden zur Bezeichnung der Motivationsfaktoren verwendet. Sie werden im folgenden erläutert.

2.2 Motivationsfaktoren

Die ermittelten Motivationsfaktoren können nicht vollständig isoliert voneinander betrachtet werden. Sie beziehen sich zum Teil auf ähnliche Aspekte. Um die ermittelte Motivstruktur übersichtlich darstellen zu können, werden die einzelnen Motivationsfaktoren im folgenden einer von drei verschiedenen Kategorien zugeordnet. Wir unterscheiden aufgabenbezogene, umfeldbezogene und feedbackbezogene Motivationsfaktoren. Kasten 10-2 gibt zunächst einen Überblick über die ermittelten Faktoren.

Kasten 10-2:

Ermittelte Motivationsfaktoren

Aufgabenbezogene Faktoren

- Interessante Tätigkeiten
- Eigeninitiative
- Eigenverantwortung
- Rationalitätsprinzip
- Veränderungswille

Umfeldbezogene Faktoren

- Freiraum
- Teamorientierte Arbeitsweise
- Fachlich kompetente Arbeitskollegen
- Freundschaftlich-kollegiale Arbeitsatmosphäre

Feedbackbezogene Faktoren

- Fachliche Anerkennung
- Fachlicher Aufstieg
- Hohes Ansehen der SAP AG
- Entlohnung

Aufgabenbezogene Faktoren

Interessante Tätigkeiten, d. h. abwechslungsreiche und intellektuell herausfordernde Aufgaben, wurden von allen Befragten als wesentlich für ihre Arbeit angesehen. In Zusammenhang mit diesem Motivationsfaktor steht auch das genannte Bedürfnis nach *Eigeninitiative*. Die Befragten verstehen darunter die Möglichkeit, sich eigenständig Aufgaben suchen und somit Ihr Tätigkeitsfeld aktiv gestalten zu können. Der Faktor *Eigenverantwortung* drückt das Bedürfnis der befragten SAP-Mitarbeiter aus, eigene Kenntnisse und Fähigkeiten in die Bearbeitung von Aufgabenstellungen einbringen zu wollen, d. h. eine gewisse Freiheit bei der Art der Problemlösung zu besitzen. Die Anwendung des sogenannten *Rationalitätsprinzips* wird ebenfalls für wichtig gehalten. Die Befragten erwarten eine explizite Begründung und nicht die schlichte Anordnung von Massnahmen. Sie wollen wissen, welchen Zielen bestimmte Regelungen dienen und einen konkreten Nutzen mit ihrer Tätigkeit verbinden. Hier besteht ein Bezug zum Motivationsfaktor *Veränderungswille*. So gaben die Befragten an, existierende Regelungen in Frage zu stellen und gegebenenfalls verändern zu wollen.

Umfeldbezogene Faktoren

Gemäss dem festgestellten Bedürfnis nach *Freiraum* sind den befragten SAP-Mitarbeitern flexible Arbeitszeiten und der weitgehende Verzicht auf formale Regelungen wichtig. Ein weiterer Motivationsfaktor wird mit einer *teamorientierten Arbeitsweise* verbunden. In deren Zusammenhang ist sicherlich auch die angegebene Bedeutung des fachlichen und sozialen Umfelds zu sehen. Gemeint ist damit zum einen ein Bedürfnis nach *fachlich kompetenten Arbeitskollegen* und zum anderen die Wichtigkeit einer *freundschaftlich-kollegialen Arbeitsatmosphäre*.

Feedbackbezogene Faktoren

Das Bedürfnis nach *fachlicher Anerkennung* wurde als ein weiterer Motivationsfaktor ermittelt. Diese Anerkennung drückt sich vor allem darin aus, dass ein Mitarbeiter gefragter Ansprechpartner für ein bestimmtes Themengebiet ist. Im Zusammenhang damit ist auch die festgestellte Bedeutung der Ergebnisidentifikation zu sehen. Demgemäss scheint es den Befragten wichtig zu sein, mit ihrer Arbeit ein Ergebnis zu liefern, das sich im Einsatz bei Kunden oder Kollegen bewährt. Aufstiegsmöglichkeiten im Sinne eines klassischen Titelstrebens sind für die Befragten von untergeordneter Bedeutung. Angestrebt wird hingegen ein *fachlicher Aufstieg*, d. h. Verantwortung für neue Arbeitsfelder zu übernehmen und somit den eigenen Aufgabenbereich zu erweitern. Als Motivationsfaktor konnte schliesslich auch *das hohe Ansehen der SAP AG in der Öffentlichkeit* identifiziert werden. Der einzige Aspekt mit widersprüchlichen Einzelaussagen betraf das Thema *Entlohnung*. Die Mehrzahl der Befragten erachten das Gehalt als weniger wichtig. Einige andere Mitarbeiter äusserten jedoch, dass die Entlohnung wichtig sei und eine bedeutende Form der Anerkennung darstelle.

2.3 Einordnung der Motivationsfaktoren

Wie in Kapitel 1 erläutert werden zwei grundsätzliche Möglichkeiten zur Aktivierung von Motivation unterschieden. *Extrinsische* Anreize dienen als Mittel zum Zweck der Bedürfnisbefriedigung. Hierzu zählen monetäre Anreize und andere positive und negative Sanktionen. *Intrinsische* Anreize tragen hingegen auf unmittelbare Weise zur Bedürfnisbefriedigung bei. Intrinsisch motiviert ist jemand, der eine Tätigkeit um ihrer selbst willen ausübt.

Versucht man die bei den Mitarbeitern der SAP ermittelten Motivationsfaktoren diesem Gegensatzpaar zuzuordnen, so kann man leicht feststellen, dass die Motivstruktur der befragten Mitarbeiter in erster Linie intrinsischer Natur ist. Die Motivationsfaktoren beziehen sich überwiegend auf die Aufgabe selbst. Auch Anerkennung und Aufstieg werden lediglich unter fachlichen, d. h. aufgabenbezogenen Gesichtspunkten als wichtig erachtet. Einen Ansatzpunkt für extrinsische Anreize scheint lediglich der identifizierte Motivationsfaktor Bezahlung zu bieten. Wie bereits ausgeführt waren die Angaben der Befragten bezüglich dieses Motivs jedoch sehr unterschiedlich. Die in der modernen Wirtschaftstheorie dominierende Sichtweise, dass Menschen primär nach Einkommensmaximierung streben („Homo Oeconomicus") scheint also bei SAP nicht angemessen zu sein.

Die ermittelte Motivstruktur der befragten SAP-Mitarbeiter gibt Auskunft über die Motive der Mitarbeiter. Sie ist grundsätzlich unabhängig von dem Ausmass, in dem die Mitarbeiter ihre Motive innerhalb der SAP befriedigt sehen. Auffällig ist jedoch, dass Struktur und Führungsprinzipien der SAP in bemerkenswertem Einklang mit der festgestellten Motivstruktur stehen. Die flache, lediglich dreistufige Hierarchie des Unternehmens, das geringe Ausmass formaler Regelungen und die ausgeprägten individuellen Freiheiten der SAP-Mitarbeiter sind zur Befriedigung der ermittelten Motive augenscheinlich gut geeignet.

3. Verbesserungen der Softwareentwicklung in der SAP AG

3.1 Untersuchungsmethodik

Bei den Vorhaben zur Verbesserung der Softwareentwicklung in der SAP handelt es sich meist um kleinere, inkrementelle Veränderungen. Sie sind nur selten dokumentiert. Diese Vorhaben mussten deshalb durch eine Vorstudie identifiziert werden. Für die Vorstudie wurden 29 Mitarbeiter mit Hilfe einer Zufallsstichprobe ausgewählt. Diese Mitarbeiter wurden nach dem Gegenstand, den involvierten Personen, dem Erfolg sowie dem Ablauf von Veränderungen befragt, an denen sie innerhalb der letzten zwölf Monate beteiligt waren. Mit Hilfe dieser Interviews wurden 21 Verbesserungsvorhaben ermittelt, wobei die weit überwiegende Anzahl der Vorhaben von den Befragten als erfolgreich eingestuft wurde. Aus den 21 Vorhaben wurden sechs erfolgreiche und sechs weniger erfolgreiche Vorhaben ausgewählt. Mit Hilfe der Vorstudie konnten ausserdem für die Beschreibung von Verbesserungsvorhaben in der SAP wesentliche Merkmale identifiziert werden. Diese wurden um Erfolgsfaktoren aus Studien über Softwareprozessverbesserungen ergänzt. Sie bildeten die Basis für die Erstellung eines Interviewleitfadens.

Die 12 ausgewählten Verbesserungsvorhaben wurden anschliessend in 36 Interviews mit SAP-Mitarbeitern näher untersucht. Die Interviewten wurden dabei in zwei Gruppen aufgeteilt. Es wurde zwischen (a) an der Ausarbeitung und Einführung eines Verbesserungsvorhabens aktiv beteiligten und (b) von der Veränderung lediglich passiv betroffenen Personen unterschieden. Zu jedem der untersuchten Vorhaben wurde mindestens einer der beteiligten und einer der betroffenen Mitarbeiter befragt. Um eine möglichst lückenlose Dokumentation sicherzustellen, wurden die Aussagen der Befragten während der Interviews protokolliert. Die Interviews wurden durch die Analyse interner Dokumente ergänzt, um einen noch detaillierteren Einblick in die SAP-spezifischen Besonderheiten der Softwareentwicklung zu erhalten.

Die untersuchten Vorhaben waren durch unterschiedliche Geltungsbereiche und Gegenstände der Veränderung gekennzeichnet. So wurde beispielsweise ein Vorhaben zur Verbesserung des Testprozesses der SAP untersucht, welches sich auf alle Entwicklungsbereiche der SAP erstreckte. Die ebenfalls analysierte Einführung eines Stellvertreterkonzepts blieb hingegen auf eine Entwicklungsabteilung beschränkt. Bei diesem Verbesserungsvorhaben wurden Massnahmen entwickelt und implementiert, mit denen sichergestellt werden sollte, dass wesentliche Aufgaben der Abteilung von mindestens zwei Mitarbeitern übernommen werden konnten.

In Forschung und Praxis herrscht keine Einigkeit darüber, welche Erfolgsindikatoren und Messmethoden am geeignetsten sind, um möglichst genau auf den Erfolg eines Projektes zu schliessen. Die spezielle Form von Veränderungsvorhaben in der SAP führte zur Verwendung eines subjektiven Erfolgsbegriffs, um den Erfolg von Veränderungsvorhaben in diesem Unternehmen zu beurteilen. Ein Vorhaben wurde als erfolgreich bezeichnet, wenn sowohl die aktiv beteiligten Mitarbeiter als auch die lediglich von dem Vorhaben betroffenen Mitarbeiter das Ergebnis einer Veränderung als erfolgreich einschätzten. Als weniger erfolgreich wurden Vorhaben bezeichnet, wenn eines oder beide der folgenden Kriterien erfüllt waren:

- Beteiligte oder Betroffene beurteilten die Veränderung als weniger erfolgreich oder
- die Verbesserungsbemühungen wurden eingestellt bevor ein wahrnehmbares Ergebnis erzielt werden konnte.

Bei der Analyse der Interviewprotokolle wurden inhaltlich vergleichbare Aussagen der Befragten erfolgreicher Vorhaben zu Faktoren verdichtet. In gleicher Weise wurde mit den Protokollen der weniger erfolgreichen Vorhaben verfahren. Wir bezeichnen einen Faktor dann als Erfolgsfaktor, wenn er zwei Kriterien genügt:

1. Mit dem Faktor lassen sich erfolgreiche von weniger erfolgreichen Verbesserungsvorhaben unterscheiden oder anders formuliert: der Faktor ist in den erfolgreichen Vorhaben gegeben, in den weniger erfolgreichen Vorhaben aber nicht. Da die An- bzw. Abwesenheit von Faktoren nicht notwendigerweise einen kausalen Zusammenhang beschreibt, wurde ein zweites Kriterium verwendet.
2. Es besteht ein plausibler Zusammenhang zwischen der Anwesenheit eines Faktors und dem Erfolg eines Verbesserungsvorhabens. Die Plausibilität dieses Zusammenhangs wurde mit Hilfe von zwölf weiteren Interviews mit SAP-Mitarbeitern erörtert. Es wurden 24 Erfolgsfaktoren von Verbesserungsvorhaben in der SAP identifiziert.

3.2 Generelle Charakteristika der untersuchten Verbesserungsvorhaben

Die Analyse der ausgewählten Verbesserungsvorhaben führte zunächst zur Identifizierung genereller Charakteristika von Verbesserungsvorhaben in der SAP. Diese Charakteristika sind allen betrachteten Vorhaben, also sowohl den erfolgreichen als auch den weniger erfolgreichen, gemeinsam.

Zahlreiche Verbesserungsvorhaben ohne extrinsische Anreize

Alle 29 während der Vorstudie befragten SAP-Mitarbeiter waren innerhalb der letzten zwölf Monate in zumindest ein Verbesserungsvorhaben involviert. Verbesserungsvorhaben scheinen somit in der SAP auffallend häufig durchgeführt zu werden. Dies ist um so bemerkenswerter als kein spezielles Anreizsystem für solche Vorhaben existiert. Erfolgreiche Veränderungen führen zudem nicht zu bestimmten Belohnungen oder sonstigen Formen der Anerkennung.

Dezentrale Verbesserungsvorhaben

In der SAP existiert keine spezielle Organisationseinheit, die für die Planung, Leitung und Kontrolle von Verbesserungsvorhaben zuständig ist. Ein institutionalisiertes Vorschlagswesen ist ebenfalls nicht realisiert. Vielmehr entwickelte sich die Mehrzahl der untersuchten Vorhaben dezentral. Mitarbeiter nahmen sich unabhängig von ihrer organisatorischen Zugehörigkeit wahrgenommenen Problemen oder empfundenen Verbesserungschancen an und initiierten entsprechende Veränderungen.

Keine formale Planung von Verbesserungsvorhaben

Verbesserungsvorhaben sind in der SAP in der Regel nicht mit einer formalen Planung verbunden. Sie scheinen vielmehr ebenso informell umgesetzt zu werden wie sie entstehen. So ging beispielsweise keinem der untersuchten Vorhaben eine Kosten-/ Nutzenanalyse voran und nur bei einer Veränderung wurden Meilensteine für deren Umsetzung definiert.

Umsetzungsentscheidungen ohne explizite Kriterien

Bei keinem der untersuchten Verbesserungsvorhaben wurden explizite Kriterien bei der Entscheidung über (die Art der) Umsetzung des Vorhabens angelegt. Die Entscheidungen waren in der Regel das Ergebnis einer argumentativen Auseinandersetzung der Beteiligten, ohne jedoch auf eindeutig definierten Kriterien zu beruhen.

Keine spezifische Erfolgsmessung

Eine spezifische Erfolgsmessung erfolgte bei keinem der untersuchten Verbesserungsvorhaben. Die Erfolgsbeurteilungen gründeten vor allem auf einem subjektiven Empfinden und wurden zum Teil durch das Feedback einzelner Mitarbeiter oder Kunden gestützt. Eine systematische Erhebung dieses Feedbacks im Sinne einer Zufriedenheitsuntersuchung fand jedoch lediglich bei einem Vorhaben statt.

Grosse individuelle Freiheiten der Mitarbeiter

Die SAP-Mitarbeiter verfügen über bemerkenswerte individuelle Freiheiten. Im Zusammenhang mit den untersuchten Veränderungen äussern sich diese Freiheiten zum einen in einem ausgeprägten Freiraum hinsichtlich der Initiierung und Ausgestaltung solcher Vorhaben. Zum anderen dürfen selbst Vorstandsanweisungen zur Anwendung eingeführter Regelungen kritisch geprüft werden. Eine Ablehnung der Vorstandsanweisungen ist für die Mitarbeiter nicht mit negativen Konsequenzen verbunden.

Geringe Bemühungen zur Aufbereitung und Verbreitung der Erkenntnisse

An einer Aufbereitung und Verbreitung der in einem Veränderungsprozess gewonnenen Erkenntnisse scheint in der SAP nur ein geringes Interesse zu bestehen. So wurde von keinem Review eines Vorhabens berichtet. Nur in einem Fall wurde die durchgeführte Veränderung mittels der internen Zeitschrift „SAP-inside" gezielt über ihren unmittelbaren Geltungsbereich hinaus bekannt gemacht.

In Kasten 10-3 sind die ermittelten generellen Charakteristika von Verbesserungsvorhaben in der SAP noch einmal zusammengefasst.

Kasten 10-3:

Generelle Charakteristika von Verbesserungsvorhaben

- Zahlreiche Verbesserungsvorhaben ohne extrinsische Anreize
- Dezentrale Verbesserungsvorhaben
- Keine formale Planung von Verbesserungsvorhaben
- Umsetzungsentscheidungen ohne explizite Kriterien
- Keine spezifische Erfolgsmessung
- Grosse individuelle Freiheiten der Mitarbeiter
- Geringe Bemühungen zur Aufbereitung und Verbreitung der Erkenntnisse

Die von uns analysierten Vorhaben zur Verbesserung der Softwareentwicklung in der SAP lassen sich eindeutig dem organischen Verbesserungsmodell zuordnen. Es existieren keine expliziten Regeln zur Initiierung oder zur Durchführung von Verbesserungen. Verbesserungsvorhaben werden durchgeführt, wenn einzelne Mitarbeiter die Initiative ergreifen und wenn es ihnen gelingt, ausreichend viele Kollegen zur Mitarbeit zu bewegen. Explizite Vorgaben oder Anreize zur Durchführung von Verbesserungsvorhaben gibt es nicht. Dennoch – oder vielleicht gerade deswegen – liess sich im Rahmen unserer Studie eine Fülle von Vorhaben zur Verbesserung der Softwareentwicklung identifizieren.

3.3 Erfolgsfaktoren der untersuchten Verbesserungsvorhaben

In der Fallstudie wurden 24 Faktoren identifiziert, die den Erfolg von Verbesserungsvorhaben in der SAP zu beeinflussen scheinen. Im Rahmen dieser Ausführungen ist es nicht möglich, alle Faktoren einzeln zu beschreiben. Aus diesem Grunde werden nur die sieben Faktoren erläutert, die am deutlichsten zwischen erfolgreichen und weniger erfolgreichen Veränderungen unterscheiden. Wie die folgende Tabelle 10-1 zeigt, sind die Faktoren in allen erfolgreichen Vorhaben einheitlich ausgeprägt. Diese Ausprägungen der Erfolgsfaktoren finden sich jedoch nur in wenigen der erfolgreichen Vorhaben.

Tabelle 10-1: Ausprägung der Erfolgsfaktoren im Vergleich

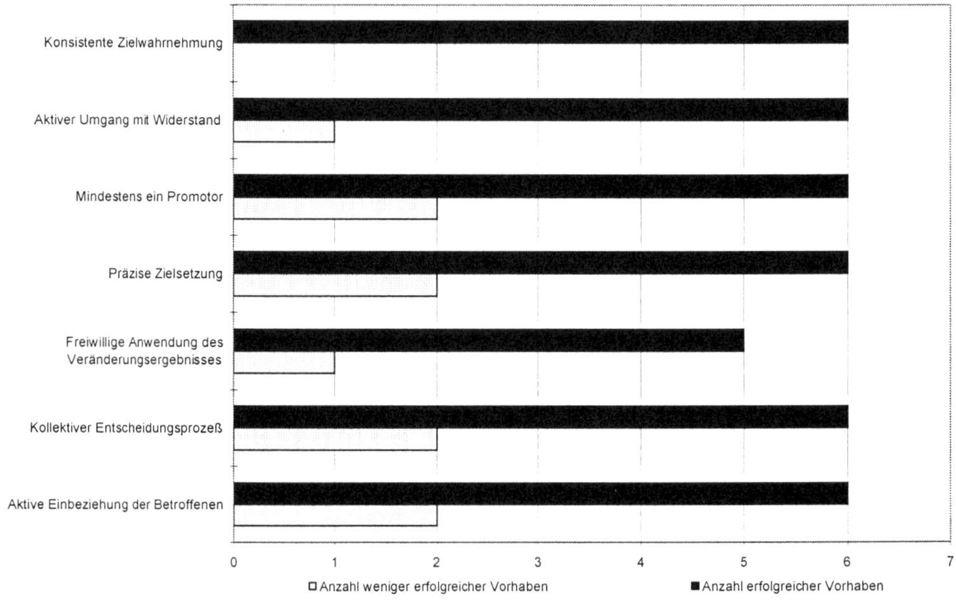

Konsistente Zielwahrnehmung

Der Erfolgsfaktor „Zielwahrnehmung" beschreibt das Ausmass, mit dem die in ein Verbesserungsvorhaben involvierten Mitarbeiter die Ziele des Vorhabens konsistent wahrnehmen. Auf die Frage welche Ziele mit der Veränderung verbunden waren, nannten alle Befragten erfolgreicher Vorhaben die gleichen Ziele. In den weniger erfolgreichen Veränderungen gaben die interviewten SAP-Mitarbeiter hingegen heterogene Ziele an. Die deutlichsten Unterschiede ergaben sich dabei zwischen den Aussagen der aktiv an der Gestaltung der Veränderung beteiligten Mitarbeiter und den lediglich passiv von ihr betroffenen.

Aktiver Umgang mit Widerstand

„Umgang mit Widerstand" bezeichnet die Aufwendungen zur Minimierung potentieller Widerstände der von einer Veränderung betroffenen Mitarbeiter. In allen erfolgreichen Vorhaben war eine bewusste Auseinandersetzung mit Widerständen zu erkennen. So wurden beispielsweise mögliche Widerstände antizipiert und bei der Implementierung der Veränderung berücksichtigt. Weiterhin wurden Veränderungen stufenweise eingeführt, wobei auftretende Kritik zur Modifizierung des Veränderungsgegenstandes genutzt wurde. Vergleichbare Bemühungen konnten nur in einem der weniger erfolgreichen Vorhaben festgestellt werden.

Mindestens ein Promotor

Als „Promotor der Veränderung" werden Mitarbeiter bezeichnet, die Verbesserungsvorhaben initiieren, steuern, kontrollieren und unterstützen. Das Verhalten dieser Mitarbeiter ist durch einen unbedingten Einsatz während des gesamten Veränderungsprozesses gekennzeichnet. Alle erfolgreichen Vorhaben wurden von mindestens einem Promotor begleitet. Die Befragten nicht umgesetzter Vorhaben betrachteten gerade das Fehlen einer solchen Person als ursächlich für das vorzeitige Beenden der Verbesserungsvorhaben.

Präzise Zielsetzung

Die Ziele eines Verbesserungsvorhabens können präzise definiert oder auch eher vage gefasst sein. Alle in der Fallstudie untersuchten erfolgreichen Vorhaben waren durch präzise Ziele gekennzeichnet. Bei den weniger erfolgreichen Veränderungen wurden dagegen überwiegend vage Ziele ermittelt. So wurde beispielsweise bei einem dieser Vorhaben von den Befragten lediglich das allgemeine Ziel der Qualitätsverbesserung als Zielsetzung der Veränderung genannt.

Freiwillige Anwendung des Veränderungsergebnisses

Hinsichtlich der „Anwendung des Veränderungsergebnisses" war mit lediglich einer Ausnahme bei den erfolgreichen Vorhaben festzustellen, dass die neu eingeführten

Vorgehensweisen für die Betroffenen lediglich eine Option darstellten. Bei der überwiegenden Anzahl weniger erfolgreicher Vorhaben wurden die SAP-Mitarbeiter hingegen explizit zu deren Anwendung angehalten.

Kollektiver Entscheidungsprozess

Alle untersuchten erfolgreichen Verbesserungsvorhaben waren durch einen kollektiven Entscheidungsprozess bezüglich der Umsetzung der Vorhaben gekennzeichnet. Im Anschluss an eine inhaltliche Diskussion über die geplante Vorgehensweise wurde ein gemeinsamer Beschluss gefasst. Bei den weniger erfolgreichen Vorhaben erfolgte die Entscheidung hingegen autoritär oder die Vorhaben wurden bereits vor einer expliziten Umsetzungsentscheidung abgebrochen.

Aktive Einbeziehung der Betroffenen

„Einbeziehung der Betroffenen“ als Erfolgsfaktor kennzeichnet das Ausmass, in dem die Betroffenen in die Gestaltung der Veränderung einbezogen werden. Die Beteiligten erfolgreicher Verbesserungsvorhaben unternahmen erhebliche Bemühungen, um die von der Veränderung betroffenen Mitarbeiter in den Veränderungsprozess einzubeziehen. So wurden bei umfangreichen Vorhaben beispielsweise Stellvertreter aus dem Kreis der Betroffenen ausgewählt und in die Gestaltung der Veränderung aktiv einbezogen.

4. Zusammenhang zwischen Motivationsfaktoren und Erfolgsfaktoren der Verbesserungsvorhaben

Der Erfolg „organischer Verbesserungsvorhaben“ hängt entscheidend davon ab, ob die Gestaltung der Vorhaben im Einklang mit der Motivstruktur der Mitarbeiter steht. Im vorigen Abschnitt wurden die untersuchten Verbesserungen als organische Vorhaben klassifiziert. Bei Gültigkeit unserer These müssten demzufolge die erfolgreichen Verbesserungsvorhaben im Einklang, die weniger erfolgreichen Verbesserungsvorhaben jedoch im Widerspruch zur Motivstruktur der SAP-Mitarbeiter stehen. Dies bedeutet, dass sich zu den ermittelten Erfolgsfaktoren von Verbesserungsvorhaben ausschliessliche kongruente Motivationsfaktoren finden lassen dürften.

Konsistente Zielwahrnehmung

Die konsistente Zielwahrnehmung der in ein Verbesserungsvorhaben involvierten Mitarbeiter steht im Einklang mit den Motivationsfaktoren *Teamorientierung* und *Rationalitätsprinzip*. Da die einzelnen Mitarbeiter Ziele und Nutzen ihrer Aktivitäten verstehen wollen, kann dem Bedürfnis nach gemeinsamer Problemlösung nur Rechnung getragen werden, wenn die in das Vorhaben involvierten Mitarbeiter von den gleichen Zielvorstellungen ausgehen.

Aktiver Umgang mit Widerstand

Eine bewusste Auseinandersetzung mit Widerständen ist kongruent zu dem Motivationsfaktor *Rationalitätsprinzip*. Das mit diesem Faktor verbundene Bedürfnis nach Erklärung und Begründung kann nicht durch eine Veränderungsstrategie erfüllt werden, die sich über auftretende Kritik hinwegzusetzen versucht. Da die befragten SAP-Mitarbeiter zudem existierende Regelungen in Frage stellen und gegebenenfalls verändern wollen (*Veränderungswille*), erfordert auch die Erfüllung dieses Motivs einen konstruktiven Umgang mit Widerstand, statt einer blossen Anordnung neuer bzw. veränderter Massnahmen.

Mindestens ein Promotor

Die bei erfolgreichen Veränderungen vorhandenen Promotoren treiben ein Verbesserungsvorhaben voran. Eine mögliche Begründung für den hohen Stellenwert eines Promotors besteht in der fehlenden Bereitschaft der SAP-Mitarbeiter, neue Regelungen unreflektiert zu akzeptieren und anzuwenden. Dies geht vor allem auf den Motivationsfaktor *Rationalitätsprinzip* zurück. Ein Veränderungsprozess erfordert demgemäss eine Person, die bereit ist, den Prozess mittels kontinuierlicher Erklärungen und Begründungen voranzutreiben.

Präzise Zielsetzung

Die Erfolgsrelevanz einer präzisen Zielsetzung steht in unmittelbarem Zusammenhang zu der festgestellten Bedeutung des *Rationalitätsprinzips*. Die SAP-Mitarbeiter wollen wissen, welchen Zielen bestimmte Massnahmen dienen, und sie erwarten eine Begründung für geplante Veränderungen. Je klarer und detaillierter die Ziele eines Vorhabens sind, desto leichter dürfte dessen Notwendigkeit zu begründen sein.

Freiwillige Anwendung des Veränderungsergebnisses

Für den Erfolg von Verbesserungsvorhaben in der SAP scheint es wichtig zu sein, dass die neu eingeführten bzw. veränderten Vorgehensweisen für die Betroffenen lediglich eine Option darstellen. Hier ergibt sich ein Bezug zu den Motivationsfaktoren *Eigeninitiative* und *Eigenverantwortung*. Eigeninitiative bedeutet, dass die Befragten ihr Tätigkeitsfeld aktiv gestalten wollen. Eigenverantwortung drückt das Bedürfnis der Mitarbeiter aus, eine gewisse Freiheit bei der Art der Problemlösung zu besitzen.

Kollektiver Entscheidungsprozess

Die Erfolgsrelevanz eines kollektiven Entscheidungsprozesses über die Umsetzung eines Verbesserungsvorhabens ist kongruent zu dem Bedürfnis nach gemeinsamer Aufgabenbewältigung (*Teamorientierung*). Es ist zudem plausibel, dass der Bedeutung einer *freundschaftlich-kollegialen Arbeitsatmosphäre* durch eine eher autoritäre Form der Entscheidungsfindung kaum Rechnung getragen werden kann.

Aktive Einbeziehung der Betroffenen

Eine aktive Einbeziehung der Betroffenen steht im Einklang mit dem Bedürfnis der SAP-Mitarbeiter, eigene Ideen und Fähigkeiten in die Lösung von Problemen einbringen zu wollen (*Eigenverantwortung*). Diesem Umstand wird Rechnung getragen, in dem die von einem Verbesserungsvorhaben betroffenen Mitarbeiter auch an der Gestaltung der Veränderung beteiligt werden. Die aktive Einbeziehung der Betroffenen ist auch im Zusammenhang mit dem Motivationsfaktor *Veränderungswille* zu sehen. Ohne Einbeziehung der Betroffenen kann nicht davon ausgegangen werden, dass die neuen Regelungen einfach akzeptiert und angewendet werden.

In Kasten 10-4 sind die beschriebenen Zusammenhänge zwischen Motivationsfaktoren und Erfolgsfaktoren der Verbesserungsvorhaben zusammengefasst.

Die Erfolgsfaktoren von Verbesserungsvorhaben sind durchgängig kongruent zu der festgestellten Motivstruktur der SAP-Mitarbeiter. Insofern wird unsere These über den Erfolg von organischen Verbesserungsvorhaben gestützt. Es sei darauf hingewiesen, dass natürlich nicht alle der erhobenen Motivationsfaktoren in einem erkennbaren Zusammenhang zu den Erfolgsfaktoren von Veränderungen stehen.

Kasten 10-4:

Zusammenhang zwischen Erfolgs- und Motivationsfaktoren

Erfolgsfaktoren stehen im Einklang mit Motivationsfaktoren:

Erfolgsfaktoren		Motivationsfaktoren
Konsistente Zielwahrnehmung	↔	Teamorientierung Rationalitätsprinzip
Aktiver Umgang mit Widerstand	↔	Rationalitätsprinzip Veränderungswille
Mindestens ein Promotor	↔	Rationalitätsprinzip
Freiwillige Anwendung des Veränderungsergebnisses	↔	Eigeninitiative Eigenverantwortung
Kollektiver Entscheidungsprozess	↔	Teamorientierung freundschaftlich-kollegiale Arbeitsatmosphäre
Aktive Einbeziehung der Betroffenen	↔	Eigenverantwortung Veränderungswille

Auffällig ist, dass einige Motivationsfaktoren unmittelbar für die Angemessenheit des bei der SAP anzutreffenden organischen Verbesserungsmodells sprechen. Besonders deutlich wird dies an dem festgestellten Bedürfnis nach Freiraum, d. h. der Ablehnung formaler Regelungen. Bürokratische Verbesserungsvorhaben, die ihre Struktur aus den festgelegten Regeln erhalten, dürften also generell im Widerspruch zum Bedürfnis nach Freiraum stehen.

5. Fazit

Anhand der mit Hilfe einer breit angelegten Fallstudie erhobenen Daten wird der Zusammenhang zwischen der Mitarbeitermotivation und dem Erfolg von Vorhaben zur Verbesserung der Softwareentwicklung in der SAP beschrieben. Die im Rahmen der Fallstudie untersuchten Verbesserungsvorhaben sind als „organische“ Vorhaben charakterisiert. Es wurden zwei Gruppen von Vorhaben zur Verbesserung der Softwareentwicklung unterschieden: erfolgreiche und weniger erfolgreiche Vorhaben. Beim Vergleich dieser beiden Gruppen fällt auf, dass die erfolgreichen Vorhaben in weitgehendem Einklang mit der Motivstruktur der Mitarbeiter gestaltet sind. Die Gestaltung der weniger erfolgreichen Vorhaben steht hingegen im Widerspruch zur Motivstruktur der Mitarbeiter. Das bedeutet, dass Vorhaben zur Verbesserung der Softwareentwicklung in der SAP nur dann erfolgversprechend sind, wenn ihre Gestaltung mit der Motivstruktur der Mitarbeiter übereinstimmt. Daraus lässt sich ableiten, dass es für die erfolgreiche Gestaltung eines Verbesserungsvorhabens entscheidend ist, die Motivstruktur der Mitarbeiter zu kennen und diese zu beachten.

Die moderne Wirtschaftstheorie geht meist vom „Homo Oeconomicus“ aus, d. h. von einem auf Einkommensmaximierung bedachten Menschentyp. In der Untersuchung der Motivstruktur der Mitarbeiter der SAP liessen sich hingegen kaum Ansatzpunkte für extrinsische Anreize finden. Die Motive der Mitarbeiter sind in erster Linie intrinsischer Natur. Der Aufbau eines extrinsischen Anreizsystems zur Förderung von Verbesserungsvorhaben wäre deshalb wenig sinnvoll. Er hätte darüber hinaus zur Folge, dass das organische Verbesserungsmodell, welches unter anderem durch den Verzicht auf Belohnungen gekennzeichnet ist, aufgegeben würde. Organische Verbesserungsvorhaben sind in der SAP jedoch weit überwiegend erfolgreich. Die impliziten Motivationsinstrumente des organischen Modells (Partizipation und Autonomie) harmonieren mit der intrinsischen Motivstruktur der SAP-Mitarbeiter. Es ist insofern zu vermuten, dass die Einführung extrinsischer Anreize zu dem in Kapitel 1 erläuterten Verdrängungseffekt führen würde, d. h. der Verdrängung vorhandener intrinsischer Motivation durch Belohnungen.

Die gesamte Organisation der SAP AG wird derzeit im Zusammenhang mit der Ausrichtung der Softwareprodukte auf das Internet neu gestaltet. Unter dem Schlagwort „mySAP.com“ (http://www.mySAP.com) wird nicht nur die Angebotspalette verändert, sondern auch die gesamte Struktur der Entwicklungs- und Managementaktivitäten modifiziert. Es bleibt abzuwarten, ob und inwiefern sich diese Neuausrichtung der SAP AG auf die Motivstruktur der Mitarbeiter und die Gestaltung von Verbesserungsvorhaben auswirken wird.

6. Literaturhinweise

Quellen zum Softwaremarkt sind:

Anderson, C. (1996): A World Gone Soft: A Survey of the Software Industry, in: IEEE Engineering Management Review 24 (4), S. 21-36.

Arthur, W. B. (1996): Increasing Returns and the New World of Business, in: Harvard Business Review 74 (4), S. 100-109.

Empfehlungen zur Verbesserung der Softwareentwicklung geben:

ISO 9004-1 (1994). Quality management and quality system elements. Part 1: Guidelines, Genf.

Paulk, M. C./Weber, C. V./Curtis, B./Crissis, M. B. (1995): The Capability Maturity Model: Guidelines for Improving the Software Process. Reading, MA.

Die Gestaltung der Softwareentwicklung wurde empirisch untersucht von:

Brodbeck, F. C./Frese, M. (Hrsg.) (1994): Produktivität und Qualität in Software-Projekten. Psychologische Analyse und Optimierung von Arbeitsprozessen in der Software-Entwicklung, München/Wien.

Cusumano, M. A./Selby, R. W. (1995): Microsoft Secrets: How the world's most powerful software company creates technology, shapes markets, and manages people, New York.

Carmel, E. (1995): Cycle Time in Packaged Software Firms, in: Journal of Product Innovation Management 1, S. 110-123.

Stelzer, D. (1998): Möglichkeiten und Grenzen des prozessorientierten Software-Qualitätsmanagements, Köln, Habililtationsschrift.

Stelzer, D./Mellis, W./Herzwurm, G. (1998): Technology Diffusion in Software Development Processes: The Contribution of Organizational Learning to Software Process Improvement, in: Larsen, T./McGuire, E. (Hrsg.): Information Systems Innovation and Diffusion: Issues and Directions, Hershey/USA, S. 297-344.

Die Bedeutung der Mitarbeitermotivation bei der Softwareentwicklung wird dargestellt von:

Bach, J. (1995): Enough about Process: What we need are Heroes, in: IEEE Software 12 (2), S. 96-98.

DeMarco, T./Lister, T. (1991): Wien wartet auf Dich! Der Faktor Mensch im DV-Management, München/Wien.

Rasch, R. H./ Tosi, H. L. (1992): Factors Affecting Software Developers' Performance: An Integrated Approach, in: MIS Quarterly 16 (3), S. 395-413.

Weinberg, G. M. (1971): The Psychology of Computer Programming, New York.

Yourdon, E. (1995): Peopleware, in: Application Development Strategies 7 (8), S. 1-16.

Hinweise zur Durchführung von Fallstudien geben:

Benbasat, I./Goldstein, D. K./Mead, M. (1987): The Case Research Strategy in Studies of Information Systems, in: MIS Quarterly 11 (3), S. 369-386.

Die in diesem Kapitel präsentierte empirische Erhebung wird genauer erläutert in:

Trittmann, R./Stelzer, D./Hierholzer, A./Mellis, W. (1999): Changing Software Development: A Case Study at SAP AG, in: Pries-Heje, J./ Ciborra, C./ Kautz, K./ Valor, J./ Christiaanse, E./ Avison, D./ Heje, C. (Hrsg.): Proceedings of the 7th European Conference on Information Systems, Kopenhagen, S. 692-703.

Trittmann, R./Hierholzer, A./Stelzer, D./Mellis, W. (1999): Veränderungen der Softwareentwicklung: Ergebnisse einer Fallstudie in der SAP AG im Vergleich zu den Empfehlungen der ISO 9000. Referat für den Workshop der Kommission „Organisation" im Verband der Hochschullehrer für Betriebswirtschaft e. V. am 26./27.02.1999 in Zürich.

Fünfter Teil

Fazit

Elftes Kapitel

MARGIT OSTERLOH UND BRUNO S. FREY

Managing Motivation für einen nachhaltigen Wettbewerbsvorteil

Variable Leistungslöhne (pay for performance) gelten seit geraumer Zeit als Kennzeichen eines fortschrittlichen Führungsinstrumentariums. Unternehmen, Behörden, ja sogar Universitäten sollen effizienter werden, indem die Entlohnung verstärkt an erfolgsorientierten Leistungskriterien ausgerichtet wird. Insbesondere die Zuteilung von Boni oder Aktienoptionen wird vielerorts als Inbegriff einer leistungsfördernden Entlohnung angesehen.

Mit diesem Buch schwimmen wir gegen diesen Strom. Variable Leistungslöhne sind mit einer Reihe von schwerwiegenden Nachteilen verbunden, die um so grösser werden, je komplexer und wissensintensiver die zu bewältigenden Aufgaben sind.

1. Probleme variabler Leistungslöhne

1.1 Messproblem

Variable Leistungslöhne können ohne Schwierigkeit bei einfachen Tätigkeiten zur Anwendung kommen. Als Beispiel wurde das Einsetzen von Fensterscheiben in Autos erwähnt. Akkordlöhne führen hier tatsächlich zu Leistungssteigerungen. Wie aber kann man die Leistung eines Softwareingenieurs, einer Ärztin, eines Universitätsprofessors oder einer Beraterin messen? Selbst im Falle einer selbständigen Beratungstätigkeit werden solche Leistungen meist auf der Basis der verbrauchten Zeit oder aufgrund fester Gebührensätze entgolten, d.h. aufgrund von Input- und nicht von Outputkriterien. Es handelt sich dabei um Tätigkeiten, deren positive oder negative Ergebnisse oft erst nach langer Zeit ermittelt und deren Ursächlichkeit für den Erfolg oder Misserfolg häufig nur undeutlich zugerechnet werden können. Um dennoch variabel entlohnen zu können, müssen Ersatzkriterien herangezogen werden, die wie z.B. der Zeitaufwand, der Umsatz, die Zahl der Publikationen oder die Zahl der untergebenen Mitarbeiter leicht messbar sind.

Dabei entstehen jedoch zwei Probleme: Zum ersten werden die Mitarbeitenden die nicht oder schwer messbaren Ziele (etwa die Qualität, die Originalität oder die Kundenzufriedenheit) zugunsten der leicht messbaren Ziele vernachlässigen (multiple task Problem). Zum zweiten haben sie keinen Anreiz, sich darüber Gedanken zu machen, ob die angewendeten Ersatzkriterien suboptimal sind oder überhaupt zum Unternehmensziel beitragen (fuzzy tasking).

Variable Leistungsentlohnung setzt somit voraus, dass die Ergebnisse einer Tätigkeit messbar sind oder dass messbare Ersatzkriterien gefunden werden können, die keine dysfunktionalen Wirkungen haben. Diese Bedingungen sind um so schwerer zu erfüllen, je höher der Anteil der Wissensarbeit an der gesamten Wertschöpfung einer Aktivität ist und je höher des Ausmass der Spezialisierung der Wissensarbeiter ist. Typischerweise handelt es sich dabei oft um Tätigkeiten, bei denen man die Existenz von internalisierten (d.h. intrinsisch befolgten) professionellen Standards voraussetzt.

1.2 Teamproblem

Das Teamproblem entsteht, wenn mehrere Personen eine komplementäre Leistung erbringen, die sich einzelnen Mitarbeitenden nicht zurechnen lässt. Die dadurch entstehenden firmenspezifischen Gemeingüter (Pool-Ressourcen) sind die Essenz der Firma – wäre dies nicht der Fall, könnte man die entsprechende Tätigkeit problemlos auslagern. Jede Mitarbeiterin und jeder Mitarbeiter profitiert von diesen Pool-Ressourcen der Firma, auch dann wenn er oder sie dazu nicht beigetragen hat. Weil der Beitrag zu diesen Gemeingütern schlecht kontrollierbar ist, besteht die Gefahr des Trittbrettfahrens. Kollegen können sich drücken. Für sie heisst Team: „*T*oll *e*in *a*nderer *m*achts". Zwar kann dieses Verhalten innerhalb der Teams durch sozialen Druck gemildert werden. Allerdings ist das um so weniger möglich, je mehr es sich um schwer beobachtbare Leistungen handelt. Das ist oft beim sogenannten Extra-Rollen-Verhalten der Fall, d.h. bei Hilfe- und Unterstützungsleistungen, die über den „Dienst nach Vorschrift" hinaus einen besonderen Einsatz erfordern. Besonders schlecht kann Drückebergerei bei hochqualifizierter und spezialisierter Wissensarbeit nachgewiesen werden, die durch einen hohen Anteil an implizitem Erfahrungswissen gekennzeichnet ist. Extrinsisch motivierte Mitarbeiter haben in diesem Fall sogar ein hohes Interesse daran, dieses Wissen zurückzuhalten, weil es ihnen einen monopolistischen Vorteil verschafft. Gerade aber das Zusammenfliessen des impliziten individuellen Wissens ist die Grundlage für das schwer imitierbare unternehmensspezifische Wissen, welches heute als die wichtigste Quelle eines nachhaltigen Wettbewerbsvorteiles angesehen wird.

1.3 Selektionsproblem

Hohe variable Lohnangebote können dazu führen, dass vorzugsweise diejenigen Personen angezogen werden, die keine intrinsische Motivation aufweisen, d.h. die nicht an der Tätigkeit selbst oder den im Unternehmen geltenden Zielen und Normen interessiert sind. Das ist durchaus positiv, wenn die zu erbringende Leistung leicht zu messen und den einzelnen Unternehmensmitgliedern zurechenbar ist. Es wird aber dann zum Problem, wenn die Art der Tätigkeit eine klare Output-Messung nicht zulässt oder wenn es um Teamarbeit geht, bei denen der Einzelbeitrag schwer beobachtet werden kann. In diesen Fällen haben extrinsisch Motivierte einen Anreiz, leicht messbare Ersatzkriterien zu propagieren, welche aber – wie geschildert – oft dysfunktionale Folgen haben. Das Selektionsproblem wirkt sich um so nachteiligter aus, je wichtiger der Anteil von wissensintensiver Teamarbeit im Unternehmen ist.

1.4 Manipulationsproblem

Jeder monetäre Leistungsanreiz birgt die Gefahr in sich, den Entgelt zum eigenen Vorteil und auf Kosten der Firma zu beeinflussen. Zum einen können die Kriterien manipuliert werden, nach denen eine variable Leistungsvergütung gezahlt wird. Zum anderen kann versucht werden, die Höhe der Zuteilungen zu beinflussen. Das ist auch bei Aktienoptionen möglich, welche als Inbegriff einer leistungsorientierten Entlohnung gelten. So werden mitunter geringere Dividenden ausbezahlt, um den Aktienkurs zu erhöhen. Es ist also auch das Top-Management gegen die Versuchung der Manipulation nicht gefeit. Empirische Untersuchungen zeigen, dass der Zusammenhang zwischen Managemententlohnung und Performance der Unternehmung gering ist. Hingegen haben Faktoren wie personelle Verflechtungen zwischen den massgeblichen Entscheidungsgremien einen deutlichen Effekt auf die Höhe der Managemententlohnung.

1.5 Verdrängungsproblem

Die meisten Menschen arbeiten nicht nur wegen eines hohen Einkommens, sondern auch weil sie Freude an der Tätigkeit haben und sich an identitätsstiftenden Normen orientieren. Sie sind mit anderen Worten nicht nur extrinsisch, sondern auch intrinsisch motiviert. Das Verdrängungsproblem besteht darin, dass die beiden Motivationsarten nicht additiv wirken. Sobald eine Bezahlung als Mittel zur Fremdsteuerung eingesetzt wird, reduziert sie die intrinsische Motivation. Variable leistunsorientierte Bezahlung hat deshalb eine negative Wirkung auf die Leistung, wenn eine hohe intrinsische Motivation zur Aufgabenbewältigung notwendig ist. Diese negative Wirkung ist um so stärker, je bedeutsamer die geschilderten Mess-, Team-, Selektions- und Manipulationsprobleme sind, wie dies für hochqualifizierte und spezialisierte Wissensarbeit im Team typisch ist. Ein hoher Anteil dieser Arbeit an der Wertschöpfung ist aber zentral für den Erwerb und Erhalt von nachhaltigen Wettbewerbsvorteilen.

All diese Probleme sprechen nicht gegen eine an Marktlöhnen orientierte faire Bezahlung von Mitarbeitenden und gegen eine unterstützende Evaluation der Leistung, welche eine informierende Rückkopplung gibt. Die Argumentation richtet sich jedoch gegen die Vorstellung, dass variable Leistungslöhne der Königsweg zur Steigerung der Mitarbeitermotivation sei. Je komplexer und wissensintensiver die Tätigkeit ist, desto weniger ist dies der Fall. Vielmehr ist ein der Komplexität der Probleme angepasstes, vielfältiges Motivationsmangement vonnöten.

2. Bausteine eines Motivationsmanagements

2.1 Abstimmung des Anreizsystems auf den Aufgabentypus

Löhne und sonstige Anreize sollten auf den Persönlichkeitstypus abgestimmt werden, der für die jeweilige Aufgabe geeignet erscheint. Wie empirische Untersuchungen zeigen, ziehen variable Leistungslöhne Mitarbeitende an, die vor allem an der Erzielung von Einkommen interessiert sind. Bei klar einschätzbaren und zurechenbaren Aufgaben führt dies zu guten Ergebnissen. Hingegen müssen bei Tätigkeiten, bei denen wissensintensive Teamarbeit, Kreativität, loyale Pflichterfüllung oder die Beachtung formaler Regeln im Vordergrund stehen, vor allem nicht-monetäre Motivationsinstrumente eingesetzt werden.

2.2 Vielfalt von Motivationsinstrumenten

Je komplexer die Tätigkeit ist, desto vielfältiger muss auch das eingesetzte Motivationsinstrumentarium sein. Bei wissensintensiver Teamarbeit sind neben fairen Marktlöhnen vor allem die Gewährung von Autonomie, Partizipations- und Kommunikationschancen in der Arbeit zentral. Ebenso bedeutsam sind eine unterstützende und informierende Rückkopplung durch Vorgesetzte und Mitarbeiter, welche den zwischen ihnen bestehenden psychologischen Vertrag und zugleich die kognitive Selbstbestimmung stärken.

2.3 Arbeitsgestaltung

Organisationsstrukturen beeinflussen Autonomie und Partizipations- und Kommunikationsmöglichkeiten der Mitarbeitenden . Sie setzen häufig eine bestimmte Motivationsstruktur voraus und erzeugen diese gleichzeitig. So stellt die tayloristische Organisationsstruktur ausschliesslich auf extrinsische Motivation ab. Der Verdrängungseffekt bewirkt, dass diese Motivationsart schliesslich dominiert. Umgekehrt zielen partizipative Gruppenstrukturen vorwiegend auf intrinsisch motivierte Mitarbeitende und schaffen zugleich gute Voraussetzungen dafür. Weil die „richtige", d.h. das Unternehmensziel fördernde intrinische Motivation aber nicht leicht zu steuern ist, können Unternehmen auf den Einsatz von extrinsisch wirkenden Motivationsintrumenten nicht verzichten. Manchmal gibt eine extrinsische Belohnung sogar erst den Anlass, sich mit schwierigen Aufgaben zu beschäftigen, die nachher Spass machen. Allerdings dürfte klar geworden sein, dass die Bedeutung von Arbeitsaufgaben abnimmt, welche allein über extrinsische Motivation zu steuern sind. Deshalb gewinnen in Unternehmen zunehmend solche Organisationsstrukturen an Bedeutung, die teilautonome Teamarbeit ermöglichen, zugleich aber eine Koordination und Kontrolle über Outputs gewährleisten, wie zum Beispiel die Profit-Center-Organisation. Doch auch hier zeigt sich, dass komplexe Arbeitsaufgaben komplexe Arbeitsstrukturen erfordern. Insbesondere wissensintensive Teamarbeit macht erhebliche Modifikationen des auf den ersten Blick so einfach erscheinenden Profit-Center-Konzeptes nötig.

2.4 Fairness

Bei allen Aspekten der Arbeitsgestaltung und der Entlohnung ist von entscheidender Bedeutung, dass Fairness-Normen eingehalten werden. Dabei ist für die Mitarbeitenden nicht nur wichtig, dass das Ergebnis als fair anerkannt wird, sondern dass als fair empfundene Verfahren eingehalten werden. Unfaire Behandlung zerstört die intrinsische Arbeitsmotivation nachhaltig.

3. Managing Motivation für einen nachhaltigen Wettbewerbsvorteil

Motivationsmanagement schafft schwer imitierbare unternehmerische Ressourcen. Erst diese Ressourcen verhelfen einer Unternehmung zu einem nachhaltigen Wettbewerbsvorteil. Dabei sind sowohl extrinsische wie intrinsische Motivation wichtig. In der Wissensgesellschaft gewinnen jedoch Aufgaben an Bedeutung, die Freude an der Arbeit und eine Identifizierung mit der Tätigkeit erfordern und ermöglichen. Das Management intrinsischer Motivation ist allerdings anspruchsvoller als das der extrinsischen Motivation. Intrinsische Motivation kann nicht erzeugt werden; sie ist ihrer Natur nach immer freiwillig. Es können jedoch günstige Voraussetzungen für ihr Entstehen geschaffen werden. Unser Buch zeigt Wege dazu auf.

Autorenverzeichnis

Frey, Bruno S.
Prof. Dr., Dr. h. c. mult.

1970-77 ord. Professor an der Universität Konstanz; seit 1977 Inhaber des Lehrstuhles für Theorie der Wirtschaftspolitik an der Universität Zürich. Ehrendoktor der Universität St. Gallen und der Universität Göteborg. Verfasser von über 330 Aufsätzen in wissenschaftlichen Zeitschriften und von 12 Büchern.

Osterloh, Margit
DiplIng., Dr. rer. pol., Dr. rer. pol. habil.

Professorin für Betriebswirtschaftslehre, insbesondere Organisationslehre, geschäftsführende Direktorin des Instituts für betriebswirtschaftliche Forschung an der Universität Zürich, Verfasserin von ca. 80 Aufsätzen in wissenschaftlichen Zeitschriften und Sammelwerken und von 4 Büchern. Forschungsschwerpunkte: Organisationstheorie, Innovations- und Technologiemanagement, Frauen in der Unternehmung.

Benz, Matthias
lic. phil.

Lic. phil. 2000. Seit 1998 Assistent am Institut für Empirische Wirtschaftsforschung bei Professor Bruno S. Frey, Universität Zürich. Forschungsschwerpunkte: Ökonomische Theorie der Motivation und Politische Ökonomie der Firma.

Bohnet, Iris
Prof. Dr.

Assistant Professor of Public Policy, Kennedy School of Government, Harvard University. Lic. phil. I 1992, Dr. oec. publ. 1997. 1992-1997 Assistentin/Oberassistentin bei Bruno S. Frey am Institut für Empirische Wirtschaftsforschung, Universität Zürich. 1997-1998 Forschungsaufenthalt an der University of California Berkeley. Forschungsschwerpunkte: Anreize, Vertrauen und Kooperation in Vertragsbeziehungen.

Boos, Leo

Lic. oec. publ.

Nach der Matura Ausbildung und Arbeit als Krankenpfleger. 1993-1998 Studium der Ökonomie an der Universität Zürich. Seit 1998 Assistent am Lehrstuhl für Organisation des Instituts für betriebswirtschaftliche Forschung der Universität Zürich.

Frost, Jetta

Dr. oec. publ.

Habilitandin und Oberassistentin am Institut für betriebswirtschaftliche Forschung der Universität Zürich; Betreuerin des SGO Forschungsprojektes "Prozessmanagement".

Hierholzer, Andreas

Dr. rer. pol.

Promotion an der Universität zu Köln 1996 im Fachbereich Wirtschaftsinformatik, seit 1996 SAP AG, Walldorf, z. Zt. Development Manager der Customer Relationship Componente für die SAP Insurance Lösung. Verfasser mehrerer Aufsätze in wissenschaftlichen Zeitschriften.

Kucher, Marcel

Dr. des. oec. publ.

Seit 1995 Assistent am Institut für Empirische Wirtschaftsforschung, Universität Zürich. Promotion zum Doktor der Ökonomie Mitte 2000. Verfasser mehrerer Aufsätze in wissenschaftlichen Zeitschriften. Forschungsschwerpunkte: Ökonomie und Macht sowie Geschichte und Finanzmarkt.

Mellis, Werner

Prof. Dr.

1984-89 Systemingenieur und Projektleiter Nixdorf Computer AG, 1989-92 Leiter verschiedener Forschungsabteilungen der Daimler Benz AG, seit 1993 Univ.-Prof. an der Universität zu Köln, Inhaber des Lehrstuhles für Wirtschaftsinformatik/Systementwicklung, Schwerpunkt Management der Softwareentwicklung. Verfasser zahlreicher Veröffentlichungen in wissenschaftlichen Zeitschriften und mehrerer Bücher.

Oberholzer-Gee, Felix
Prof. Dr.

Seit 1998 Assistenzprofessor für Wirtschaftspolitik und Management an der Wharton School, University of Pennsylvania. Zu seinen Forschungsgebieten zählen die Theorie des Arbeitsmarktes und die politische Ökonomie.

Rota, Sandra
Lic. oec. publ.

Seit Oktober 1999 Assistentin am Lehrstuhl von Frau Prof. Margit Osterloh, IfbF Universität Zürich.

Stelzer, Dirk
PD. Dr. rer. pol.

Seit 1999 Hochschuldozent an der Universität zu Köln und Vertretung einer Professur für Wirtschaftsinformatik/Informationsmanagement an der TU Ilmenau. Verfasser zahlreicher Aufsätze in wissenschaftlichen Zeitschriften und mehrerer Bücher.

Stutzer, Alois
Lic. oec. publ.

Seit 1997 Ökonom am Institut für empirische Wirtschaftsforschung der Universität Zürich. Verfasser mehrerer wissenschaftlicher Aufsätze zu Glück und Ökonomie.

Trittmann, Ralph
Dipl.-Wirt.-Inf.

Seit 1998 wissenschaftlicher Mitarbeiter an der Universität zu Köln, Lehrstuhl für Wirtschaftsinformatik. Durchführung zahlreicher Softwareentwicklungs- und Beratungsprojekte. Verfasser mehrerer Aufsätze in wissenschaftlichen Zeitschriften.

Weibel, Antoinette
Lic. oec. publ.

Assistentin am Lehrstuhl von Frau Prof. Margit Osterloh, IfbF Universität Zürich, Dissertationsthema: Vertrauen in Netzwerken.

Literaturverzeichnis

Abowd, J. M./Kaplan. D. S. (1999): Executive Compensation: Six Questions That Need Answering, in: Journal of Economic Perspectives 13 (4), S. 145-168.

Alexander, S./Ruderman, M. (1987): The Role of Procedural and Distributive Justice in Organizational Behavior, in: Social Justice Research 1, S. 177-198.

Amabile, T. (1996): Creativity in Context: Update to the Social Psychology of Creativity, Boulder, CO.

Amabile, T. (1998): How to Kill Creativity, in: Harvard Business Review, S. 77-87.

Anderson, C. (1996): A World Gone Soft: A Survey of the Software Industry, in: IEEE Engineering Management Review 24 (4), S. 21-36.

Antoni, C. H. (1999): Konzepte der Mitarbeiterbeteiligung: Delegation und Partizipation, in: Hoyos, C./Frey, D. (Hrsg.): Arbeits- und Organisationspsychologie, Weinheim.

Argyris, C. (1964): Integrating the Individual and the Organization, New York.

Arthur, W. B. (1996): Increasing Returns and the New World of Business, in: Harvard Business Review 74 (4), S. 100-109.

Austin, R. D./Hoffer Gittell J. (1999): Anomalies of High Performance: Reframing Economic and Organizational Theories of Performance Measurement, Harvard Business School, Harvard University.

Bach, J. (1995): Enough about Process: What we need are Heroes, in: IEEE Software 12 (2), S. 96-98.

Backes-Gellner, U./Geil, L. (1997): Managervergütung und Unternehmenserfolg - Stand der theoretischen und empirischen Forschung, in: WISU, Vol. 5, S. 468-475.

Barkema, H. G. (1995): Do Executives Work Harder When They Are Monitored?, in: Kyklos 48, S. 19-42.

Barnard, C. I. (1938): The Functions of the Executive, Cambridge, MA.

Bartlett, C. A./Ghoshal, S. (1995): Rebuilding Behavioral Context: Turn Process Reengineering Into People Rejuvenation, in: Sloan Management Review 37 (1), S. 11-23.

Baurmann, M. (1996): Der Markt der Tugend, Tübingen.

Bazerman, M. H. (1994): Judgment in Managerial Decision Making, New York.

Becker, G. (1982): Der ökonomische Ansatz zur Erklärung menschlichen Verhaltens, Tübingen. (Englische Originalausgabe: The Economic Approach to Human Behavior, Chicago, 1976.)

Benbasat, I./Goldstein, D. K./Mead, M. (1987): The Case Research Strategy in Studies of Information Systems, in: MIS Quarterly 11 (3), S. 369-386.

Bertrand, M./Mullainathan, S. (2000). Do CEO's set their own pay? The ones without principals do, NBER Working Paper No. 7604.

Bierhoff, H. W./Herner, M. J. (1999): Arbeitsengagement aus freien Stücken: Zur Rolle der Führung, in: Schreyögg, G./Sydow, J. (Hrsg.): Managementforschung 9, Berlin, S. 55-87.

Bohnet, I. (1996): Kooperation und Kommunikation. Eine Analyse individueller Entscheidungen, Tübingen.
Bretz, E./Hertel, G./Moser, K. (1998): Kooperation und Organizational Citizenship Behavior, in: Speiß, E./Nerdinger Friedemann, W. (Hrsg): Kooperation in Unternehmen, München/ Mering.
Brodbeck, F. C./Frese, M. (Hrsg.) (1994): Produktivität und Qualität in Software-Projekten. Psychologische Analyse und Optimierung von Arbeitsprozessen in der Software-Entwicklung, München/Wien.
Bumann, A. (1991): Das Vorschlagswesen als Instrument innovativer Unternehmensführung: Ein integrativer Gestaltungsansatz am Beispiel der Schweizerischen PTT-Betriebe, Freiburg.
Büsch, K.-H./Thom, N. (1982): Kooperations- und Konfliktfelder von Unternehmensleitung und Betriebsrat beim Vorschlagswesen, in: Betriebliches Vorschlagswesen 4, S. 163-181.
Calder, B. J./Staw, B. M. (1975): The Self-Perception of Intrinsic and Extrinsic Motivation, in: Journal of Personality and Social Psychology 31, S. 599-605.
Carmel, E. (1995): Cycle Time in Packaged Software Firms, in: Journal of Product Innovation Management 1, S. 110-123.
Coase, R. (1937): The Nature of the Firm, in: Economica 4, S. 386-405.
Coenenberg, A.G. (1992): Kostenrechnung und Kostenanalyse, Landsberg/Lech.
Core, J. E./Holthausen, R. W./Larcker, D. F. (1999): Corporate governance, chief executive officer compensation, and firm performance, in: Journal of Financial Economics 51, S. 371-406.
Csikszentmihalyi, M. (1993): Das Flow-Erlebnis, Jenseits von Angst und Langeweile: Im Tun aufgehen, 5. Aufl. (Englische Originalausgabe: Beyond Boredom and Anxiety, San Francisco, 1975.)
Cummings, A./Oldham, G. R. (1997): Enhancing Creativity: Managing Work Contexts for the High Potential Employee, in: California Management Review 40, S. 22-38.
Cusumano, M. A./Selby, R. W. (1995): Microsoft Secrets: How the world's most powerful software company creates technology, shapes markets, and manages people, New York.
Deci, E. L./Flaste, R. (1995): Why We Do What We Do: The Dynamics of Personal Autonomy, New York.
Deci, E. L./Koestner, R./Ryan, R. M. (1999): A Meta-Analytic Review of Experiments Examining the Effects of Extrinsic Rewards on Intrinsic Motivation, in: Psychological Bulletin 125 (3), S. 627-668.
Deci, E. L./Ryan, R. M. (1985): Intrinsic Motivation and Self-Determination in Human Behavior, New York.
Deckop, J. R. (1988): Determinants of Chief Executive Officer Compensation, in: Industrial and Labor Relations Review 41 (2), S. 215-226.
DeMarco, T./Lister, T. (1991): Wien wartet auf Dich! Der Faktor Mensch im DV-Management, München/Wien.
Drucker, P. (1999): Innovate or Die, in: The Economist, 25. September 1999, S. 27-34.
Etienne, M. (1997): Grenzen und Chancen des Vorgesetztenmodells im Betrieblichen Vorschlagswesen: Eine Fallstudie, Bern.
Ewert, R./Wagenhofer, A. (1995): Interne Unternehmensrechnung, 2. Aufl., Berlin.
Fay, S. (1996): The Collapse of Barings, New York/London.

Fehr, E./Gächter, S. (1998): Reciprocity and economics: The economic implications of „Homo Reciprocans“, in: European Economic Review 42, S. 845–859.
Fehr, E./Gächter, S. (2000): Fairness and Retaliation: The Economics of Reciprocity, in: Journal of Economic Perspectives, erscheint demnächst.
Finkelstein, S./Boyd, B. (1998): How much does the CEO matter? The role of managerial discretion in the setting of CEO compensation, in: Academy of Management Journal 41 (2), S. 179-199.
FitzRoy, F. R./Kraft, K. (Hrsg.) (1987): Mitarbeiter-Beteiligung und Mitbestimmung in Unternehmen, Berlin.
Folger, R. (1998): Organizational Justice and Human Resource Management, Thousand Oaks/London/New Dehli.
Folger, R./Konovsky, M. A. (1989): Effects of Procedural and Distributive Justice on Reactions to Pay Raise Decisions, in: Academy of Management Journal 32, S. 115-130.
Freeman, R. B./Rogers, J. (1998): Worker Representation and Participation Survey – Waves 1 and 2: Data Description and Documentation. Cambridge, MA: National Bureau of Economic Research (http://www.nber.org).
Freeman, R. B./Rogers, J. (1999): What Workers Want, Ithaca/London.
Frese, E (1995): Profit Center: Motivation durch internen Marktdruck, in: Reichwald, R./ Wildemann, H. (Hrsg.): Kreative Unternehmen. Spitzenleistungen durch Produkt- und Prozessinnovationen.
Frese, E. (1998): Grundlagen der Organisation. Konzept, Prinzipien, Strukturen, 7. Aufl., Wiesbaden.
Frey, B. S. (1990): Ökonomie ist Sozialwissenschaft, Die Anwendung der Ökonomie auf neue Gebiete, München.
Frey, B. S. (1997a): Markt und Motivation, Wie ökonomische Anreize die (Arbeits-)Moral verdrängen, München.
Frey, B. S. (1997b): A Constitution for Knaves Crowds Out Civic Virtues, in: Economic Journal 107, S. 1043-1053.
Frey, B. S./Oberholzer-Gee, F. (1997): The Cost of Price Incentives: An Empirical Analysis of Motivation Crowding-Out, in: American Economic Review 87, S. 746-755.
Frey, D./Fischer, R./Winzer, O. (1996): Mitdenken lohnt sich - für alle! Ideenmanagement durch Vorschlagswesen in Wirtschaft und Verwaltung, München: Bayerisches Staatsministerium für Arbeit und Sozialordnung, Familie, Frauen und Gesundheit (Hrsg.).
Gibbons, R. (1998): Incentives in Organizations, in: Journal of Economic Perspectives 12, S. 115–132.
Grant, R. M. (1996): Toward a Knowledge-based Theory of the Firm, in: Strategic Management Journal 17, S. 109-122.
Greenberg, J. (1990): Organizational Justice: Yesterday, Today, and Tomorrow, in: Journal of Management 16, S. 399-432.
Greenberg, J. (1996): The Quest for Justice on the Job, Thousand Oaks/London/New Dehli.
Hall, B. J./Liebman, J. B. (1998): Are CEOs Really Paid Like Bureaucrats, in: Quarterly Journal of Economics 111 (3), S. 653-691.
Hamel, G./Prahalad, C. K. (1995): Wettlauf um die Zukunft, Wien.
Hansen, M. T./Nohria, N./Tierney, T. (1999): Wie managen Sie das Wissen in Ihrem Unternehmen, in: Harvard Manager 2, S. 85-96.

Harvard Business School Cases #9-394-009, 9-394-010, 9-394-011 (1993): Sears Auto Centers.

Heckhausen, H. (1989): Motivation und Handeln, 2. Aufl., Berlin u.a.

Herzberg, F./Mausner, B./Snyderman, B. B. (1959): The Motivation to Work, New York.

Hirschmann, A. O. (1987): Leidenschaften und Interesse, Politische Begründungen des Kapitalismus vor seinem Sieg, Frankfurt a.M.

Holmström, B./Milgrom, P. (1991): Multi-Task Principal Agent Analyses: Incentive Contracts, Asset Ownership and Job Design, in: Journal of Law, Economics and Organizations 7, S. 24-52.

Holmstrom, B./Milgrom, P. (1991): Multitask Principal-Agent Analyses: Incentive Contracts, Asset Ownership and Job Design, in: Journal of Law, Economics and Organization 7, S. 24-52.

Huber, R. (2000): Lohn allein macht nicht glücklich, in: Die Weltwoche, Nr. 8, 24. Februar, S. 86.

ISO 9004-1 (1994). Quality management and quality system elements. Part 1: Guidelines, Genf.

Jensen, M. C./Murphy, K. J. (1990): Performance Pay and Top-Management Incentives, in: Journal of Political Economy 98 (2), S. 225-264.

Kieser, A. (1999): Management und Taylorismus, in: Kieser, A. (Hrsg.): Organisationstheorien, 3. Aufl., Stuttgart/Berlin.

Kim, W. C./Mauborgne, R. (1998): Procedural Justice, Strategic Decision Making, and the Knowledge Economy, in: Strategic Management Journal 19, S. 323-338.

Kliemt, H. (1993): Ökonomische Analyse der Moral, in: Ramb/Tietzel (Hrsg.): Ökonomische Verhaltenstheorie, München, S. 281–310.

Kohn, A. (1993): Punished by Reward: The Trouble With Gold Stars, Incentive Plans, A´s, Praise, and Other Bribes, Boston.

Kohn, A. (1994): Warum Incentive Systeme oft versagen, in: Harvard Business Manager 2, S. 15-23. (Englische Originalausgabe: Why Incentive Plans Cannot Work, in: Harvard Business Review 5, 1993, S. 54-63).

Konrad, A. M./Pfeffer, J. (1990): Do you Get What you Deserve? Factors Affecting the Relationship Between Productivity and Pay, in: Administrative Science Quarterly 35, S. 258-285.

Kreuter, A. (1997): Verrechnungspreise in Profit Center Organisationen, München/Mering.

Kruglanski, A. W. (1975): The Endogenous-Exogenous Partition in Attribution Theory, in: Psychological Review 82, S. 387–406.

Lambert, R./Lanen, W./Larcker, D. (1989): Executive Stock Option Plans and Corporate Dividend Policy, in: Journal of Financial and Quantitative Analysis 24(4), S. 409-425.

Lazear, E. P. (1998): Personnel Economics for Managers, New York.

Lazear, E. P. (1999): Personell Economics: Past Lessons and Future Directions, in: Journal of Labor Economics 17, S. 199-236.

Levine, D. I. (1995): Reinventing the Workplace. How Business and Employees Can Both Win, Washington D.C.

Levine, D. I./Tyson, L. (1990): Participation, Productivity, and the Firm's Environment, in: Blinder, A. (Ed.): Paying for Productivity, A Look at the Evidence, Washington, S. 183-237.

Liebig, S. (1997): Soziale Gerechtigkeitsforschung und Gerechtigkeit in Unternehmen, München/Mering.

Likert, R. (1961): New Patterns of Management, New York (Deutsche Ausgabe: Neue Ansätze der Unternehmensführung, Bern, 1972).
Likert, R. (1967): The Human Organization: Its Management and Value, New York (Deutsche Ausgabe: Die integrierte Führungs- und Organisationsstruktur, Frankfurt a.M., 1975).
Lind, E. A./Tyler, T. R. (1988): The Social Psychology of Procedural Justice, New York.
Loewenstein, G. (1999): Because It Is There: The Challenge of Mountaineering... for Utility Theory, in: Kyklos 52, S. 315 – 343.
Losse, K.-H./Thom, N. (1977): Das Betriebliche Vorschlagswesen als Innovationsinstrument: Eine empirisch-explorative Überprüfung seiner Effizienzdeterminanten, Frankfurt.
Luhmann, N. (1973): Zweckbegriff und Systemrationalität, Frankfurt a.M..
March, J./Simon, H. (1976): Organisation und Individuum, Menschliches Verhalten in Organisationen, Wiesbaden.
Maslow, A. (1954): Motivation and Personality, New York.
McFarlin, D. B./Sweeney, P. D. (1992): Distributive and Procedural Justice as Predictors of Satisfaction with Personal and Organizational Outcomes, in: Academy of Management Journal 35, S. 626-637.
McGregor, D. (1960): The human Side of Enterprise, New York.
Montesquieu, Ch. L. (1749): De l'esprit des lois, Paris.
Moorman, R. H. (1991): Relationship Between Organizational Justice and Organizational Citizenship Behaviors: Do Fairness Perceptions Influence Employee Citizenship?, in: Journal of Applied Psychology 76, S. 845-855.
Moorman, R. H./Blakely, G. L./Niehoff, B. P. (1998): Does Perceived Organizational Support Mediate the Relationship Between Procedural Justice and Organizational Citizenship Behavior?, in: Academy of Management Journal 41, S. 351-357.
Murphy, K. J (1985): Corporate Performance and Managerial Remuneration: An Empirical Analysis, in: Journal of Accounting and Economics 7 (1-3), S. 11-42.
Murphy, K. J. (1999): Executive Compensation, in: Ashenfelter, O./Card, D. (Hrsg.): Handbook of Labor Economics, Vol 3, Amsterdam, S. 2485-2563.
Nonaka, I./Takeuchi, H. (1997): Die Organisation des Wissens, Frankfurt a.M. (Englische Originalausgabe: The Knowledge-Creating Company, New York/Oxford, 1995.)
Oelz, O. (1999): Mit Eispickel und Stethoskop, Zürich.
Organ, D. W. (1990): The Motivational Basis of Organizational Citizenship Behavior, in: Staw, B. M./Cummings, L. L. (Hrsg.): Research in Organizational Behavior 12, S. 43-72.
Osterloh, M. (1999): Wertorientierte Unternehmensführung und Management-Anreizsysteme, in: Kumar, B. N./Osterloh, M./Schreyögg, G. (Hrsg.): Unternehmensethik und die Transformation des Wettbewerbs. Shareholder-Value – Globalisierung – Hyperwettbewerb, Stuttgart, S. 183-204.
Osterloh, M./Frey, B. S./Frost, J. (1999): Was kann das Unternehmen besser als der Markt?, in: Zeitschrift für Betriebswirtschaft 69, S. 1245-1262.
Osterloh, M./Frost, J. (1998): Prozessmanagement als Kernkompetenz, Wie Sie Business Reengineering strategisch nutzen können, 2. Aufl., Wiesbaden.
Osterloh, M./Löhr, A. (1994): Ökonomik oder Ethik als Grundlage der sozialen Ordnung?, in: Wirtschaftswissenschaftliches Studium, S. 406.
Osterloh, M./Wübker, S. (1999): Wettbewerbsfähiger durch Prozess- und Wissensmanagement, Mit Chancengleichheit auf Erfolgskurs, Wiesbaden.

Ostrom, E. (1998): A Behavioral Approach to the Rational Choice Theory of Collective Action, in: American Political Science Review 92, S. 1-22.
Paulk, M. C./Weber, C. V./Curtis, B./Crissis, M. B. (1995): The Capability Maturity Model: Guidelines for Improving the Software Process. Reading, MA.
Pearce, J. L. (1987): Why Merit Pay Doesn't Work: Implications From Organizational Theory, in: Balkin, D. B./Gomez-Mejia, L. R. (Hrsg): New Perspectives on Compensation, S. 169–178.
Polanyi, M. (1985): Implizites Wissen, Frankfurt a.M.
Porter, M. E. (1992): Wettbewerbsstrategien, 7. Aufl., Frankfurt a.M.
Post, H./Thom, N. (1980): Verbesserung und Ausbau des Betrieblichen Vorschlagswesens: Erkenntnisse einer Befragungsaktion, in: Betriebliches Vorschlagswesen 3, S. 114-136.
Prahalad, C. K./Hamel, G. (1991): Nur Kernkompetenzen sichern das Überleben, in: Harvard Manager 13 (2), S. 66-78.
Prendergast, C. (1999): The Provision of Incentives in Firms, in: Journal of Economic Literature 37, S. 7-63.
Rappaport, A. (1998): Creating Shareholder Value. A Guide for Managers and Investors, 2. Aufl., New York.
Rasch, R. H./Tosi, H. L. (1992): Factors Affecting Software Developers' Performance: An Integrated Approach, in: MIS Quarterly 16 (3), S. 395-413.
Rousseau, D. M. (1995): Psychological Contracts in Organizations: Understanding Written and Unwritten Agreements, Thousand Oaks, London/New Dehli.
Rousseau, D. M./McLean Parks J. (1993): The Contracts of Individuals and Organizations, in: Research in Organizational Behavior 15, S. 1–43.
Schein, E. (1965): Organization Psychology, Englewood Cliffs, NJ.
Schreyögg, G. (1999): Organisation. Grundlagen moderner Organisationsgestaltung, 2. Aufl., Wiesbaden.
Schwartz, B. (1990): The Creation and Destruction of Value, in: American Psychologist 45, S. 7-15.
Shapira, Z. (1976): Expectancy Determinants of Intrinsically Motivated Behavior, in: Journal of Personality and Social Psychology 34, S. 1235–1244.
Spender, J.-C. (1996): Making Knowledge the Basis of a Dynamic Theory of the Firm, in: Strategic Management Journal 17, S. 45-62.
Sprenger, R. K. (1993): Das Vorschlagswesen abschaffen, in: Personalwirtschaft 20 (8), S. 20-25.
Sprenger, R. K. (2000a): Mythos Motivation (Jubiläumsausgabe), Wege aus einer Sackgasse, Frankfurt a.M.
Sprenger, R. K. (2000b): Das Prinzip Selbstverantwortung (Jubiläumsausgabe), Wege zur Motivation, Frankfurt a.M.
Stelzer, D. (1998): Möglichkeiten und Grenzen des prozessorientierten Software-Qualitätsmanagements, Köln, Habililtationsschrift.
Stelzer, D./Mellis, W./Herzwurm, G. (1998): Technology Diffusion in Software Development Processes: The Contribution of Organizational Learning to Software Process Improvement, in: Larsen, T./McGuire, E. (Hrsg.): Information Systems Innovation and Diffusion: Issues and Directions, Hershey/USA, S. 297-344.
Taylor, F. W. (1911): The Principles of Scientific Management, New York (Deutsche Ausgabe: Die Grundsätze wissenschaftlicher Betriebsführung, München, 1913).

The Economist (1999): A Survey of Pay: The Best ... and the Rest, 8. Mai.

The Economist. (1999): The Trouble With Share Options, 7. August.

Towers Perrin (2000): Euro Rewards 2000. Reward Challenges and Changes: Survey Results, Towers Perrin.

Trittmann, R./Hierholzer, A./Stelzer, D./Mellis, W. (1999): Veränderungen der Softwareentwicklung: Ergebnisse einer Fallstudie in der SAP AG im Vergleich zu den Empfehlungen der ISO 9000. Referat für den Workshop der Kommission „Organisation“ im Verband der Hochschullehrer für Betriebswirtschaft e. V. am 26./27.02.1999 in Zürich.

Trittmann, R./Stelzer, D./Hierholzer, A./Mellis, W. (1999): Changing Software Development: A Case Study at SAP AG, in: Pries-Heje, J./ Ciborra, C./ Kautz, K./ Valor, J./ Christiaanse, E./ Avison, D./ Heje, C. (Hrsg.): Proceedings of the 7th European Conference on Information Systems, Kopenhagen, S. 692-703.

Tyler, T. R. (1989): The Psychology of Procedural Justice: A Test of the Group-Value Model, in: Journal of Personality and Social Psychology 57, S. 830-838.

Tyler, T. R./Lind, A. E. (1988): The Social Psychology of Procedural Justice, New York/London.

Volkart, R. (1998): Shareholder Value & Corporate Valuation. Finanzielle Wertorientierungen im Wandel, Zürich.

Weinberg, G. M. (1971): The Psychology of Computer Programming, New York.

Wenger, E. (1999): Stock Options, in: Wirtschaftswissenschaftliches Studium, Heft 1, S. 35-58.

Williamson, O. E. (1985): The Economic Institutions of Capitalism. Firms, Markets, Relational Contracting, New York.

Winter, S.(1996): Prinzipien der Gestaltung von Managementanreizsystemen, Wiesbaden.

Yourdon, E. (1995): Peopleware, in: Application Development Strategies 7 (8), S. 1-16.

Stichwortverzeichnis

(Firmen- und Markennamen sind *kursiv* gedruckt)